JN056870

日本の観光

——昭和初期観光パンフレットに見る

《中国・四国・九州篇》

4

谷沢　明

八坂書房

日本の観光④
―昭和初期観光パンフレットに見る
《中国・四国・九州篇》

目次

［図版提供］

東浦町郷土資料館

藤井務旧蔵コレクション（図版キャプションに＊で表示）

［凡例］

- 引用部分の旧字体は原則として新字体に改めた。
- 読みやすさを考慮してやや多めにふりがなをつけた。
- 社名は企業形態の表記を原則として省略した。パンフレットなどの資料の発行元として略称・愛称が使用されている場合はそれに従った。鉄道名などの表記は資料に略称・愛称が混在しており、本文中あえて正式名称に統一することはしなかった。
- 資料の表題と鳥瞰図の内題とが異なることがあるが、資料名は原則として表題を示した。鳥瞰図の内題を示すときはその旨を明記した。
- 引用に際し、資料の発行時の状況を鑑みて、現在では使われない用語・表現をそのまま使用している個所がある。

はじめに

「ああ、ここに行ってみたい!!」、そんな気持ちを多様なメディアがかきたてる現代、デジタル情報源によるビジュアルな旅への誘いがあふれている。仮想現実の旅行さえも珍しくはない。

昭和の時代までは、「旅の土産話」という口コミがあった。旅先からの絵葉書、土地それぞれの風土・歴史・文化を綴った文字中心のガイドブックにも旅心をそそられた。ほかにも、学校の教科書として使った地図帳、国立公園や国定公園の景勝地を描いた小さな切手でさえも、見知らぬ世界への憧れをいだかせてくれた。

いずれも、きわめてアナログな世界であった。目に映る情報は限られていたが、その土地を訪れてみたいという気持ちは、果てしなくひろがっていった。紙に記されたささやかな手がかりゆえ、かえって想像力をかきたて、旅心を膨らませてくれたのかもしれない。

物見遊山を兼ねた庶民の旅は、江戸後期のお伊勢参りをはじめとする寺社参詣、近代的交通機関の整備による遊覧旅行、高度経済成長期に盛んになった余暇利用の観光旅行など、三つの時代の波があったように思われる。第二の波が押し寄せた大正期から昭和初期にかけて、わが国は空前の旅行ブームに沸き立っていた。それまで近づきにくかった山岳・渓谷・湖沼・瀑布などの景勝地が、鉄道や乗合自動車の発達により身近な遊覧地として目の前にあらわれた。それらの山水に清遊する旅は、憂鬱な時代を生きる人々の心身を癒してくれた。

錦絵や名所図絵が江戸期の旅人を誘ったように、大正から昭和初期の旅は、近代的印刷技術による観光パンフレット、そして何よりも楽しさにあふれる鳥瞰図（bird's eye view）がその夢を膨らませてくれた。鳥瞰図とは、空を舞う鳥が地上を見下ろすかのように立体的に描いた絵図である。今風にいうとドローンからの撮影風景、いや、それを手描きしたもの、といったらわかりやすい。写真と違うところは、デフォルメが自由自在。実際、その場所から見えるはずのない富士山や、遠く北海道・樺太、はたまた朝鮮半島やハワイまで取りこむこともあった。そのおおらかな遊び心に、思わず見入って微笑んでしまう。しかし、意図する景観や街の姿は、強調しつつも写実的に描いており、観光文化を探る資料的な価値は高い。大正から昭和初期、鳥瞰図絵師として一世を風靡した吉田初三郎はじめ、金子常光、新美南果などが手がけた作品は、その時代の街の姿、山河の光景を生き生きと伝えている。

本書は、『日本の観光』シリーズの四作目である。

第一作は、昭和初期の旅行ブームの背景を探求しつつ、北海道・東北・日光・箱根・富士・伊豆・東京近郊・信越・瀬戸内・九州の名だたる観光地を厳選して概観した。

第二作《近畿・東海・北陸篇》は、日本を代表する人気観光地の京都・奈良や、中部地方を取り上げた。

第三作《関東・甲信越篇》は、東京から日帰りあるいは一泊で楽しめる観光地を中心に、鳥瞰図をたよりに旅する楽しみに触れた。

そして第四作《中国・四国・九州篇》の本書は、第一作に掲載できなかった西日本の観光地に加えて、都市をめぐる観光に光を当てたことを特色とする。

近年、地域の魅力を再発見する小さな旅に目が向くようになってきている。加えて、地域の生活が生み出した景観に触れ、土地の人々との交流を重視する、いわゆる「暮らし観光」が注目されつつある。心のままに街を歩き、地域の光に照らされる。そして自己を見つめ、心豊かな時間に身をおく。ちょっぴり贅沢ではあるが、これこそ観光の原点ではないだろうか。

本書執筆の過程で目にした数多の鳥瞰図には、地方色豊かな都市を描いたものが少なからず含まれている。また案内文を読み込むと、地域の魅力に触れる旅は今に始まったことではなく、すでに昭和初期からおこなわれていたという事実を知ることができる。そんな地域の魅力発見は、旅の愉しさを知る第一歩ともいえよう。

観光パンフレットや鳥瞰図を読み解くことを通して、旅に学ぶ楽しさを味わってみませんか。

谷沢　明

第一章　鳥取・松江・出雲

一、伯耆大山と鳥取

（一）因幡・伯耆の風景

東に山陰海岸国立公園（昭和三八年指定）、西に大山隠岐国立公園（昭和一一年大山国立公園として指定）をひかえた鳥取県は、鳥取砂丘や伯耆大山が有名である。「鳥取県鳥瞰図」（昭和七年三月、まさゆき画、大山国立公園協会発行）〈図1〉から因幡・伯耆の風景を探ろう。鳥取県東部が因幡、西部が伯耆である。表紙は日本神話「因幡の白兎」に題材をとった絵柄である。鳥瞰図は日本海から南に陸地を眺めた構図で、左に浦富海岸、中央左寄りに鳥取、右に米子の街をおき、背後に大山が聳える。

山陰海岸国立公園内にある浦富海岸は、変化にとんだ海岸線が続き、千貫松島などの小島が浮かぶ。東から千代川・天神川・日野川が日本海に注ぎ、下流に鳥取平野・倉吉平野・米子平野が発達し、千代川河口に鳥取砂丘がある。天神川中流の倉吉から支流の三徳川を遡ると山間に三朝温泉が噴気をあげ、上流に三徳山三佛寺が山岳伽藍を構える。日野川河口の米子から弓ヶ浜半島が日本海に突出し、中海を隔てる。弓ヶ浜半島は日野川が運んだ土砂が形づくった砂州で、付け根に皆生温泉がある。

案内文を見よう。名所の筆頭は大山である。

> 陰陽十州を悉く一眸に収め得る大展望地である。即ち北方には錦海、弓ヶ浜の大天橋、島根半島を脚下に俯瞰し、且つ遥かに日本海の紺碧を距て、隠岐島を望み、南方には山陽の山岳重畳遥かに四国の連山を望む。（中略）大山国立公園候補地はこの大観をめぐる一帯の山岳、森林、原野、温泉、湖海、神社、仏閣等の名勝旧蹟地を包含する大景勝地であって、高峯大山は実にこの中心をなしてゐるのである。

錦海とは、中海を指す。中国地方第一の高峰大山（一、七二九m）は、主峰の剣ヶ峰をはじめ三鈷峰・烏ヶ山・船上山などの峰々が連なる。その山容は、西から望むと「伯耆富士」と呼

〈図1〉「鳥取県鳥瞰図」
(昭和7年3月、まさゆき画、大山国立公園協会)

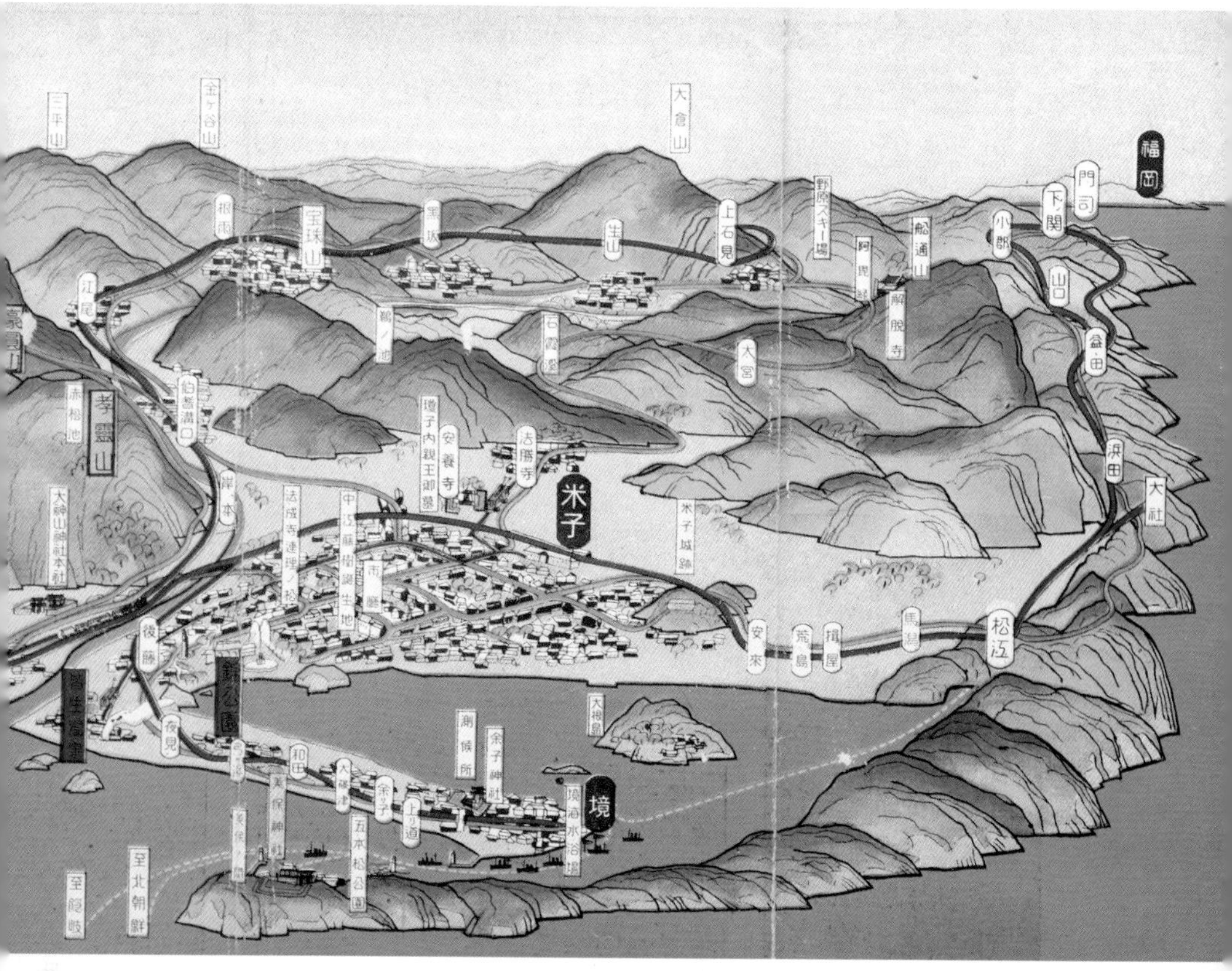

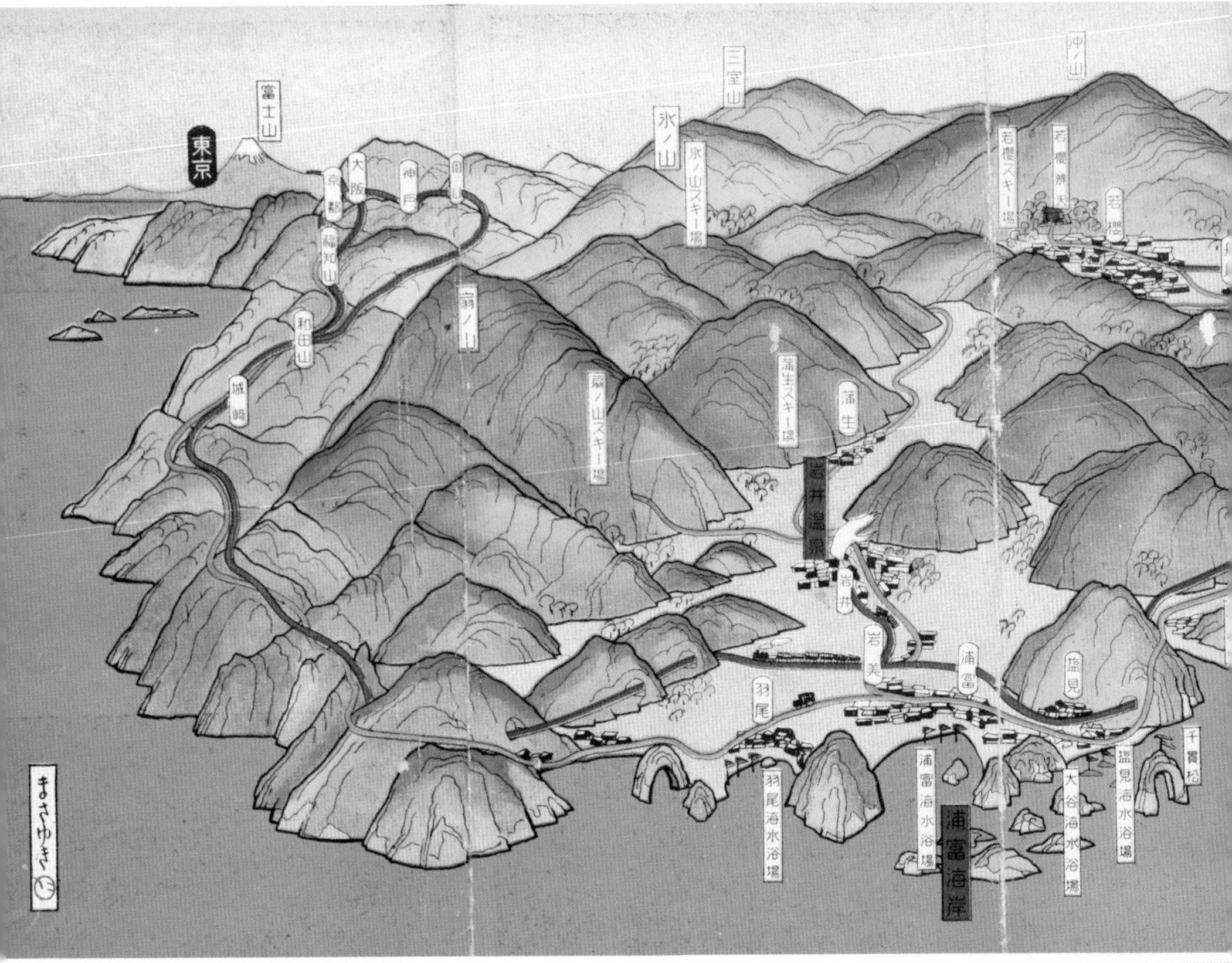

東京
富士山
三室山
沖ノ山
氷ノ山
氷ノ山スキー場
大阪
京都
神戸
岡山
福知山
和田山
城崎
扇ノ山
扇ノ山スキー場
蒲生スキー場
蒲生
若櫻スキー場
若櫻辨天
若櫻
岩井温泉
岩井
岩美
浦富
塩見
羽尾
羽尾海水浴場
浦富海水浴場
浦富海岸
大谷海水浴場
塩見海水浴場
千貫松
まさゆき

諏訪神社ノ紅葉
津山
智頭
用ヶ瀬
國英
河原
佐治ノ紅葉
若杉山
投入堂
三徳山ノ紅葉
小鹿渓
蒜山
大山滝
鳥取
津ノ井
鷲峰山
倉吉
打吹公園
甲ヶ山
三鈷峯
矢筈ヶ山
勝田ヶ山
船上山
千丈ヶ滝
船上山跡
大山
鳥ヶ山
剱ヶ峯
大山ノ紅葉
大神山神社奥宮
大山寺
名和神社
名和ノ櫻
徴古館
御来屋
大山口
後醍醐天皇御腰掛岩
赤碕
赤碕海水浴場
八橋
八橋海水浴場
由良
由良海水浴場
下北条
上井
上灘
泊
泊海水浴場
青谷
青谷海水浴場
浜村
浜村海水浴場
宝木
末恒
白兎神社
白兎海水浴場
湖山
湖山池
吉岡スキー場
鹿野
鹿野城址
山中鹿之助ノ墓

ばれる秀麗な姿であるが、南壁・北壁は峻険な山肌が荒々しい表情を見せ、今も崩落を続けている。

大山中腹に大山寺（だいせんじ）・大神山（おおがみやま）神社・阿弥陀堂があって、老樹が鬱蒼と茂る境内は清楚幽雅な気に包まれている、とも記す。大山は古来、山岳信仰の霊場として知られ、平安期に西日本における天台宗の一大拠点として勢力を誇った。また近世には祖霊が籠る山、牛馬の守護神として庶民の篤い信仰をうけた。ところが明治初期の廃仏毀釈により一山三院四十二坊を構えた大山寺は衰退、わずかに天文二一年（一五五二）建立の阿弥陀堂が昔の建物を残し、廃絶した子院の石垣や石仏が忘れられたようにたたずむ。

> 各連峯を連絡する縦走路開設せられ、数万の登山者に利用せられてゐる。又冬季には至る処スキー場と化し本邦有数のスキー場の一（ひとつ）にして、一滑八キロに及ぶ直線コースをとり得るは、他に比類を見ない処である。

当時、大山は数万人の登山者を数えたというから、その賑わいが目に浮かぶ。豪雪地帯の大山は、スキー場が少ない西日本において恰好のスキー地であった。

> 大山は登山、スキー、信仰の地たるばかりでなく、学術研究上にも特有の珍奇のものが尠（すくな）くない。その尤（ゆう）なるものは、頂上のキャラボクの純林にて天然記念物に指定せられ、ブナ原生林、千紫万紅のお花畑、何れも絶賞するに値する。

大山が国立公園候補地となっていたのは、キャラボクの純林やブナ原生林の存在が大きかったからであろう。自然豊かな宗教文化の一大拠点であった大山は、昭和初期、登山やスキーを楽しむ山に変わっていった様子が読み取れる。

山陰海岸国立公園内にある鳥取砂丘は、千代川河口を挟んで東に浜坂砂丘・福部砂丘、西に湖山（こやま）砂丘が約一六km連なる。なかでも広大な浜坂砂丘が鳥取砂丘を代表する。

> 其の広漠たる大観は見る人をして三嘆せしむ。砂丘中その形大擂鉢に似て俗に「すりばち」と称する直径五十米、高さ十米の窪穴がある。地質学上の珍奇とする処にして、学術研究の好資料である。冬は一大スキー場となる。

淡々とした記述であるが、広漠としか言いようがないのだろう。砂丘の稜線からの急斜面が湾曲した擂鉢状の地形が数か所あるが、それがいわゆる「スリバチ」である。砂丘を歩くと、紺碧の日本海を背後に、「馬の背」と呼ばれる砂の高まりが緩やかな稜線を引く。砂丘を形成する石英の砂は、白灰色・淡黄色・黄褐色と微妙に表情を変え、さざ波のような風紋を描く。

鳥取砂丘の東に位置する浦富海岸は、名勝及び天然記念物に指定（昭和三年）されて注目を集めていた。

海岸は波浪の浸蝕作用に依り、形成せられた洞門、洞窟、岩礁、甌穴などが到る所にある。（中略）龍神洞を初め数多の洞門、鴨ヶ磯、菜種島、門島、千貫松島、城原、宮島等は勝中の主なるもので、其間には所々に長汀があって、好個の海水浴場である許り（ばか）でなく絶好のキャンプ場である。

蒲生川河口の大谷桟橋から「浦富海岸島めぐり遊覧船」に乗って浦富海岸を探勝すると、千貫松島などの小島をはじめ、断崖や洞門などが次々に現われる。それらは、日本海に吹き荒れる冬の季節風や荒波が大地を浸食して生まれた景観である。白みを帯びた花崗岩の断崖や海上の岩に節理や断層が見られ、岩の天辺に松を戴く。「山陰松島」と呼ばれるものの、穏やかな宮城県松島湾の風景に比べると荒々しく、山陰の風土の厳しさを体感する。

（二）城下町鳥取

鳥取平野に注ぐ千代川右岸に県都鳥取市の市街地が発達する。鳥取駅北東に久松山（きゅうしょうざん）が丸みを帯びた山容を見せ、麓に鳥取の城下がひろがる。鳥取は明治大正期に度重なる水害をうけ、鳥取大地震（昭和一八年）、鳥取大火（昭和二七年）も被った。そのため古い町並みは残っていないが、城下の町割は今も受け継がれている。

天文一四年（一五四五）、山名氏が久松山頂上に砦を築いたことが、今日の鳥取のはじまりである。関ケ原の戦いの後に池田氏が入封、城郭を改築して街の骨格が形づくられた。やがて岡山藩主池田光仲との国替えがおこなわれ、以後、光仲を祖とする池田氏が一二代続き、明治維新を迎えた。

「鳥取市要覧」（大正一五年六月、景甫画、鳥取市役所編纂）〈図2〉は、市街地の姿をより詳しく伝える。表紙は街中の鳥取温泉から久松山を望む絵柄と思われる。鳥瞰図は鳥取駅付近から北に市街地を望む構図で、左に湖山池、右に鳥取陸軍練兵場をおき、中央に市街地を描く。左上に日本海がひろがり、千代川河口に白みを帯びた浜坂砂丘が横たわる。豊岡から米子方面に山陰本線が延び、鳥取駅（明治四一年開業）から分岐する因美線も少しだけ描く。

久松山上および麓に築かれた石垣が鳥取城址で、内堀・外堀を残し、外郭を蛇行した袋川（旧袋川）が囲む。図に描かれた外堀は埋め立てられた。城址に仁風閣をはじめ、遊園地（大正

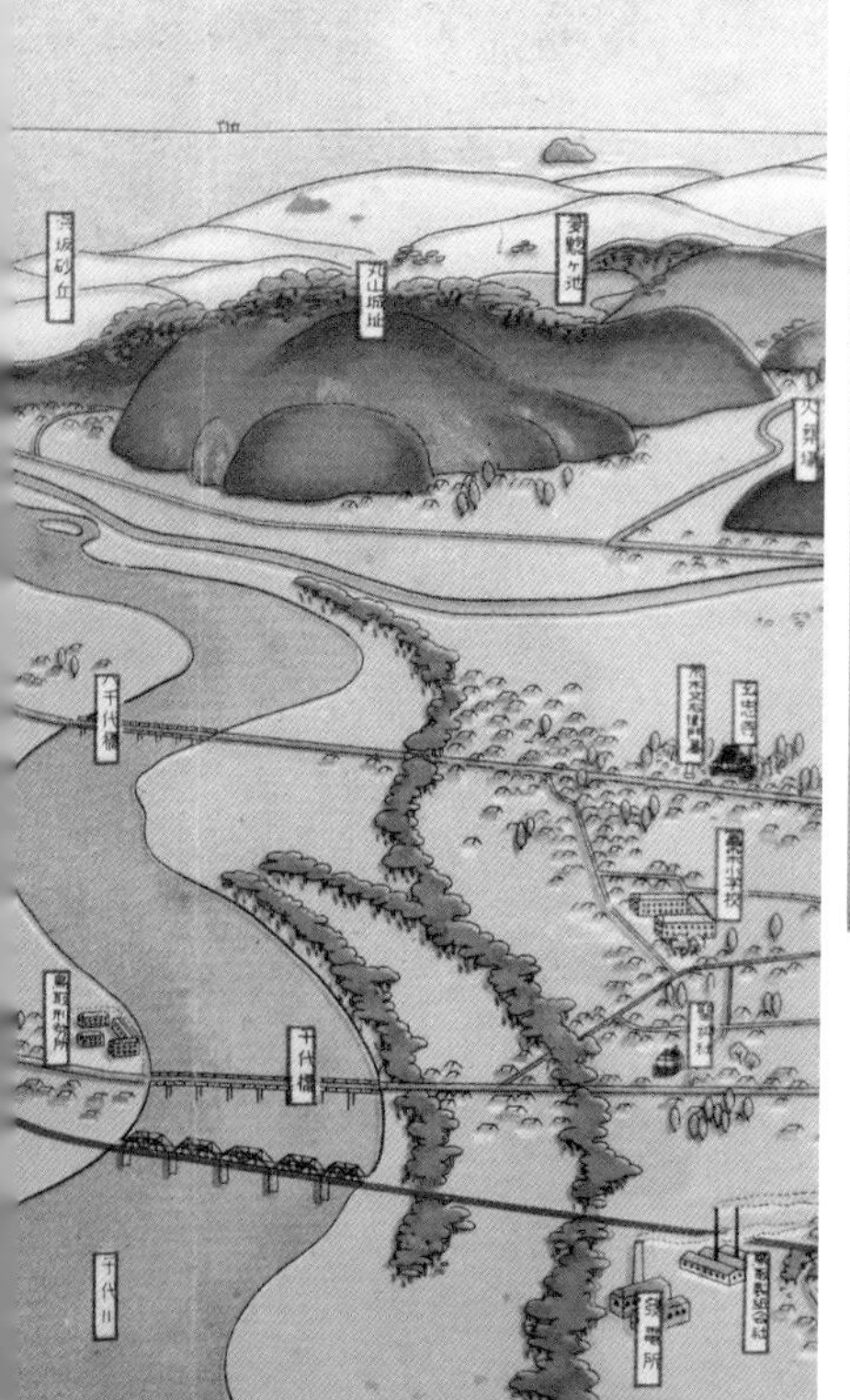

〈図2〉「鳥取市要覧」
（大正15年6月、景甫画、鳥取市役所編纂）

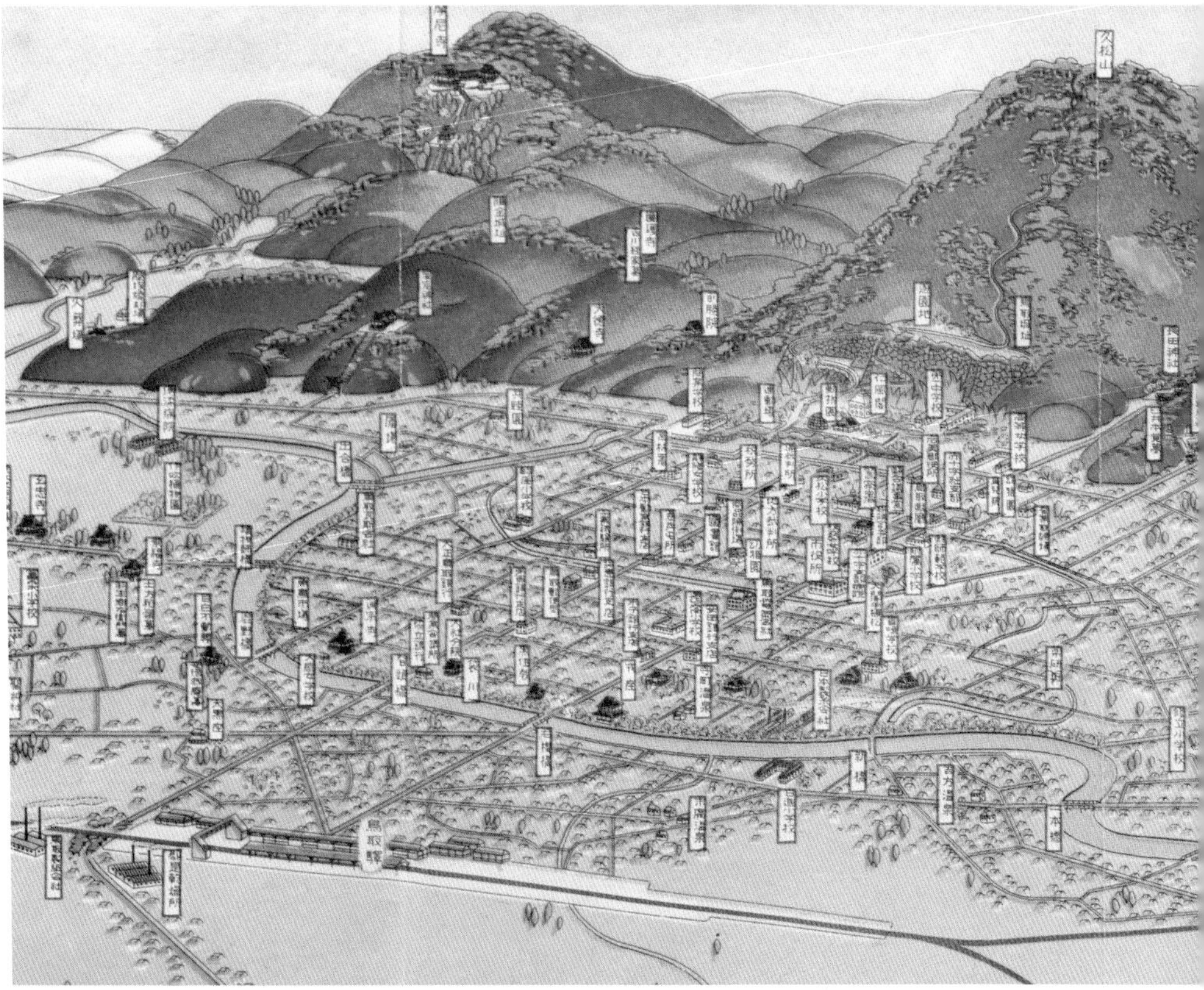

久松山
鳥取驛
大山 
米子
境
美保関
隠岐
宝木
湖山池
湖山駅

一一年開設）・動物園・運動場（大正一三年開設）があり、第一中学校が建つ。

鳥取城址を訪ねて久松山を仰ぎ見ると、山頂に築いた石垣が目に入る。これが中世の城郭「山上の丸」である。山麓に二の丸・三の丸・天救丸の三段の石積み平地があるが、ここが近世の「山下の丸」である。江戸前期に二の丸に藩主の御殿があったが、江戸中期以降、御殿は三の丸に移された。

図に描かれた諸施設で現存するのが仁風閣である。仁風閣は、二の丸下の扇御殿跡に皇太子の山陰行啓（明治四〇年）の宿舎として旧藩主池田家が建築したフレンチルネサンス式の建物である。行啓の日、この建物に鳥取県下最初の電燈が灯った。池田家の別邸として使われた白く瀟洒な洋館が緑の久松山を背に建つ姿は、時代の移り変わりを象徴するかのようである。仁風閣裏の宝隆院庭園（文久二年（一八六二）作庭）と、正面の芝生の庭園（大正期）の和洋の取り合わせも面白い。

三の丸の旧制第一中学校は、同じ場所に鳥取西高等学校として続く。仁風閣西の運動場跡地に鳥取県立博物館があり、「鳥取運動場　大正十三季十月一日竣工」と刻んだ石柱や観覧席が敷地の一角に残る。一帯は、江戸期に城代屋敷・上御厩・米蔵などがあったが、明治四〇年に仁風閣付属果樹園となり、リンゴ・ナシ・モモ・ブドウが植えられていた。図に描かれた二の丸の遊園地、および仁風閣付近の動物園は廃止された。

内堀と外堀に囲まれた旧武家屋敷地は、県庁・市役所・地方裁判所・税務署・連隊司令部などの公官署となっている。県庁前に師範学校、市街地南の袋川沿いに鳥取高等農業学校が建つが、いずれも鳥取大学の前身校である。師範学校は、宝暦七年（一七五七）、五代藩主池田重寛（しげのぶ）によって創設された藩校尚徳館跡地に創立された鳥取県小学教員伝習所（明治七年）が起こりである。師範学校校門として移築（昭和一一年）された武家屋敷箕浦家長屋門の海鼠壁（なまこかべ）が目を引く。

久松山から南東に連なる山並みの麓に興禅寺・樗谿（おうちだに）神社などの社寺が点在し、樗谿の入口に市公会堂が見える。興禅寺（黄檗宗）は藩主池田家の菩提寺、樗谿神社は慶安三年（一六五〇）、鳥取東照宮として藩主池田光仲が創建した神社である。中世から寺院があった樗谿は、近世には東照宮の社地となった。

樗谿を歩くと、シイを主体とする照葉樹が生い茂り、幽玄な空気が漂う。大正二年、この静かなたたずまいの中に篤志者が公会堂を建築して土地とともに鳥取市に寄贈したことが公園駐車場内の石碑に刻まれている。公会堂跡地前に建つ樗谿グランドアパート（昭和五年）がモダン好みの時代の空気を伝える。

外堀と袋川に囲まれた町人居住地には、銀行などが建ち並ぶ。袋川に智頭橋・鹿野橋・若桜橋などが架かるが、岡山に通じる智頭街道、鹿野に向かう鹿野街道、姫路に延びる若桜街道の三橋である。江戸期は大手筋にあたる智頭街道の道幅がもっともひろく賑わいをみせたというが、鳥取駅ができると駅前通りの若桜街道に繁華街が移っていった。

若桜橋上流に寺町温泉・末広温泉・吉方温泉があり、寺町温泉に戎座という芝居小屋らしき建物も見える。これら三温泉は鳥取温泉と総称される新興温泉（明治三〇年代発見）で、付近に料理屋が多く、どこか遊楽的気分が漂っている。

二、三朝温泉と三徳山

（一）三朝温泉

倉吉の南東、天神川支流の三徳川に沿って二十数軒の旅館が並ぶ地が三朝温泉である。山に囲まれた温泉街は、三徳山三佛寺への参詣路にもあたる。金子常光描く「三朝温泉案内図絵」（昭和三年六月、三朝温泉旅館組合発行）〈図3〉は、温泉街の姿が手に取るようにわかる。ちなみに金子常光は、師である吉田初三郎（後述）から離反して「日本名所図絵社」を小山吉三と共に設立した人で、山岳・渓谷の図絵に優れた技量を発揮した。

表紙は山の斜面に三佛寺堂宇が建つ三徳山を遠景に、噴気立ち込める三朝温泉の絵柄である。鳥瞰図は三徳川を隔てて南に温泉街を望む構図で、左に三徳山三佛寺、中央に三朝温泉、右に倉吉の町並みをおき、右上に大山が聳える。倉吉線の二代目倉吉駅（明治四五年開業、昭和四七年打吹駅、現在廃駅）から三朝温泉へ鉄道の計画路線が延びるが、これは実現しなかった三朝温泉鉄道（昭和五年設立）である。

温泉街は三徳川左岸にひろがり、上流に「株湯」が見える。温泉街の背後に三朝神社が鎮座し、街中に三朝村営療養所が建つ。神社裏山に桜が咲き誇り、三朝公園と示すが、現在、公園らしきものは見当たらない。三朝橋の袂に村役場があり、対岸の山腹に金刀比羅宮を祀り、山裾に南苑寺が伽藍を構える。金刀比羅宮付近は山田の湯、南苑寺の南にも温泉が湧き、下流に小学校が建つ。今日、大規模な宿泊施設が並ぶのはこの小学校付近であるが、当時は人家もない寂しいところであった。案内文を見よう。

> 山紫水明の処随所にラヂウムをふき河底の噴出量最も多く、ために鮎の味よろしく河鹿の声が美しい。

三朝温泉は、高密度のラジウムを含む塩類泉・硫黄泉・炭酸泉として知られた。鮎の味、河鹿の美声とラジウムの関係はい

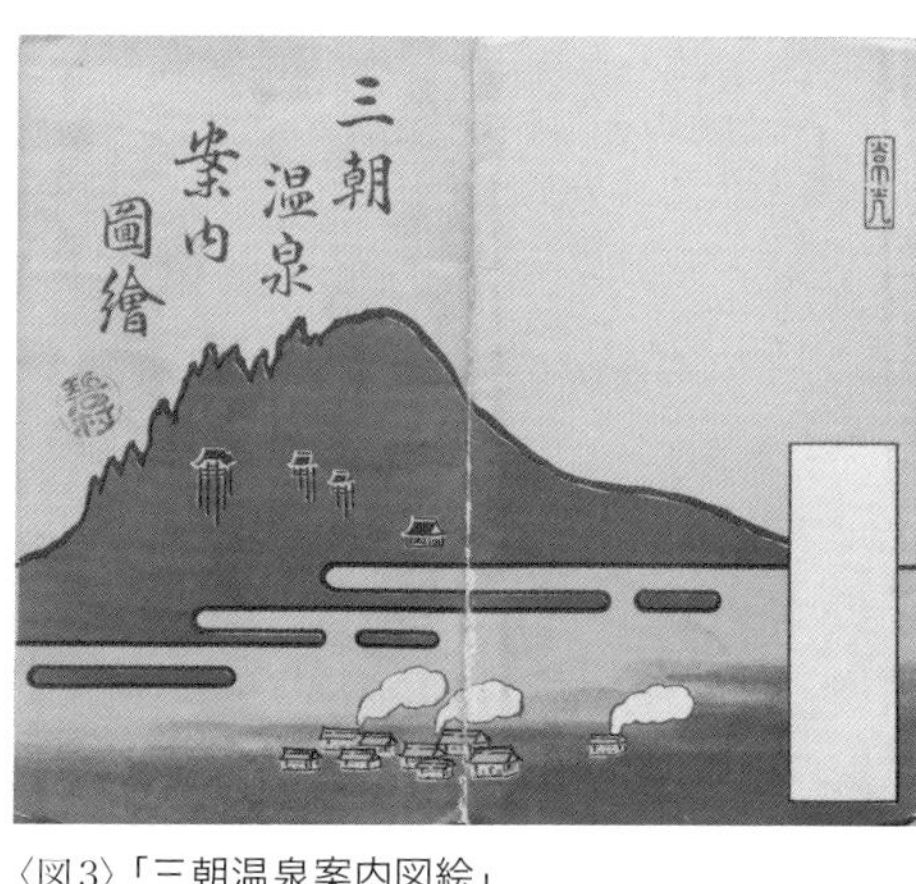

〈図3〉「三朝温泉案内図絵」
(昭和3年6月、金子常光画、三朝温泉旅館組合)

三徳山
三佛寺
三國山
中津
天子山
東高山
日中山
西高山
阿彌陀滝
投入堂
不動堂
元結掛堂
觀音堂
納經堂
馬ノ背
鐘樓
地藏堂
文殊堂
三鈷岩屋
十一面觀音
カヅラ坂
本堂
正善院
谷川天狗堂
渡辺茶屋
鈴ケ岩
精進川
皆成院
江州屋
輪光院
不動滝
スキー場
大鳥居
馬場橋
兜岩
三徳村
學校
千軒原
毘沙門岩

嵩光

青森
秋田
仙台
新潟
東京
金沢
名古屋
敦賀
米原
京都
大阪
神戸
綾部
福知山
和田山
姫路
倉敷
至米子
廣島
小郡
至石見益田

三朝山
白狼塚
三朝公園
三朝神社
村役場
六角堂
大岩
金刀比羅宮
山田の湯
南苑寺
小學校
大瀬ボウキ
松崎
東郷温泉
池
倉吉

ささか心もとないが、温泉街の人たちはこのようなことを真面目に信じていたのであろうか。

　三朝温泉の名が知られるようになったのは、大正五年、内務省の石津利作（薬学博士）により世界屈指のラジウム泉であることが発表されたことを契機とする。以後、入湯客が増えるにつれて温泉街が整備され、大正一五年には一二軒の旅館を数えた。昭和二年、「三朝小唄」（野口雨情作詞・中山晋平作曲）の流行により、三朝温泉の名が全国に知れ渡った。ほどなく「三朝小唄」が映画化（昭和四年）され、さらなる評判を呼んだ。昭和一四年には軍人保養院傷痍軍人三朝温泉療養所（現・三朝温泉病院）が創設、三朝温泉は療養地としての性格を強めていった。

　三朝村営療養所は、街中の薬師堂近くにあったことが図から確かめられる。案内文によると、村営療養所には共同浴室のほかに湿式吸入室・乾式吸入室の設備があった。湿式吸入室とは、泉源から誘導したガスと浴槽から発散するものとを同時に吸入する部屋で、家族風呂を兼ねた。乾式吸入室とは、部屋の中央に備えた大円筒に導いたガスを、寝台や椅子でくつろぎながら吸入する設備である。

　三朝温泉の由来は、源義朝の家臣が三徳山参詣の途次、妙見菩薩のお使い白狼の難を救ったことで菩薩の示現（じげん）によって発見、「株湯」がその湯であると伝える。今も共同湯として利用されている「株湯」敷地内に武人と白狼のモニュメントが立ち、傍らに木株から温泉が湧き出す工夫を凝らした飲泉場がある。霊泉発見の四月八日（旧暦）は温泉守護のお薬師さまの縁日で、この日を「花湯」といった。

> 花湯と称し一日の入浴効能は一週間の効能に相当すると伝称して来客多く露店興行等頗（すこぶ）る賑ひ、八日夜は数百年来慣例の綱引で千数百貫の藤かづらにて造り、長さ百余間に亘る雌雄の綱は宛（さなが）ら大蛇の如く、数里を遠しとせず必勝を期して来（きた）れる群集は老若男女の別なく東西に別れて掛声勇ましく夜の静けさを破るは勇壮悲壮の極みであります。

これは、お湯の恵みに感謝し、豊作や商売繁盛を祈願する「三朝温泉花湯まつり」（現在五月三、四日、国重要無形民俗文化財）の記述で、綱引きで東が勝てば豊作、西が勝てば商売繁盛という。今日では子ども御輿や提灯行列が繰り出し、打ち上げ花火が夜空を彩る温泉街きってのイベントに成長している。山間にある三朝温泉は、四季遊覧の好適地であった。

> 春は桜、桃、藤花、躑躅（つつじ）等嬋娟（せんけん）を競ひ満山の新芽芳草錦（きん）繍（しゅう）のようで、殊に三朝公園には一目数千本の桜樹ありて他

に類のない桜の名所であります。夏は満山緑翠を漂はして三朝川の流れ涼しく、秋は紅葉満山を染め、冬は氷林雪岳一望銀山の趣があります。月下杜鵑の裂帛に俗腸を洗ひ晩涼三朝川辺を逍遥して河鹿の喨音を聞き縦横煌々乱れ飛ぶ蛍光全く天下の名所を以て許して居ります。

三朝川とは、三徳川のことである。月あかりの下でホトトギスの鳴く悲しい声に卑俗な気持ちを洗い流し、涼しくなった夏の夕方、カジカの澄み渡る音を聞く。きらきらと輝く蛍が舞う三朝温泉は天下の名所である、と唱える。また春は花見・蕨折・摘草、夏は蛍狩・魚釣、秋は紅葉狩・虫聞、冬は兎狩・雉狩・スキーと、四季折々の楽しみは尽きない。

（二）三徳山

三朝温泉から三徳川を東に約八km遡ると、三徳山三佛寺が山岳伽藍を構える。三徳山（九〇〇m）は輝石安山岩とその集塊岩から成る山で、ブナなどの原生林に覆われている。三佛寺本堂から奥の院投入堂にいたる険しい山道に山岳霊場の姿を伝える諸堂が建ち並ぶ三徳山は、史跡及び名勝に指定（昭和九年）されている。三佛寺は役小角が開いたと伝える山岳信仰の聖地で、嘉祥二年（八四九）、慈覚大師円仁が釈迦・阿弥陀・大日の三仏を祀り三佛寺と称した。投入堂（国宝）・納経堂（重文）は平安後期（一一世紀後半～一二世紀後半）の建物である。

再び「三朝温泉案内図絵」〈図3〉に目をやろう。街道の両側に人家が建ち並ぶ三徳村の集落を過ぎ、馬場橋を渡ると、神仏習合の名残である大鳥居が立つ。不動滝から流れ落ちる川を渡って石段を登ると、三佛寺境内である。石段脇の渡辺茶屋・谷川天狗堂を過ぎると皆成院・正善院・輪光院の宿坊が続き、再び石段を登ると本堂が建つ。

三佛寺を訪ねると、谷川天狗堂（土産物屋・食堂）と三つの宿坊が今もその姿をとどめ、阿弥陀如来を祀る風格ある柿葺きの本堂前に「南無金剛蔵王大権現」の赤い幟がはためく。これは、投入堂の本尊蔵王権現に奉納した幟で、三佛寺が修験道の寺院であることを物語る。投入堂に祀られていた古い蔵王権現は本堂下の宝物殿に安置され、山を這い上らなくても拝観できる。

再び鳥瞰図に目をやろう。本堂からカヅラ坂を登ると文殊堂・地蔵堂と懸造の建物があらわれ、鐘楼を経て牛ノ背・馬ノ背を越えると、納経堂・観音堂・元結掛堂・不動堂と続き、やがて投入堂に到達する。

山岳建築として最も自由奔放にして最も奇抜なる現存最古のものは伯耆国三徳山三佛寺諸堂宇なり、（中略）牛の脊、

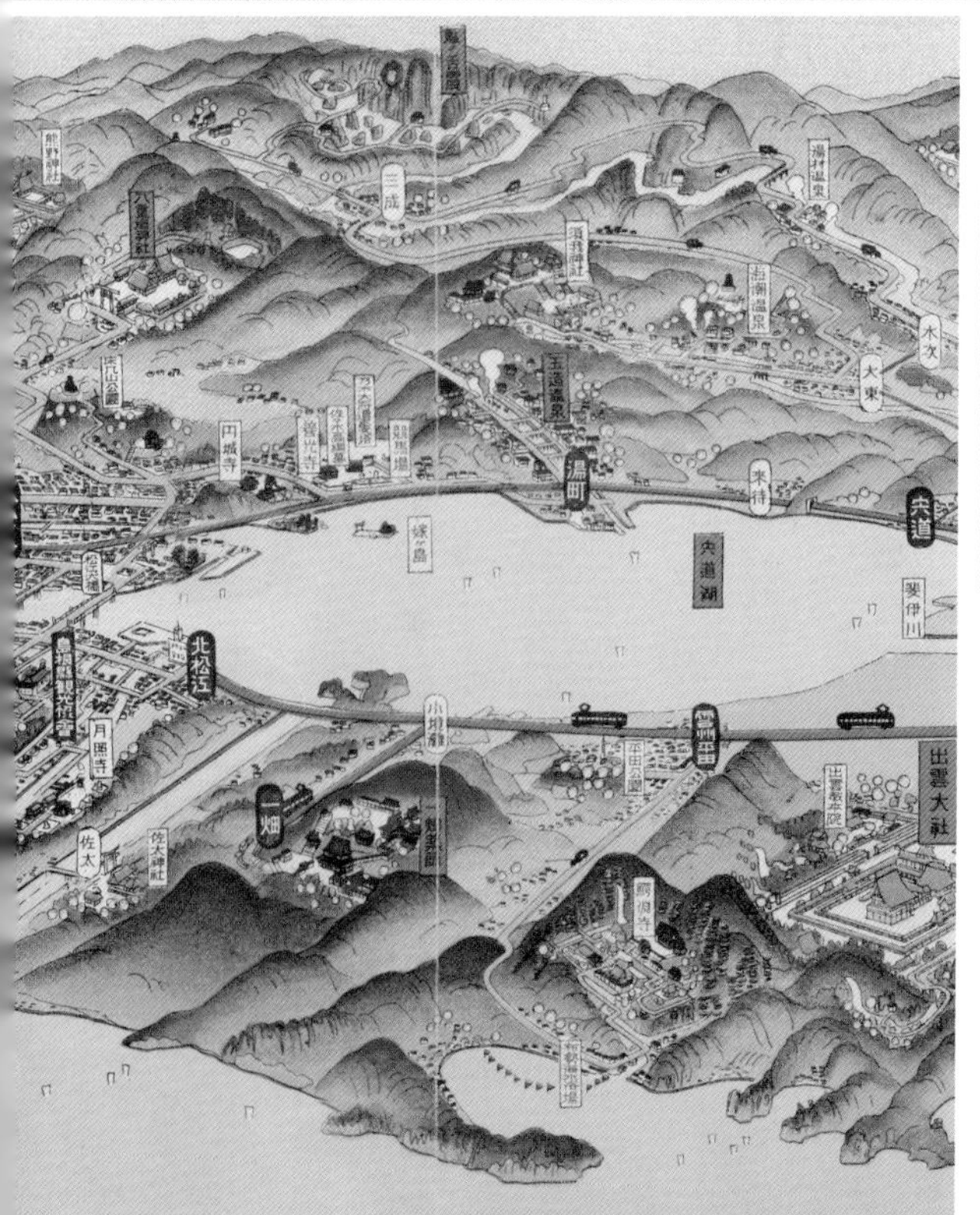

〈図4〉「島根県鳥瞰図」
（昭和５年、吉田初三郎画、島根観光協会）

三瓶山
須佐神社
天柱峯
立久恵
木次
加茂中
宍道
荘原
直江
斐伊川
出雲市
大社
川跡
出雲大社
朝山
知井宮
江南
小田
田儀
波根
久手
石見大田
静間
五十猛
仁万
馬路
温泉津
神門川
出雲二見
弁天島
日御碕
経島
池田
粕淵
物部神社
大森
五百羅漢
井戸神社
川本
庄原
三次
至広島
千丈渓
東京
京都
大阪
名古屋
神戸
青森
綾部
福知山
城崎
鳥取
智頭
倉吉
上井
大山
高松
宇野
岡山
倉敷
米子
皆生温泉
御来屋
名和神社
岸本
法勝寺
伯耆大山
安来
清水寺
雲樹寺
月山城趾
十神山
荒島
揖屋
馬潟
出雲今市
八重垣神社
武内神社
国分寺跡
中海
大根島
境港
夜見ヶ浜
美保関
美保神社
佛谷寺
法田
諸喰
七類
惣津
片江
稲積
笠浦
七ッ穴
瀬崎
沖泊
多古
野波
加賀
大芦
枕木山
本庄
楽山
普門院
松島
出雲浦
隠岐
西郷
白島
国分寺
水若酢神社
津戸
知夫
知々井
浦郷
別府
黒木御所
焼火神社

> 馬の脊の険を冒し登ること将に数丁、聳立して正に倒れんとする巌崖の蔭、脚下断崖千仭の谷をなす尾嶺、或は木の根梯子鉄鎖を命とし、或は岩の亀裂に足をかけ岩瘤を手がかりとし、匍匐挺身辛うじて山上に近き投入堂に達することが出来る、

投入堂に向け、倒れかかるような切り立った崖の小径を往く。木の根やハシゴを踏みしめ、あるいは鉄鎖を握り、岩瘤を手にして身を伏せてよじ登る様子がありありと目に浮かぶ。

このように、投入堂参詣は命がけであった。今も投入堂に向かうには危険防止のため三佛寺の入山許可を必要とし、六根清浄の輪袈裟を着用、木の根を踏みしめ鉄鎖を手に山道を這い上がることに変わりない。寺では、参詣者に行者の自覚をもって参拝するように呼び掛けている。

三、城下町松江

（一）出雲・石見の風景

豊富な観光資源に恵まれた島根県は、昔のたたずまいを残す松江の城下、縁結びの神として知られる出雲大社、史跡が点在する隠岐諸島など見所が尽きない。鳥瞰図の名手吉田初三郎（一八八四〜一九五五）描く「島根県鳥瞰図」（昭和五年、島根観光協会発行）〈図4〉から出雲・石見の風景を探ろう。島根県東部が出雲、西部が石見で、日本海に隠岐諸島が浮かぶ。表紙は日本神話を題材とした素戔嗚尊と櫛名田比売、傍らに「八雲立つ　出雲八重垣　妻籠みに　八重垣つくる　その八重垣を」の歌を添える。

海岸線を巧みにデフォルメした鳥瞰図は、日本海から南に陸地を眺める構図で、左に島根半島、中央左寄りに松江市街地、右に石見の益田をおく。松江の西に宍道湖を挟んで出雲大社が鎮座し、画面左下の日本海に隠岐諸島が浮かぶ。左上に見えるはずのない富士山や北海道函館、右上に朝鮮半島まで描くのは、「大正広重」の異名をとった初三郎の遊び心であろう。

宍道湖と中海に挟まれた水辺に松江城を中心に掘割をめぐらした松江は、「水都」の感が深い。図に藩主ゆかりの月照寺や菅田庵、松江を愛した小泉八雲のヘルン旧居などが見える。島根半島東端の美保関は西廻り航路の港町として賑わい、美保神社が鎮座する。山が日本海に迫った島根半島の浦々も丁寧に描き、加賀の潜戸など変化にとんだ海岸風景が伝わる。島根半島東部北海岸と西部の日御碕一帯は、戦後の昭和三八年、隠岐諸島とともに大山国立公園に編入され、大山隠岐国立公園に改称された。松江郊外に八重垣神社、宍道湖畔に玉造温泉、島根半

島に一畑薬師があるが、これらもよく知られたところである。

石見地方に目を転じよう。大森の街に五百羅漢・井戸神社を描く。五百羅漢は羅漢寺の石仏、井戸神社は石見銀山領の窮民救済に尽くし、「芋代官」として親しまれた井戸正明を祀った神社である。石見銀山を管轄する代官所がおかれた大森は、赤褐色の光沢を放つ石州瓦の古い町並みが山中に残されている（昭和六二年、重要伝統的建造物群保存地区）。銀の積出港・温泉町として賑わった温泉津（ゆのつ）もまた赤瓦の家並みが、海辺の谷あいに発達する（平成一六年、重要伝統的建造物群保存地区）。石見銀山や大森・温泉津などの景観は、世界遺産「石見銀山遺跡とその文化的景観」に登録（平成一九年）された。

江川（ごうがわ）の西に位置する浜田は、城下町としての歴史をもつ石見地方の中心地で、漁業が栄えた。浜田港に水揚げされた魚は、行商により中国山地の峠を越えて広島県山中の村々にまで運ばれていった。石見地方西端の山間部には、津和野の街がある。西周（にしあまね）や森鷗外の生まれた津和野もまた城下町であるが、山口県萩とともに観光地として有名になるのは、戦後の高度経済成長期以降である。

（二）水都松江

宍道湖東湖畔の県都松江市は、城下町として形づくられた。宍道湖の水が大橋川となり、中海を経て日本海へ注ぐ。大橋川に架かる松江大橋にたたずみ、宍道湖に沈む夕日を眺めてひと時を過ごすのは、松江ならではの楽しみである。

松江は、時が緩やかに流れる街である。松江に一時期居住した小泉八雲（Patrick Lafcadio Hearn）は、著作『神々の国の首都』において、松江大橋を渡る下駄の音や、街で耳にする暮らしの音を心憎いまでに描写する。明治二〇年代前半の松江はそれほど静かで、江戸期とさほど変わらぬ城下の生活が息づいていたと思われるが、わたしが最初に松江を訪れた昭和四〇年代半ばも大きく変わっていなかった。

江戸初期、堀江吉晴が築き、その後松平氏の居城となった松江城（千鳥城）天守に登ると、宍道湖や城下の町並みが一望できる。宍道湖に鉛筆を浮かべたような小島が嫁ヶ島である。松江は県都でありながらも高層建築がほとんど見られない。聞くと、松江城から嫁ヶ島を結ぶ眺望線を邪魔する建物はご法度とか。そこに松江人の見識をみる思いがする。

松江の城下は、内堀川北岸の塩見縄手界隈に長屋門や土塀を構えた旧武家屋敷が続き、一画に小泉八雲が明治二四年に半年

〈図5〉「松江案内」
(昭和3～5年、澤田文精社図案、松江市役所)

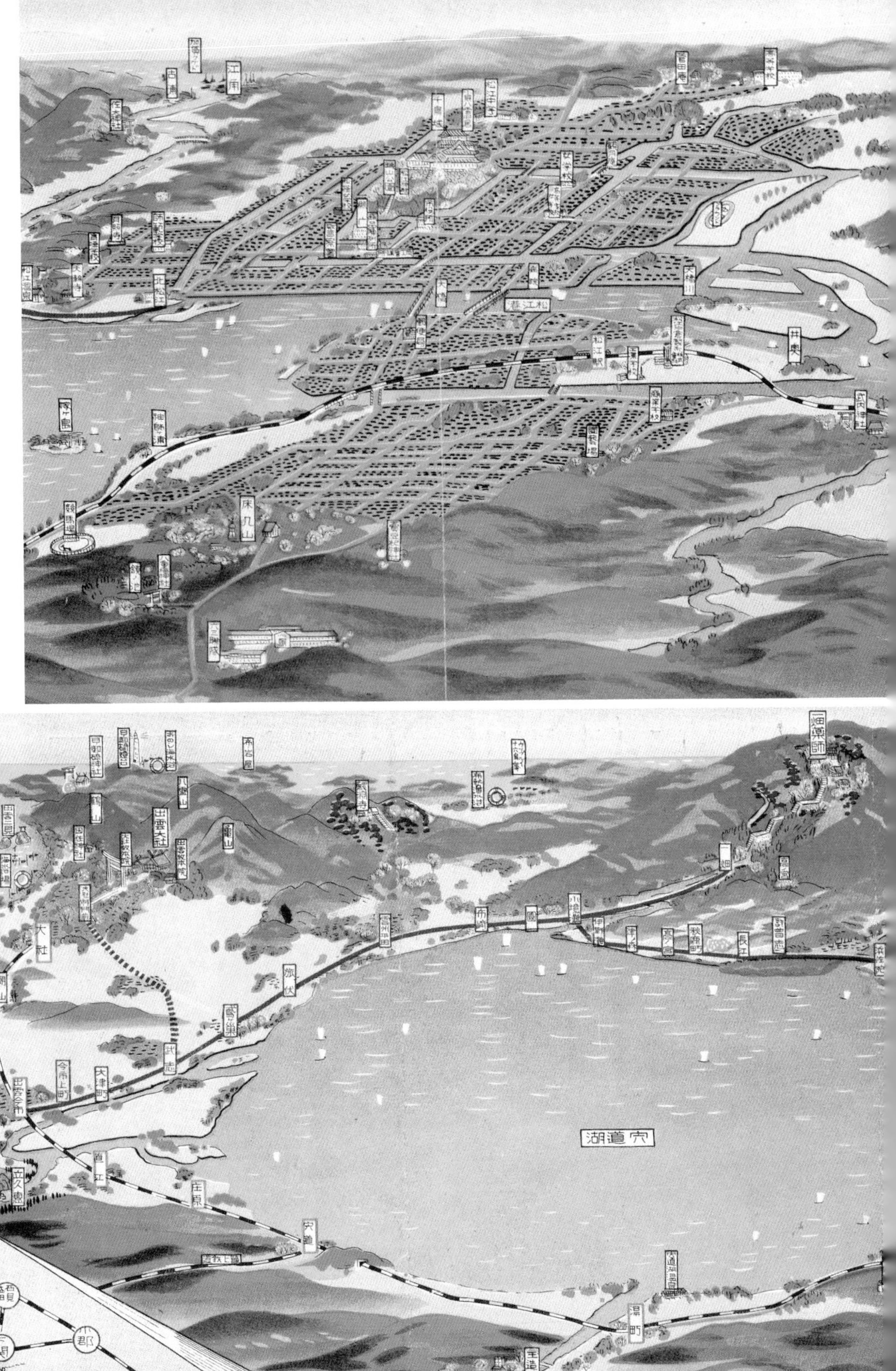

松江駅
大橋
嫁ヶ島
床几山
天神川
日御碕神社
日御碕燈台
出雲大社
鶴山
八雲山
亀山
大社
朝山
出雲今市
今市上町
大津町
武志
荘原
直江
立久恵
旅伏
雲州平田
布崎
園
一畑
一畑薬師
伊野灘
津ノ森
高ノ宮
秋鹿町
長江
古曽志
宍道湖
宍道
宍道湖温泉
湯町
玉造温泉
小郡
下関
門司
廣島

間住まいとしたヘルン旧居がある。掘割には遊覧客を乗せた小舟が往き、街に風情を添える。

「松江案内」（昭和三～五年、澤田文精社図案、松江市役所発行）〈図5〉は、市街地の姿をより詳しく伝える。表紙は松江城から見下ろす宍道湖と嫁ヶ島、裏表紙は松江大橋と湖畔の町並みの絵柄である。鳥瞰図は八重垣神社付近から北に松江城下を望む構図で、左に宍道湖、中央に松江市街地、右に中海をおく。発行年はないが、一畑電気鉄道が出雲今市駅（現・出雲市駅）から北松江駅（昭和三年開業、現・松江しんじ湖温泉駅）まで延びるが、一畑電気鉄道大社線の武志駅―大社神門駅（昭和五年開業、現・出雲大社前駅）は計画路線になっている。

鳥瞰図は青を基調とした色彩で、水都の雰囲気を絵に込めたのであろうが、澤田文精社好みの配色である。同社は、吉田初三郎の「大正名所図絵社」名古屋支社長を務めた澤田栄太郎が興した名古屋を拠点とする会社で、鳥瞰図やポスターの印刷をひろく手掛けた。

図に目をやると、中海・宍道湖南岸に山陰本線が延び、大橋川と天神川の中洲に松江駅（明治四一年開業）がある。大橋川に松江大橋と新大橋が架かり、大橋川南岸に松江港と示すが、汽船発着所については後述する。松江城を内堀川が囲み、北堀川、南の京橋川、東の米子川、西の四十間堀川が外周を囲み、「水都」の情景が見て取れる。

城址一帯は城山公園として整備され、三の丸に県庁舎や商品陳列所が建つ。松江城の北にヘルン旧宅や旧制松江中学校（現・松江北高等学校）、東方の堀に囲まれた一画に観月庵（普門院）がある。市街地西に藩主松平家の菩提寺月照寺、北に茶室菅田庵が見える。菅田庵付近に旧制松江高等学校、月照寺付近に師範学校と、島根大学の前身校が校地を構える。

昭和初期の観光案内書は、松江の廻覧順路をこのように示す。

松江駅―商品陳列所―城山―ヘルン旧居―菅田庵―八重垣神社（『日本案内記』中国四国篇、昭和九年）

見所の多い松江ではあるが、この昭和初期の観光ルートから主要な名所が浮かび上がる。

再び「松江案内」〈図5〉の案内文に目を移そう。まず松江大橋である。

長さ八十間許り橋上の眺望最も佳にして、東方遥に出雲富士（伯耆大山）に対し、西三瓶の翠黛を望み、宍道湖の煙波縹渺として風帆の去来、一幅の画図の如し。

松江大橋は、宍道湖や伯耆大山・三瓶山の眺望に優れ、果てしなくひろがる湖を行き来する帆舟は一幅の絵のようであった。

次いで五層の天守が聳える松江城である。

> 老杉蒼樹の中に屹然として、屋端の鴟尾蒼空を摩し、実に松江市の一大偉観たり（中略）城山一帯を城山公園と称し、四周の壕(ほり)には鯉、鮒、遊躍し、其の自然林には鳥類棲息し、桜花楓葉の時季には足を曳くもの殊に多く、山陰第一の遊園地たり。

鴟尾とあるが、天守大棟に載るのは、瓦製鯱である。亀田山に聳え立つ平山城は、いかにも堂々とした眺めである。

松江城址を訪ね、大手門跡から外曲輪を経て三之門跡を左に折れると、二の丸の高い石垣が目の前に現われる。石垣の上に太鼓櫓・中櫓・南櫓が現存する。二の丸には江戸期、御書院などがあったが、現在、松江神社と興雲閣が建つ。興雲閣は、明治三六年に松江市工芸品陳列所として建築された華麗な洋館である。一之門を潜ると本丸となり、山陰地方唯一の国宝天守が聳える。天守は、四方に取り付けた入母屋の破風(はふ)が優美な曲線を描く。

松江城北の塩見縄手のヘルン旧居も松江名所として知られた。

> 文豪ラフカヂオ、ヘルンは、明治二十三年松江に来り、小泉氏を冒(おか)して出雲人となり、名も八雲と改め、松江中学校に教鞭を執りし時代に起居せし所にして、先生愛好の居間、庭園皆現存す。

土塀に囲まれた門構えの家は、小泉八雲が旧制松江中学校英語教師時代に旧士族屋敷根岸家を借りて住んだところである。日本情緒を愛した八雲は、伝統的な住居の中で熊本赴任までの半年を過ごした。母屋には八畳の居間、六畳の書斎があり、居間の入側・回り縁から南の庭、書斎から北の庭が目に入る。八雲は、小さな池のある苔むした簡素な庭に凝縮された日本の美を楽しみ、その細やかな観察を一文にしたためた。

旧藩主松平氏の菩提寺が、月照寺（浄土宗）である。

> 藩時は伽藍荘厳を極めしが、廃藩の際之を毀(こぼ)ち、今は唯霊屋を存するのみ、境内に国守累代の塋域(えいいき)あり、規模宏壮、古樹之を繞(めぐ)り、懐古の情に耐へざらしむ。

本堂跡に残された礎石に、藩政期の隆盛がしのばれる。戦後、本堂跡地の傍らに本堂が再建（昭和二九年）されたが、二間半に三間のささやかな建物である。本尊の阿弥陀如来は松平直政が生母月照院の冥福を祈って造立したもので、寺院名は生母の名に因む。老樹に囲まれた木立の中に、初代松平直政から九代斉(なり)貴(たか)にいたる松江藩主廟所がある。ひときわ高い段にあるのが七代治郷(はるさと)（不昧公）の廟所で、ここから隣接する東林寺の屋根越しに松江城を望む。

月照寺の本堂再建時、裏側に茶室大圓庵を建築するが、茶人として知られた不昧公の諱「大圓庵」に由来する。茶室前庭の織部燈籠と棗形手水鉢は利休から福島正則、家老大橋茂右衛門、不昧公と渡り、返却された大橋家より月照寺に寄進されたものである。

不昧公の指図により家老有澤弌善の山荘内につくられた茶室が菅田庵である。

不昧公の名と共に普く知られし茶寮にして、お茶の国我出雲の持つ誇なり、茶寮は不昧公の考案になり、数奇を凝らし、菅田庵と号す、松風通ふ釜の音に心耳を澄ませ、眺めも尽きぬ満山の幽趣掬するも佳。

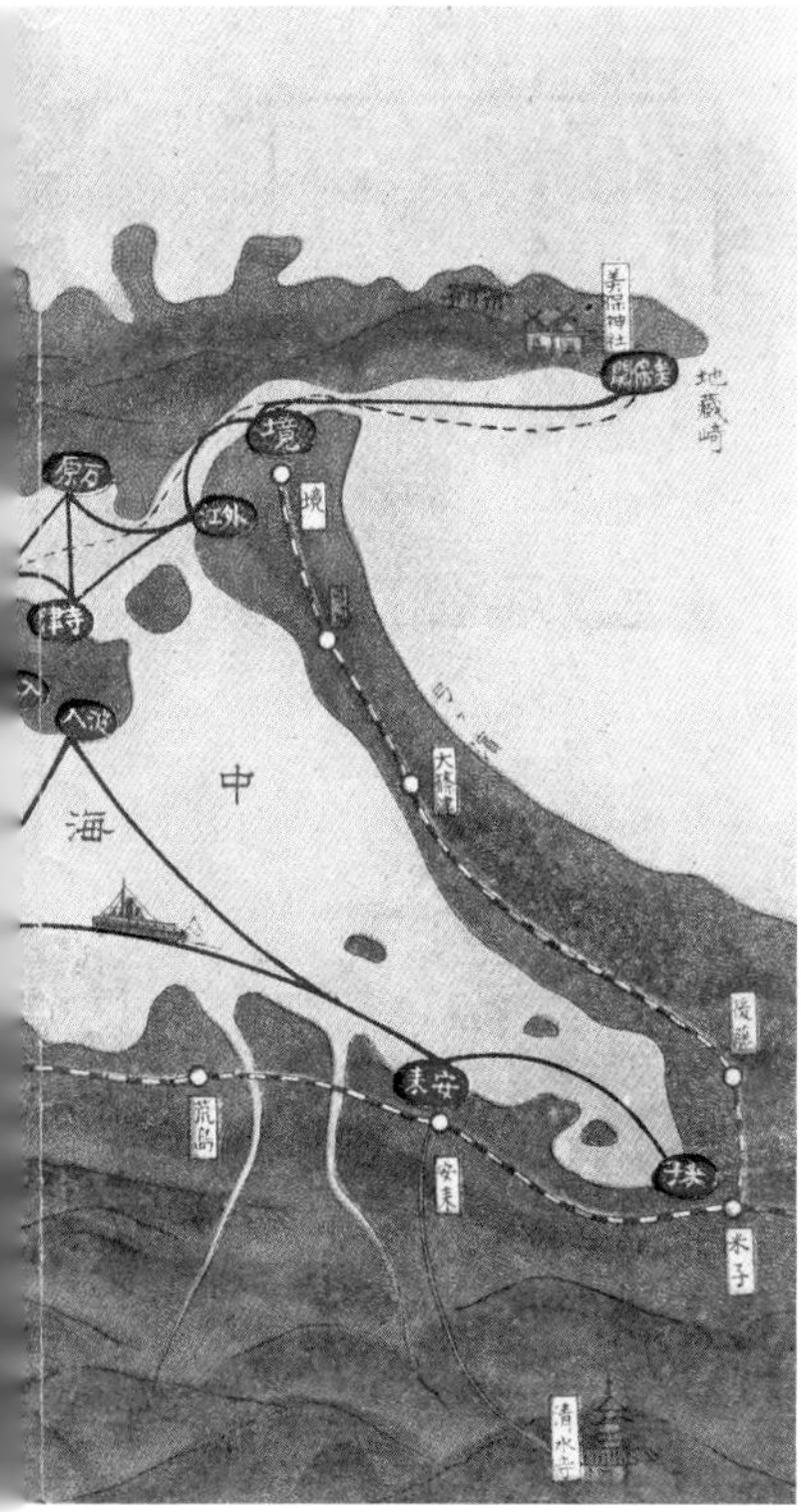

かつて人里離れていた菅田の里は、遊猟の地であった。今日、菅田庵付近まで住宅地が迫るものの、静けさは保たれている。竹藪を通り抜け、苔むした赤土の山道を進むと御成門が見えてくる。さらに往くと、茅葺入母屋屋根の菅田庵と御風呂屋がひっそりと建つ。いずれも寛政四年（一七九二）頃の建築で、菅田庵の入母屋破風に不昧公筆の陶製丸額を掲げる。向月亭が菅田庵に繋がり、入側の外部に細竹を並べた竹縁を廻す。砂利を敷き詰めた前庭は、霰石を引き締めた短冊形の延段を飛石の間にはさみ、趣向を凝らす。待合を備えた御風呂屋の背後に据えた蒸し風呂は、鷹狩りを終えた不昧公が汗を流したところである。

松江城の東、堀川に囲まれた小島に普門院があり、境内に茶室観月庵が建つ。

普門院境内に在り、古松修竹市喧を隔て幽邃の一境を開く、不昧公の数次臨みし茗席にして其名高し。

普門院は、元禄二年（一六八九）に松平綱近が再建した寺院である。庫裡の裏庭にひそやかにたたずむ観月庵は、享和元年（一八〇一）の建築で、堀川を舟で来訪した不昧公が茶事を催した席である。東側の丸窓の障子を開くと、東の空にのぼる月や、心字池に映る月影を眺めることができる。境内西の堀端から望む松江城の姿もよい。

その他、松江には明々庵という名席もあるが、戦後の移築の

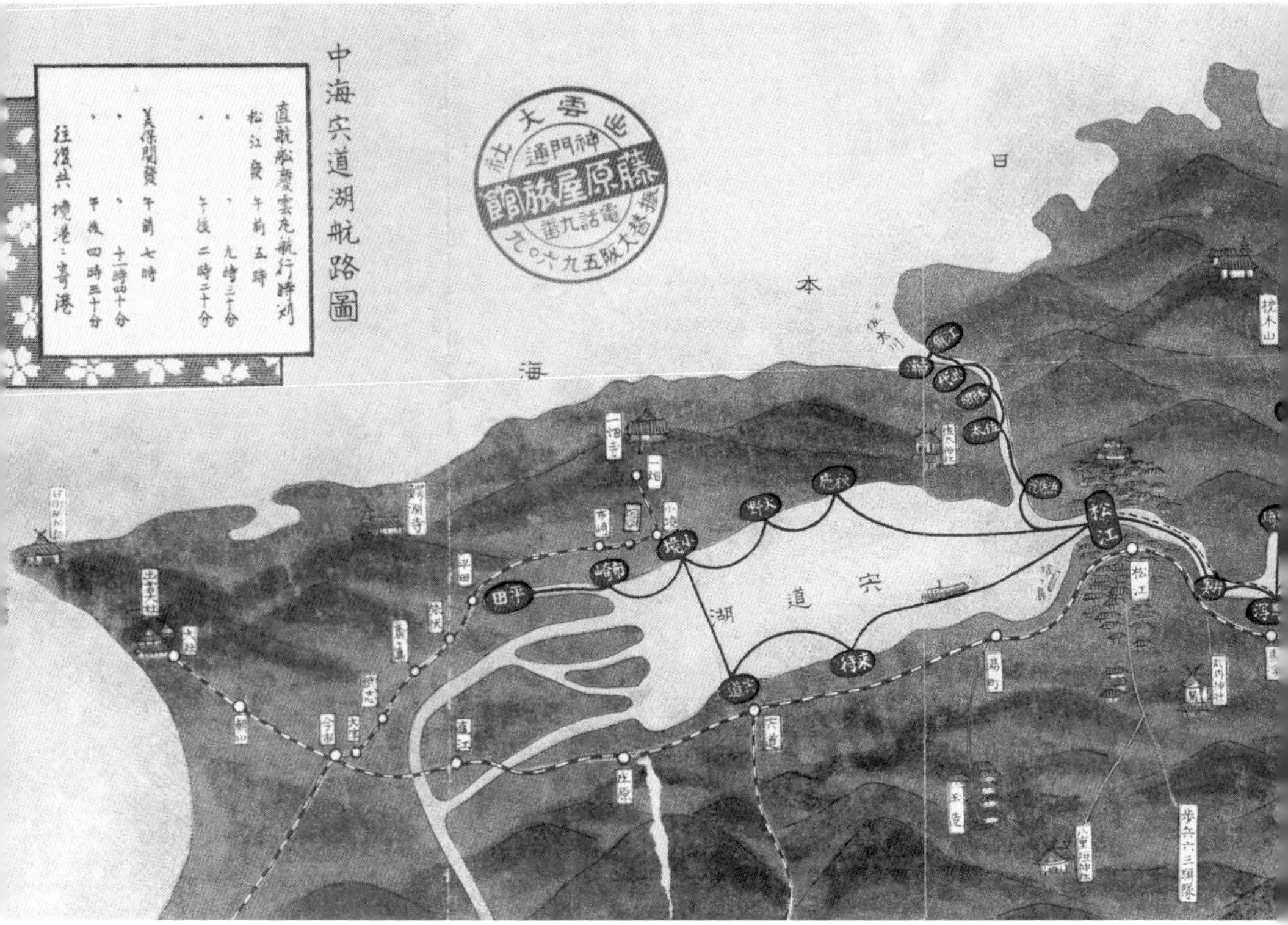

中海宍道湖航路圖

直航船慶雲丸航行時刻
松江發 午前五時
〃 九時三十分
〃 午後二時二十分
美保関發 午前七時
〃 十一時四十分
〃 午後四時三十分
往復共境港ニ寄港

出雲大社
神門通
藤原屋旅館
電話九番
振替大阪五九六〇九

〈図6〉「「航路御案内」
(大正期、松江市合同汽船)

〈図7〉「美保が関御案内」(年代不明、美保館)

ため記載はない。明々庵は安永八年（一七七九）、不昧公が家老有澤弌善の本邸（殿町）につくった茶室である。その後、東京の松平邸、菅田庵に隣接した萩の台と移転を重ねたが、不昧公百五十年祭（昭和四一年）を機に塩見縄手裏の赤山の地に移された。そこは松江城を一望する閑静な丘である。

松江では茶の湯は武士のたしなみとされ、町人にも茶道が普及した。不昧公ゆかりの茶室の数々は、地域に根付いた文化を大切に守ろうとする松江人の気風を物語っている。

案内文は、松江郊外の八重垣神社にも触れる。八岐大蛇を退治した素戔嗚尊が櫛名田比売を娶って最初に住まいを構えた須賀の地に創建され、やがて現在地に遷座したと伝える古社である。その故事から縁結びに霊験新たかとされている。

　本社は昔より縁結の神と称し、参拝の男女引きも切らず、社の裏には蓊鬱たる緑樹の間に尊と姫が花の姿を映されしといふ鏡の池あり未婚の男女、白紙に一厘銭を載せて其池に浮べ其沈み方の遅速によりて縁の早遅を卜すと。

良縁占いは、さすがに一厘銭ではないが、今も十円、百円玉などを用いて盛んにおこなわれている。硬貨を載せる白紙は社務所で有料頒布され、池下に沈んだ硬貨は賽銭となる。まことにありがたき故事である。

（三）松江市合同汽船

宍道湖・中海の水上交通を担ったのが、松江市合同汽船である。合同汽船は、明治四〇年、小船主が合併して設立された会社で、昭和五五年まで汽船を運行していた。松江大橋南詰東側の八軒屋町にあった船着場から宍道湖沿岸の街や村、中海に浮かぶ大根島、美保関や米子などにきめ細かな航路が張り巡らされていた。その姿を「航路御案内」（大正期、松江市合同汽船発行）〈図6〉に描く。発行年はないが、一畑駅開業（大正四年）後の一畑軽便鉄道時代（大正一四年以前）のものである。

　当会社船定期航海ノ区域ハ中海美保関宍道湖ニシテ松江市ヲ中心トシ四通八達山陰第一ノ風光明媚ハ此沿線ニアリ

このような案内文からはじまるパンフレットは、次の航路六路線を紹介する。松江安来米子線は、安来十神山・清水寺・雲樹寺の遊覧に便利であった。松江美保関線は、美保神社参拝に併せて風光絶佳な美保関で鮮魚を味わえた。境美保関連絡船は、境停車場海岸から汽車発着ごとに連絡していた。松江小境線は、一畑軽便鉄道小境灘駅に連絡し、一畑薬師参詣に好都合で宍道湖畔の風光奇勝が展開した。松江宍道平田線は、宍道湖北岸の町場である平田へ通じ、鰐淵寺や出雲大社参詣に便利であった。松江江角線は、佐陀川を通って日本海の江角へ出る航路で、日本海での海水浴が楽しめた。宍道湖の湖上交通は、網の目のように張り巡らされていたのである。

これら定期航路のほかに遊覧客の求めに応じた貸切船もあった。昭和四〇年代に入り、境水道大橋が竣工（昭和四七年）、境港方面から大根島への堤防道路が供用を開始（昭和四九年）した。さらに松江方面と大根島が繋がる（昭和五四年）と、合同汽船による水上交通はその役割を終えた。

四、美保関

島根半島の東端に古くから栄えた港町美保関がある。「美保関御案内」（年代不明、美保館発行）〈図7〉を見よう。発行年はないが、五本松公園内の慰霊塔（昭和四年建立）が掲載されている。なお鳥瞰図は掲載されていない。

「出雲名所遊覧順序」として、このように記載する。まず出雲大社参拝の後、一畑電鉄により一畑薬師参詣。それより松江遊覧、松江大橋際より合同汽船にて美保神社参拝、美保関にて一泊。翌朝連絡汽船にて境港より乗車する。これにより、出雲路をめぐる旅の様子がうかがえる。松江より美保関に向けて汽船便（所要二時間）が日に一〇回、美保関から境港へ列車発着時間に合わせて連絡船（所要三〇分）が出ていた。

国譲り神話で知られる美保関は、中世、海の関所が設けられ、以後、港町として大いに賑わいをみせた。

> 大小船舶の入港織（おる）が如く、随（したがっ）て港内は殷賑（いんしん）を極め、山陰の歓楽境、関の港の名は、福神美保神社の信仰と、明媚雄大なる風光と相まって、彼等航海業者のため津々浦々に宣伝せられて今日に至ったものであります。

美保関の名前をひろめたのが船乗り、との指摘が面白い。美保関は、古来、日本海の風待ち港として、江戸期には北前船の寄港地として賑わい、廻船問屋などが店を構えた。今も海辺に軒を連ねる木造二階建ての家々や、青石（凝灰岩）を敷き詰めた小路に、港町の余韻を嗅ぎ取ることができる。港の賑わいを彷彿とさせる案内文は、山陰の歓楽境の残照を思わせる。

> 気候温和にして避寒、避暑に適し登山に、釣魚に、舟遊び、島遊び、また海水浴等各其の好むところに清遊する事が出来ます（中略）参拝遊覧の旅客四時絶ゆることなく、真に山陰の楽天地たるの名に背かず、旅客は必ず、当地に其の足跡を印するを常とせられております。

風光明媚な美保関は、舟遊び・島遊び・海水浴が楽しめ、遊覧地としての性格を備えていた。加えて事代主神と三穂津姫を祀る美保神社が庶民の篤い信仰をうけていた。

〈図8〉「出雲大社を中心とせる出雲名所図絵」
（大正13年1月、澤田文精社図案、出雲名所案内会）

一畑薬師
一畑
小境灘
加賀潜戸
江角港
佐太神社
合同汽船航路
千鳥城
嫁ケ島
宍道
湯町
玉造温泉
八重垣神社

日御碕燈台
日野御碕神社
鰐淵寺
出雲大社
大社教本院
稲佐濱海水浴
出雲二見
大社
朝山
大津町
出雲今市
直江
下関
九州

世に福神恵比須神と称ひ奉るは実に御当社御祭神にましまして出雲大社と並み祀る神国出雲の二大社たり。

世間で恵比須さまと称える事代主神は、農業・商業・漁業・航海の守護神としてひろく信仰され、美保神社に参詣客の絶えることがなかった。

古より（大社ばかりは片詣り）と称えられ出雲大社御参詣の人は必ず御対神たる美保神社に参拝するの習はしとなれり故に賽客四時絶ゆる事なく、山陰の神域別天地として殷賑を極む……

「片詣り」とは、有名社寺参詣の帰路、立ち寄らないといけない場所があることを示す言葉である。伊勢音頭の一節「♪お伊勢参らば朝熊（あさま）をかけよ、朝熊をかけねば片参り」が有名である。伊勢参宮の帰途、朝熊山金剛證寺へ立ち寄るべきと唄うが、ここにはもうすこし旅を楽しみたいという気分が感じられる。ほかにも善光寺と北向（きたむき）観音、金毘羅大権現と瑜伽（ゆが）大権現などの関係が知られているが、旅を長引かせる口実をつくるにはじつに便利な言葉である。当時の旅は、仲間が連れ立っての団体旅行が多かった。「習わしとなれり」などといわれてしまうと、内心ほくそえみながらも、断り切れぬ。

美保神社には青柴垣（あおふしがき）神事（四月七日）や、諸手船（もろたぶね）神事（一二月三日）があり、大勢の参詣客が集まった。例大祭の青柴垣神事は、陽春の候、海中に舟を浮かべて青柴垣をつくり、古式にのっとり執りおこなわれる。由来は大国主神から国譲りの相談を受けた事代主神が、国譲り進言後に海に青い柴垣をつくって身を隠した様子を儀礼化したものという。この日、福神像が授与されたため、人出が多かった。

諸手船神事は、霙（みぞれ）玉散る季節、海上を楫子・舵取が素肌に烏帽子狩衣を着し、汐煙を挙げて諸手船を漕ぎ競い海水をかけあう神事で、これも国譲りの故事に因む、とされる。古くは霜月（午の日）に国家安泰・五穀豊穣・大漁満足を祈願する八百穂祭（いやほのまつり）としておこなわれていた。

美保関で有名なものに「関の五本松」がある。港付近の山にあった五本のクロマツ巨木は、港に出入りする船の目印となっていた。その一本は早い時期に倒れ、小泉八雲が松江にいた明治二〇年代はすでに四本松であったという。五本松が有名になったのは俚謡からで、「♪ハァー関の五本松　一本伐りゃ四本あとは切られぬ　夫婦松」と、夫婦和合の座敷歌として流行した。五本松周辺に整備された五本松公園からの眺望である。

眼下に紺碧鏡の如き美保湾を展べ（の）雪冠の出雲富嶽の霊峰を望み中国山脈は煙波渺茫（びょうぼう）として彼方に流れ大天橋と歌

はれたる夜見ヶ浜の長翠は夢の如くその裳(もすそ)を曳いて、雲伯二州悉(ことごと)く指顧(しこ)の裡にあり偉大なる景致は筆紙の及ばざるものであります。

出雲富岳とは大山、夜見ヶ浜は弓ヶ浜半島を指す。公園から眼下に望む美保湾や弓ヶ浜半島、出雲や伯耆は目の前である。大山や遠くにかすむ中国山地の風景は表現し難いほど素晴らしい、と称賛する。このように島根半島は風光明媚であった。

五、出雲路を往く

（一）出雲の名所

出雲の名所は、「出雲大社を中心とせる名所図絵」（大正一三年一月、澤田文精社図案、出雲名所案内会発行）〈図8〉から知ることができる。同一の鳥瞰図・案内文のものが「一畑薬師及出雲名所図絵」〈図9〉と題として同じ期日・発行所から出版されている。さらに二年後、同会は「天下の絶勝山陰及び出雲名所図絵」（大正一五年五月）〈図10〉を発行するが、鳥瞰図は同一構図のものを改版している。表紙は〈図8〉が出雲大社社殿の絵柄である。また〈図9〉は木立の中に伽藍を構える一畑薬師、〈図10〉が星空に光を放つ美保関燈台と美保神社を描き入れた美保関港と、それぞれ表紙絵を変えており、参考までに掲載する。

発行元の「出雲名所案内会」は、出雲大社社務所・同教本院・一畑薬師寺事務所・美保神社社務所・一畑軽便鉄道・松江市合同汽船・旅館三九軒（大社・一畑・美保関）を会員として組織され、一畑軽便鉄道社内に事務所があった。なお大正一五年版から松江の旅館が加わる。案内文を見よう。

> 本会は出雲に遊覧せらるる人々の便宜を図るに必要なる諸般の方法を講究し、之が実行に務むる目的を以て、生れたものでありまして、一意専心旅客本位を旨とし、……

出雲名所案内会は、一畑軽便鉄道が出雲大社をはじめ周辺の社寺や旅館を巻き込んで観光客誘致のために設立した組織のように思われる。

鳥瞰図は玉造温泉辺りから北に島根半島を望む構図で、左に出雲大社、中央に一畑薬師、右に美保神社をおき、白帆の舟が浮かぶ宍道湖・中海を描く。美保関から松江を経て一畑薬師近くの小境灘にいたる合同汽船の航路も見える。

この鳥瞰図は一畑軽便鉄道時代（大正一四年一畑電気鉄道、平成一八年一畑電車）のもので、松江への計画路線（大正一三年免許）も描く。一畑軽便鉄道は、山陰本線米子―出雲今市間延伸（明治四三年）に伴い、出雲今市と一畑薬師を結ぶ路線として計画され、大正四年に開通した。それ以前の一畑薬師参詣は陸路を

〈図10〉「天下の絶勝山陰及び出雲名所図絵」
(大正15年5月、澤田文精社図案、出雲名所案内会)

〈図9〉「一畑薬師及出雲名所図絵」
(大正13年1月、澤田文精社図案、出雲名所案内会)

〈図11〉上・下「出雲大社御案内」
（昭和7年12月、金子常光画、竹野屋繁蔵）

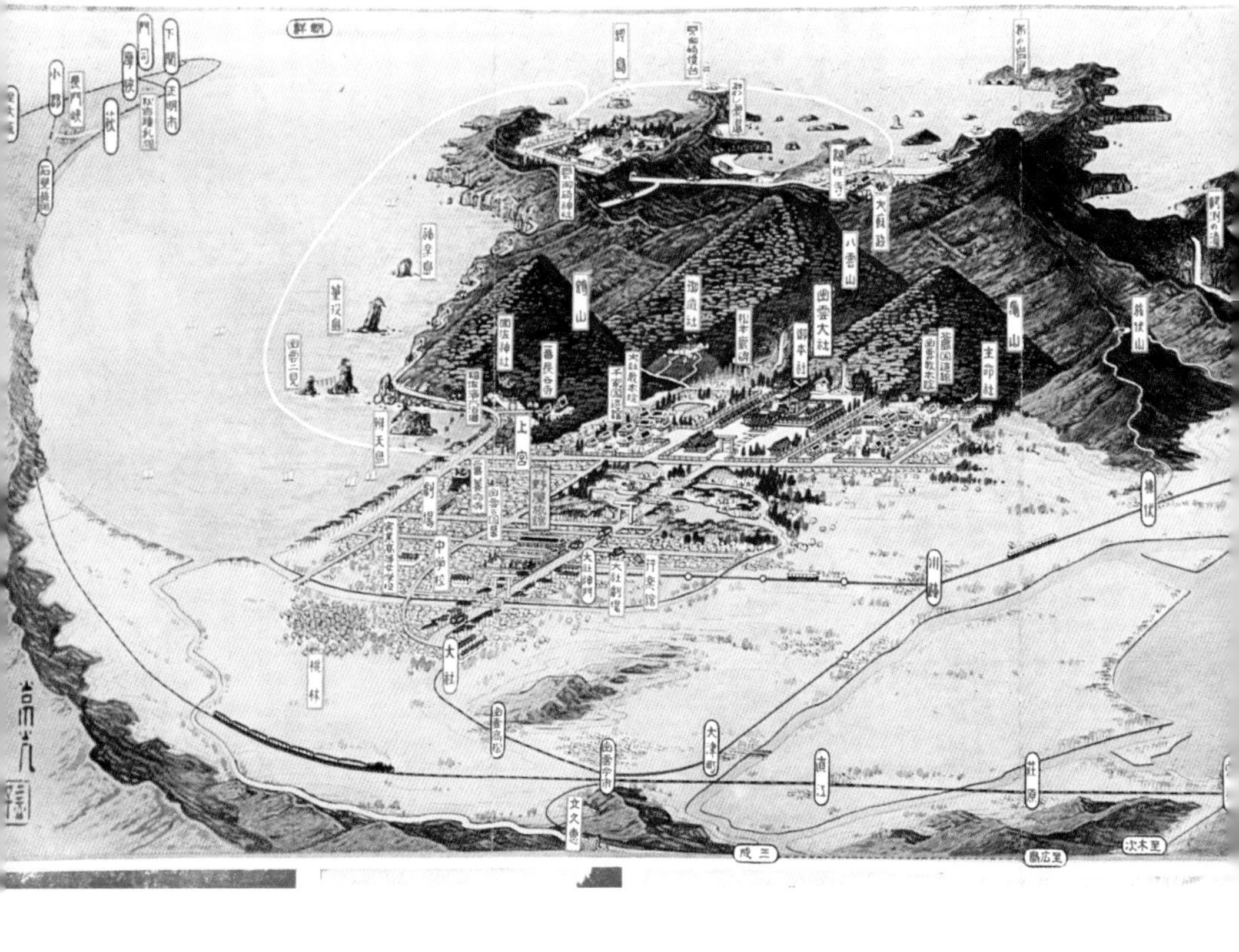

徒歩で、あるいは宍道湖を小境灘まで舟路をたどっていた。

島根は宍道湖、中海を囲繞し、東端に突出せる美保関より西端日御碕に至る湖北一帯の連峰は神話仏蹟に富み、殊に出雲は日本最古の神国にして、神徳伊勢大廟に亞ぐ出雲大社あり、其外日御碕神社、一畑薬師、鰐淵寺、美保神社等最も著し。

出雲は神話や仏教史跡が豊富であることを強調し、出雲大社をはじめ多くの名所を挙げるが、これにより主だった出雲の名所を知ることができる。

明鏡の如き碧雲湖（宍道湖）及中海は水湛々として鬱蒼たる周囲の翠巒を映じ古き神代の神秘を語るが如く詩趣に富む、皎々たる月夜舟を浮べて此湖半（ママ）の風光を賞するは彼の蘇子が赤壁の下に遊びしにも比すべく、実に仙境にあるの思ひあらしむ、……

鏡のような宍道湖と中海は水を湛え、緑の連山を映している。白く光り輝く月夜に舟を浮かべて美しい眺めを褒め称えるのは、中国の詩人蘇軾の著した『赤壁の賦』の情景と同じように仙界にいる思いがするから、と記す。

出雲大社についてはその由緒を紹介し、出雲大社教本院の案内において出雲詣にふれる。出雲大社教は、明治六年に出雲大社大宮司の千家尊福（国造の末裔）が出雲大社敬神講を組織したのが起こりで、同一五年に神道大社教（教派神道の一つ）と称した。同じく明治一五年には、出雲大社に仕える北島家（国造の末裔）が出雲教を創設し、これらの神道教団が従来の出雲信仰の受け皿となった。大正一三年当時、出雲大社教の信徒は約四百万人を数え、全国の信者が出雲大社に群参していたという。

案内文によると、参詣者はまず神殿の表受付へ行き、御守、御札のほかに大神の御木像、御絵像、教書を戴く。そして神恩報謝のための神楽奏上、祈禱がおこなわれた。また四、九月の一五日から三日間は信徒の安寧幸福を祈願する教会大祭を執行、各地から参拝する信徒数十万人におよぶ、と記す。さらに元旦（陰暦）子の刻（午前一時）からはじまる福神祭では、参拝者に金銀製の福神像や一千体の福神像が抽選で授与されるため、大晦日から賽者来集し、延命開運の幸福を祈る信徒は数十万人におよぶ、とも記述する。当時、出雲大社付近に「出雲名所案内会」会員旅館二九軒を数え、門前は賑わいをみせた。

次いで一畑薬師である。一畑薬師とは一畑薬師教団総本山の一畑寺（臨済宗）を指す。縁起によると、平安初期（九世紀末）、与一という漁師が赤浦海岸（島根半島北海岸）の海中から引き上げた薬師如来像を安置したのが寺の始まりとされる。

本尊如来は最も眼病に霊験著しく、患者の参籠祈願するもの夥(おびただ)しく、毎月八日の縁日には籠夜する善男善女一千余人の多きに達す、以て其信者の多きを知るべし。庭前に立ちて遥眺(ようちょう)を擅(ほしいまま)にすれば、紺碧瑠璃の如き宍道湖を前にして、伯耆大山（出雲富士）の景に接し、艶麗一幅の墨絵を見るが如し、背後の山上に登れば、遠く隠岐の島を遥望し得べく日本海の壮観一眸(いちぼう)にあり、……

一畑薬師は眼病平癒に霊験あらたかで、とりわけ縁日には参籠者が後を絶たなかった。本堂前庭から宍道湖や伯耆大山が眺望でき、裏山に登ると日本海や隠岐諸島も見渡せた。当時、境内に玉清館という旅館があって精進料理を提供するほか、一畑駅前などに建つ五軒の旅館が参詣客を迎えていた。

一畑薬師を訪ね、名物「一畑まんじゅう」を商う店が並ぶ門前を過ぎ、一〇八基の常夜灯を見ながら、「南無一畑薬師瑠璃光如来」と染め抜いた青や赤の幟がはためく参道を往く。本堂前に立つと、柱に掲げた対聯の「解脱一切身眼疾苦」「即心證得無上正覚」の文字が目に入る。眼病の苦しみを解き放ち、迷いの心に悟りをうける、という意味であろう。本堂傍らの断崖から南に、法堂の屋根越しに宍道湖が淡くかすむ。その清らかな風景を眺めていると、心が洗われる思いがする。

（二）出雲大社

出雲大社参詣に触れよう。昭和初期の旅行案内書に大社町（現・出雲市）を代表する旅館として竹野屋・いなばやの名が見える（『日本案内記』中国四国篇、昭和九年）。この二軒が出雲大社のパンフレットを発行する。「出雲大社御案内」（昭和七年一二月、金子常光画、竹野屋繁蔵）〈図11〉、同名の「出雲大社御案内」（年代不明、いなばや旅館）〈図12〉である。

「出雲大社御案内」〈図11〉は、表紙上に「書簡図絵」、左上に「通信文ヲ認メタル時ハ三銭切手　認メサル時ハ二銭切手」と記す。切手を貼って旅先から知人などに投函できると封緘(ふうかん)葉書として制作したもので、中に鳥瞰図が折り込まれている。旅の便りをもらった人は鳥瞰図に見入り、旅心をそそられたことに違いない。また、旅の土産や思い出の品にもなったのだろう。

表紙は出雲大社、裏表紙はその形状から日御碕近くの筆投島と思われる。鳥瞰図は左に出雲大社と大社町、中央に宍道湖、右に松江と中海をおき、大社駅から出雲大社に参道が延びる。出雲大社背後に八雲山、西に鶴山、東に亀山が横たわり、鶴山麓に千家国造館・大社教本院、亀山麓に北島国造館・出雲教本院が建つ。町並み西方の稲佐の浜から日御碕方面に船が発着する。

「出雲大社御案内」〈図12〉は、大社の町並みが明快で、表紙は

〈図12〉「出雲大社御案内」（年代不明、いなばや旅館）

出雲大社を背後に大黒様と白兎の絵柄である。発行年はないが、大社神門駅（昭和五年開業）が所在し、屋根に千鳥破風を載せた楼閣風の大社駅（大正一三年建築、廃駅）も見える。大社駅を出て右に折れて堀川の宇迦橋を渡り、大鳥居を潜ってしばらく進むと、勢溜（せいだまり）大鳥居を境にその先は神苑となる。さらに進むと荒垣に囲まれた拝殿、瑞垣に囲まれた本殿が鎮座する。妻入り本殿の建築様式は大社造として知られる。

この二つの鳥瞰図に描かれた風景は、いまもさほど変わっていない。勢溜の大鳥居に向け、名物「出雲そば」を商う店や土産物屋などが連なる神門通りは、大社駅（明治四五年開業）からの参道で、大正五年に大鳥居と松並木が寄進されて形づくられた。六〇年に一度の御本殿遷座祭（平成二五年）を契機に電線を地中化し、石畳を敷き詰め、統一した街路灯などを設けて生まれ変わったのが今日の町並みである。

出雲大社の案内文は、祭神の大国主大神について、国土を経営し、農業を勧め、水利を起こし、害虫を除き、国利民福の増進に尽力した故、福の神・作神、結縁神として信仰されている、と説く。ほかに大社造の特徴などを述べるが、案内書として特段目を引く記述はない。ご神徳高き大社について余計な解説は信者にとって不要であろう。竹野屋の「出雲大社御案内」〈図

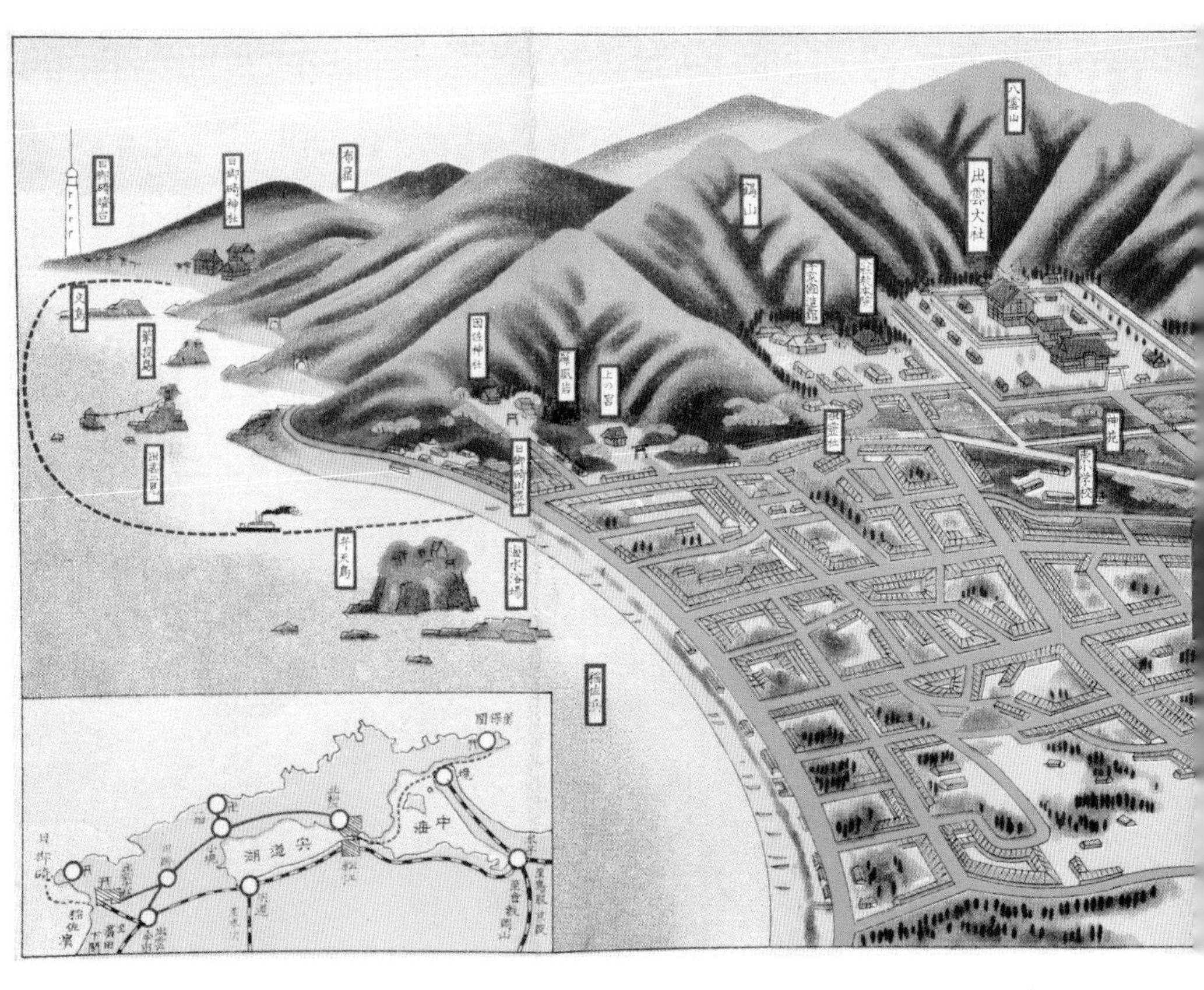

11〉では、主人から参詣客にむけた末尾の一文が当時の門前の空気を伝える。

> 是非小館へ御立寄の上御荷物をお預けになり、御参拝遊ばされたく参拝の順序、名所古蹟等詳しく御案内致します。又小館は客室多数及大広間をも有し多数の団体をお受け致しますから御確定の上は御人員、着駅時間等御洩し下さい、店員お出迎へお世話致します。

旅館では参拝の順序や付近の名所旧跡の案内をするから、ぜひ立ち寄り、荷物を預けるようにと勧める。宿泊客に限定してのサービスか否かは明記されていないが、名所案内や荷物預かりを表に出していることが興味を引く。また駅への出迎えは旅館の大切な業務であった。驚くべきは、この一文である。

> 尚汽車中又は賽路等に於て小館は満員とか色々口実を以て他宿をお勧め申すとも御取上なく御来宿の程お待ち申上ます。

汽車の中や参詣路で「竹野屋は満員」などと口実をつけてほかの宿を勧める者がいても着目することがないように、と忠告する。今では考えにくいが、通信手段が未発達な時代はこのようなことも起こったのだろう。客引き競争のすさまじさを物語る記述である。

案内文は、出雲大社のほかに稲佐の浜や日御碕に触れる。大社への参拝が済んだら、稲佐の浜に足を運ぶことを勧める。稲佐の浜は大国主神と建御雷神（たけみかづちのお）が国譲りの話をしたところとされ、風光に優れる。以下、「出雲大社御案内」〈図12〉の案内文を引く。

> 浜は白砂青松相連り山海漂渺（ひょうびょう）殊に出雲二見の夕陽の壮観は筆舌に尽すことが出来ない絶景であります。

稲佐の浜から日御碕に向けて発動機船が出ており、島嶼岩壁の奇景を眺めつつ、三〇分で到着する。日御碕神社参拝後は、日御碕燈台に登る。

> 登臨すれば、人馬豆の如く日本海の銀波脚下を洗ひ、渺望（びょうぼう）千里、眼界開豁（かいかつ）。（中略）殊に夕陽海底に沈まんとして海面紅波躍るの壮観に至っては実に比類なき偉観であります。

石造では日本一の高さを誇る燈台（四三・六五ｍ）に登れば、人馬が豆粒のように見える。また日本海の遥か彼方が俯瞰でき、視界が開ける。日御碕から眺める夕陽は当時から有名であった。出雲大社参詣は、ご神徳を戴くとともにこのような山陰の風光に触れる楽しみも多かった。

第二章　岡山・広島・尾道

一、岡山と後楽園

（一）備前・備中・美作の風景

瀬戸内海に臨む岡山県は、沿岸に岡山平野がひろがり、背後に吉備高原がひらけて中国山地が連なる。東から吉井川・旭川・高梁（たかはし）川が瀬戸内海に注ぎ、旭川下流に県都岡山市が発達する。

「岡山県」（昭和五年一一月、吉田初三郎画、岡山県発行）〈図1〉から備前・備中・美作の風景を探ろう。岡山県東部が備前、西部が備中、北部が美作である。表紙は岡山城を背後に羽ばたく丹頂鶴の絵柄、丹頂鶴は後楽園で江戸期から飼育されていた。鳥瞰図は児島半島の宇野付近から北に岡山方面を望む構図で、左に笠岡、中央に岡山市街地、右に日生（ひなせ）（備前市）をおく。岡山市街地南の児島湾は、「締切堤防」完成（昭和三一年）による児島湖誕生以前の奥深い入江をなす。児島湾周囲の黄色に彩色した平地は江戸期以来の干拓地で、綿花の栽培などがおこなわれた。古来、海の道として利用された瀬戸内海には、沿岸に中世以降発達した下津井・牛窓の港町があり、西に神島（こうのしま）・高島・白石島・北木島・真鍋島などの笠岡諸島が浮かぶ。

旭川上流の勝山は美作の勝山藩城下で、旭川を往来する高瀬舟の川湊もあった。旭川下流にひろがる岡山市街地に岡山城が聳え、対岸に後楽園や東山公園がある。

高梁川上流の新見もまた備中の新見藩城下で、高梁川水運の河岸として物資が集散した。高梁川と成羽（なりわ）川の分岐点にある備中高梁は備中松山藩の城下として栄え、「天空の山城」備中松山城（標高四三〇m）が臥牛山山上に聳える。高梁川河口の玉島（倉敷市）は備中松山藩の港町として重要視され、城下と玉島間に高瀬舟が往来した。玉島西の浜辺に、県下最古の沙美（さみ）海水浴場（明治一〇年代開設）がひろがる。

吉井川上流の津山盆地の中心地、美作の津山もまた津山藩城下で、岡山県には多くの城下町が発達した。中流域の和気（わけ）の東に、岡山藩が創設した庶民教育の閑谷学校が建つ。吉井川下流

〈図1〉「岡山県」
（昭和5年11月、吉田初三郎画、岡山県）

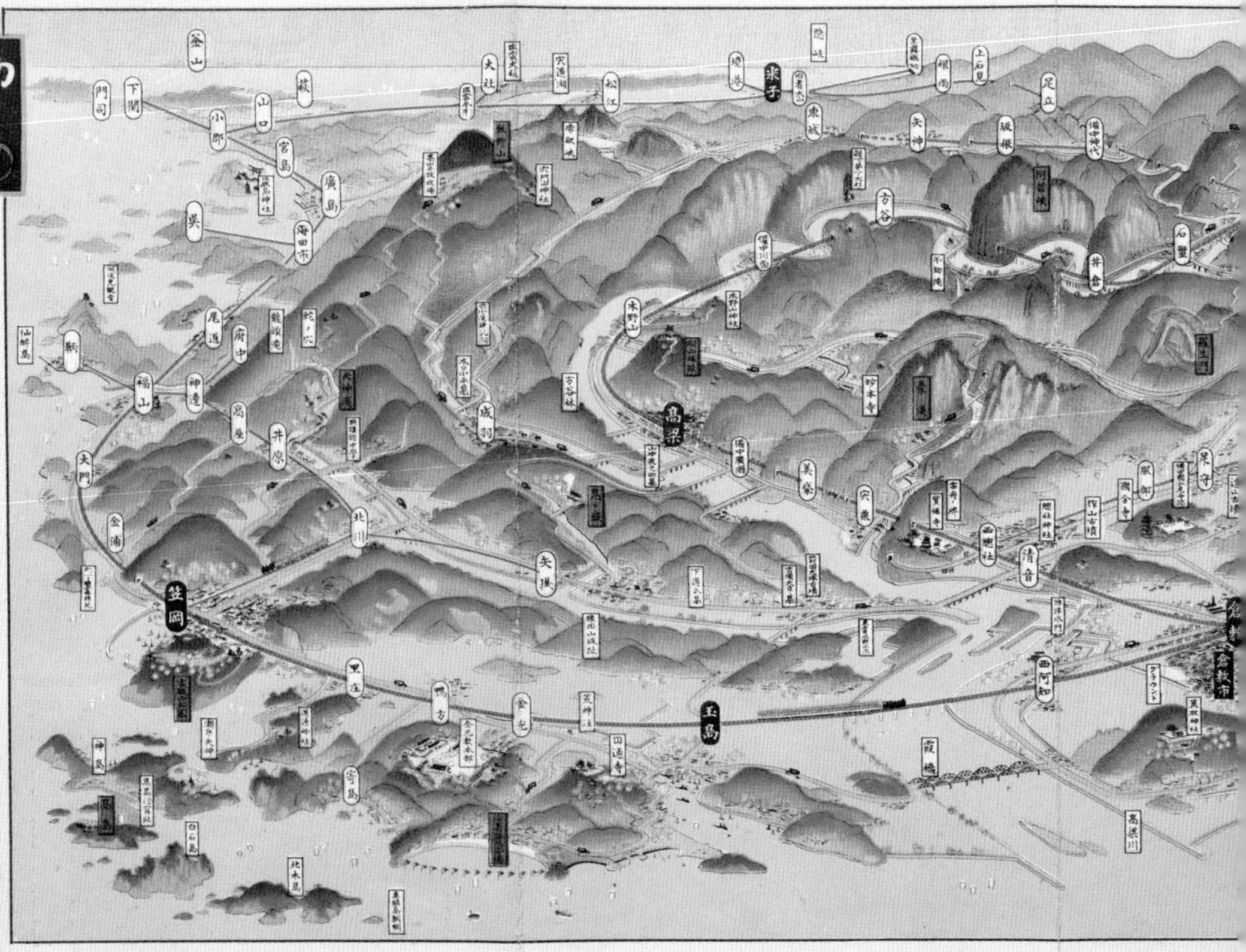

釜山
門司
下関
萩
山口
小郡
宮島
廣島
呉
海田市
大社
宍道湖
松江
境
米子
隠岐
東城
矢神
足立
上石見
根雨
新見
方谷
木野山
高梁
備中廣瀬
美袋
清音
総社
倉敷市
西阿知
霞橋
高梁川 
玉島
金光
鴨方
寄島
笠岡
金浦
大門
福山
神邉
尾道
府中
高屋
井原
北川
矢掛
成羽
上蒜山
中蒜山
下蒜山
倉吉
月田
久世
美甘
津山市
津山
津山口
院庄
坪井
福渡
金川
野々口
岡山
岡山市
岡山縣廳
後楽園
西大寺
瀬戸
森下
京橋
三蟠
旭川
兒島湾
北浦
宮浦
宇野
八濱
日比
由加
彦崎

の西大寺に、裸祭りで知られる観音院が伽藍を構える。西大寺の東に古くから栄えた港町牛窓があり、牛窓八幡宮下の浜が海水浴場になっている。牛窓海水浴場（明治二二年開設）は県下で二番目に古く、岡山の街から大勢の人が泳ぎに来たという。

山陽本線をはじめとする省線に、宇野線（明治四三年開業）、伯備線（昭和三年全通）、因美南線（現・因美線）、作備東線と作備西線（現・姫新線）、三神線（現・芸備線）が見える。当時私鉄であり、戦時中に国有化された中国鉄道（現・津山線および吉備線）沿線に吉備津神社・吉備津彦神社が鎮座する。県西部は、井笠鉄道（昭和四六年廃止、後に矢掛—神辺間が井原鉄道井原線に利用）が延びる。図には、四つの廃線も描く。三蟠（さんばん）鉄道（昭和六年廃線）、西大寺鉄道（昭和三七年廃線）、下津井鉄道（昭和二四年に下津井電鉄、平成三年廃線）、片上鉄道（平成三年廃線）である。

「岡山県概説」としてこのような案内文がある。

　気候温和にして地味豊饒天産に富み、各種の産業盛なり……

岡山県は農業が盛んで、当時、総戸数の六割強が農家であった。ところが農家一戸平均耕作地は七反六畝と少なく、全国平均（一町一反歩）の六割九分に過ぎなかった。

　其の面積狭小なり。従て米麦以外の農産物藺草（いぐさ）、薄荷（はっか）、蒟蒻（こんにゃく）、除虫菊等の特用作物を栽培し、又は果樹、園芸、養蚕、畜産、其の他の副業を経営し、以て各自の農家経済を支持し、農業組織複雑なるもの多し。

限られた耕地の中で、多様な農業を営みながら暮らしを築いてきた岡山県の地域性を表わす一文である。瀬戸内海沿岸は広大な平野がないものの、古くから人が満ち溢れていた。岡山県も例外でなく、特産物を育て、副業をしながら生活を立てていた。なかでも果樹栽培は、やがて白桃・マスカットなど生産量日本一、高品質を誇る特産物を生み出し、岡山県を代表する産業に成長を遂げた。岡山県は農業県としての性格が強いため、観光地としての印象が薄れるが、魅力ある街や見所は少なくない。

（二）城下町岡山

岡山駅の東、旭川右岸に岡山城址があり、黒壁の天守が聳える。烏城（うじょう）・金烏城（きんうじょう）とも呼ばれる岡山城天守は第二次大戦で焼失、戦後、鉄筋コンクリート造りで再建（昭和四一年）された。本丸の北と東を蛇行した旭川が天然の要害をなし、西と南を内堀が囲む。

慶長二年（一五九七）、宇喜田秀家が岡山城を改修して近世城郭の基礎を築き、その後、小早川氏・池田氏により城郭や城下が整えられた。寛永九年（一六三二）、池田光政が鳥取から移封、以来、岡山は池田家の城下として明治にいたった。

岡山城は明治六年の廃城令により城内の建物が取り壊され、堀は埋め立てられた。わずかに残された天守・石山門・月見櫓・西丸西手櫓のなかで、戦災を免れて現存するのは月見櫓・西丸西手櫓の二棟のみである。

「岡山市」（昭和七年四月、吉田初三郎画、岡山市産業課発行）〈図2〉は、市街地の姿をより詳しく伝える。表紙は岡山城を借景とする後楽園で、桜が咲く沢の池ほとりに二羽の丹頂鶴を描く。釣殿が建つ御野島（みのしま）が池に浮かび、池の背後に延養亭が見える。鳥瞰図は三門（みかど）の旧制関西中学校付近から東南東に東山公園方面を望む構図で、左に歩兵第十連隊、中央に岡山城、右に旧制岡山医科大学（現・岡山大学）をおく。右上に児島湾や児島半島が見え、瀬戸内海を隔てて四国の山なみが淡くかすむ。

内堀で囲まれた岡山城本丸に天守が聳え、旧制岡山第一中学校（現・岡山朝日高等学校）が建つ。岡山城対岸は「日本三名園」の一つとして知られる後楽園である。本丸南に二の丸、西に西の丸があり、二の丸に公会堂、西の丸北の天神町に県庁舎・郷土館、県庁舎の西に女子師範学校が建つ。蓮昌寺東の街中に市役所があり、市街地北に歩兵第十連隊を配置し、その南に練兵場をおく。市街地南端に旧制岡山医科大学と附属病院が見える。旭川の京橋を渡って東に進むと緑の山が横たわり、山麓の東山公園・奥市公園に玉井宮や五百羅漢堂（少林寺）が建つ。玉井宮の南は瑜伽山（ゆがさん）である。東山公園の南は男子師範学校（現・岡山大学）、北に山陽女学校（現・山陽学園中学・高等学校）、旧制第六高等学校（現・岡山大学）が文教地区をなす。京橋下の中島に家屋が連なり、付近に多くの船が停泊するが、ここが岡山の川湊である。旭川左岸に見える工場は、鐘淵紡績である。

図に描かれた諸施設は、戦後、多くが移転した。天神町にあった県庁舎は公会堂跡地の二の丸に移り、県庁舎跡地に岡山県総合文化センターが建設された。岡山城址本丸にあった旧制岡山第一中学校は、旧制第六高等学校跡地に移転し、男子師範学校跡地は岡山大学付属小中学校となった。市街地北部の歩兵第十連隊跡地は岡山大学津島キャンパス、練兵場跡地は岡山県総合グラウンドとして利用された。また山陽女学校は鐘淵紡績岡山工場跡地北寄りに移った。これら各種施設の移転により戦後の岡山は装いを新たにした。ただし、旧制岡山医科大学（現・岡山大学鹿田キャンパス）は旧地に所在する。

案内文に「岡山八景」として、後楽園・岡山城・東山公園と奥市公園・瑜伽山・五百羅漢・京橋・岡山ライン・高島公園を挙げるが、これらが当時の岡山の観光名所であろう。有名な後

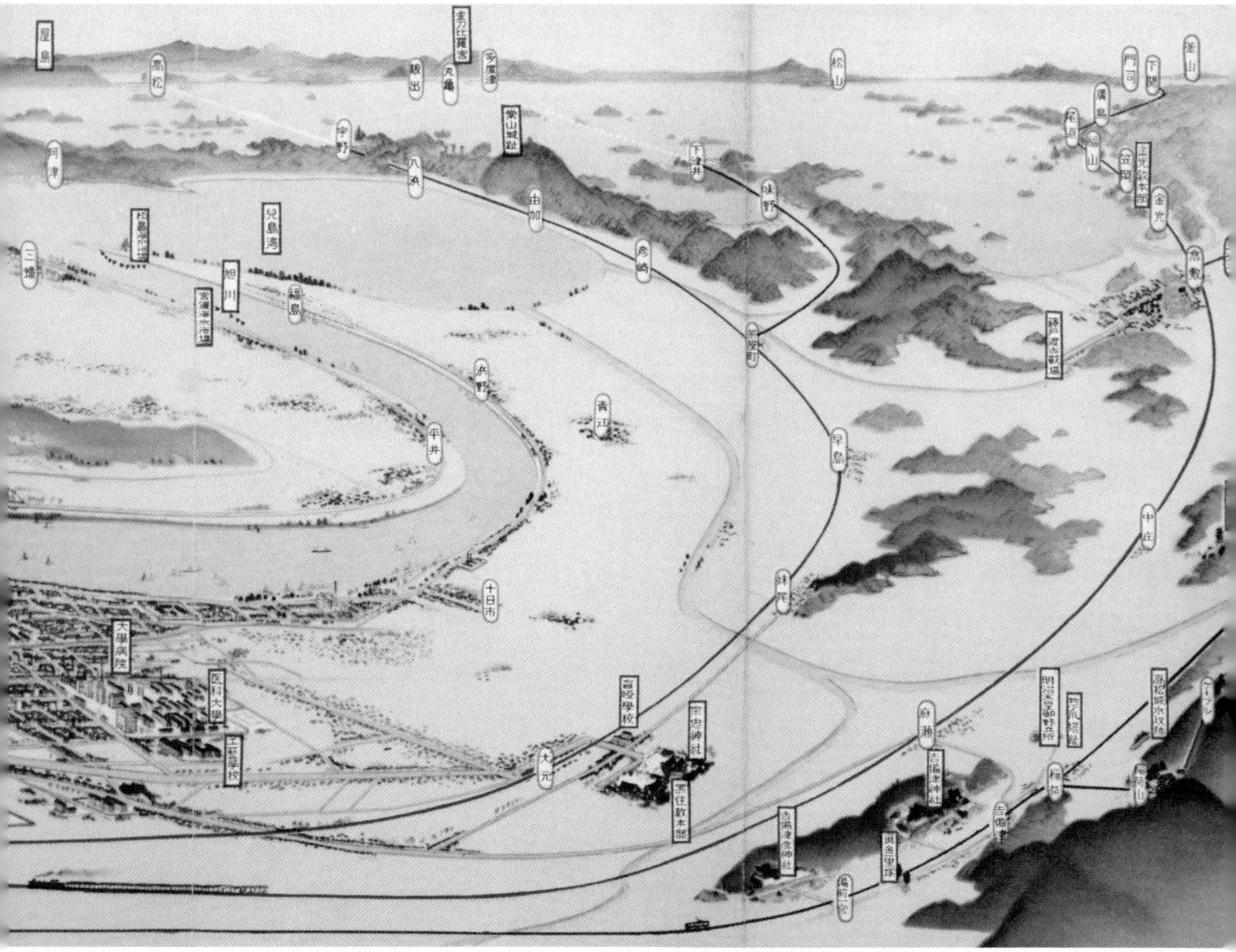

屋島
高松
坂出
丸亀
金刀比羅宮
多度津
松山
門司
下関
釜山
廣島
尾道
福山
笠岡
金光教本部
金光
倉敷
阿津
宇野
八浜
常山城趾
由加
下津井
味野
彦崎
茶屋町
児島湾
三蟠
旭川
福島
浜野
青江
平井
早島
中庄
十日市
大學病院
医科大學
工藝學校
高等學校
大元
宗忠神社
黒住教本部
庭瀬
吉備津神社
吉備津彦神社
備前一宮
吉備津
稲荷山
三勲神社 
法輪寺
五百羅漢
招魂社
玉井宮
東山公園
山陽女學校
岡山城
岡山ライン
相生橋
岡山第一中學校
公會堂
市立商業學校
岡山神社
縣廳
郷土館
裁判所
御成下
上之町
圖書館
柳川
野田屋町
西川
驛前
東山
大通
中納言
小橋
國清寺
中島
測候所
商工會議所
相生町筋
京橋
市役所
西大寺町
東田町
蓮昌寺
片上
神戸
大阪
京都
名古屋
牛窓
觀音院
操山
第二中學校
武徳殿
女子師範學校
就實女學校
関西中學校
三門

〈図2〉「岡山市」
（昭和7年4月、吉田初三郎画、岡山市産業課）

楽園は後述し、まず東山公園と奥市公園を見よう。

　岡山の東辺は、美しい山に遮られてをる。京都によく似てをる。その名も同じく東山と云ふ、この東山一帯に施設をなして公園にしてをる、続ひて東へ奥市公園がある。（中略）

　山上眺望よろしく、山下翠巒（すいらん）せまる。

東山公園を訪ねると、入口にその名を示す古びた石柱が立ち、石段を登り切ると古風な円形噴水が設置されている。今は名所というよりも、付近の住民が利用する小公園といった感じがする。夢の橋を挟んで南に利光院、北に台崇寺があったが、明治三年、利光院跡に医学館、台崇寺跡に大病院が開設された。それらは大正一〇年、岡山医学専門校として鹿田に移転、翌一一年に旧制岡山医科大学となった。その跡地が東山公園であるが、それ以前の明治期に玉井東照宮のある東山一帯を公園（偕楽園）としたのが起こりともいう。

利光院跡から東に延びる長い石段を登ると、玉井東照宮が鎮座する。玉井宮は古くは児島半島東端の米崎に祀られていた海の神であるが、やがて現在地に遷座した。江戸初期に同地に東照宮が勧請されると場所をやや南に移すが、明治一四年に東照宮と合祀して旧地に戻って社名は玉井東照宮に改められた。

桜や紅葉の名所として知られた瑜伽山は、松琴寺境内に瑜伽大権現を祀ったのが由来である。五百羅漢堂のある少林寺は春秋行楽の客で賑わったが、昭和一四年に五百羅漢堂は焼失した。このように東山公園一帯には多くの社寺が点在し、岡山の人々の遊覧地になっていた。

「岡山八景」の中には、今はその名を耳にしなくなったものも含まれている。その一つが「岡山ライン」である。

　後楽園に入る鶴見橋より、後楽園の南堤を繞（めぐ）りて旭川をつたひ、相生橋に下る一帯の地を云ふ。この間清流を抱ひて老樹鬱蒼、古城は影を投じて幽韻（ゆういん）動き、岡山の持つ最も誇るべき景勝。

旭川は水清く老樹が生い茂り、岡山城が水面に影を落としていた。この趣深い風景は岡山の誇るべきものであった。後楽園に沿った旭川の水辺を「岡山ライン」と図示するが、今この言葉は忘れられている。京橋にも触れる。

　林立する帆柱、車馬の往来、魚市場に遊廓、常山（つねやま）の遠望、広重の版画を見るやうな昔の名残をとどめて今も繁栄を続けてをる。

船が発着する京橋の賑わいを「岡山の銀座街千日前」と喩え、岡山に来て京橋を見落としてはならない、と語る。当時の京橋は、水辺の遊興地としての風情を色濃くとどめていた。

二、後楽園

兼六園（金沢）・偕楽園（水戸）とともに「日本三名園」として知られる後楽園は、岡山城対岸の旭川の中島に築造された大名庭園である。貞享四年（一六八七）、二代藩主池田綱政が家臣の津田永忠に命じて着工、一四年の歳月をかけて元禄一三年（一七〇〇）に完成した。藩主の静養、賓客接待の場であった庭園は、江戸期に「後園」「御後園」と呼ばれており、明治四年の一般開放にあたり今日の「後楽園」となった（大正一一年、名勝）。

同名の後楽園は、東京小石川の水戸徳川家江戸上屋敷の庭園が岡山より古く、寛永六年（一六二九）の築造である。その名は、北宋の政治家范仲淹『岳陽楼記』の「天下の憂に先んじて憂い、天下の楽に後れて楽しむ」（朱舜水撰）に拠り、民衆が心配するより先に心配し、民衆が楽しんだ後に楽しむ、を意味する。明治になって岡山の庭園にもこの名が用いられたのである。

「岡山後楽園名所図絵」（大正一二年五月、吉田初三郎画、岡山市後楽園事務所発行）〈図3〉を開こう。表紙は沢の池に浮かぶ御野島の釣殿と背後に岡山城の絵柄で、池端に二羽の丹頂鶴を添える。鳥瞰図は岡山神社付近から旭川を隔てて東に後楽園を望む構図で、左に鶴見橋、中央に沢の池、右に相生橋をおき、背後に操山が緩やかな稜線を引く。

旭川に目をやると、上流の鶴見橋、下流の相生橋とも木造で、岡山城と後楽園を結ぶ月見橋はまだ架かっていない。鶴見橋は江戸期の架橋、鶴が舞い降りる姿を目にするためにその名がついたという。現在の鉄筋コンクリート橋（昭和五年）は、陸軍特別大演習の際に永久橋として架橋された。相生橋は、岡山県庁付近から対岸に渡る鉄骨橋（昭和一一年）である。月見橋は岡山城での博覧会開催に際し、後楽園を結ぶために架橋（昭和二九年）された。図には、岡山城と後楽園南門を結ぶ渡舟を描く。渡舟場近くの後楽園花葉の池付近に古い御舟入雁木が発掘され、そこが岡山城から藩主御成の経路であったことが確かめられた。

鶴見橋右岸橋詰に後楽園前電車停車場があり、ここから鶴見橋を渡って北門を経て、公園事務所横の正門にいたるのが順路であった。北門と正門の間に洋風の音楽堂が建ち、柵の中で孔雀が羽をひろげるが、今では見られぬ光景である。一帯は広場として整備されているが、付近に馬場・弓場・観射亭が現存する。

正門を潜ると、沢の池・花葉の池に面して延養亭・栄唱の間・能舞台・鶴鳴館が建ち、水辺に丹頂鶴の飼育柵が見える。延養亭は藩主が訪れた時に利用する中心的な建物で、御茶屋とも呼ばれた。案内文を引こう。

位置東南に面し眺矚最潤し烏城の城櫓南に聳へ天主閣を

〈図3〉「岡山後楽園名所図絵」
（大正12年5月、吉田初三郎画、岡山市後楽園事務所）

大阪神戸姫路方面
山陽線
後楽園前電車停留場
鶴見橋
朝日川
散歩道
椿林
馬場
音楽堂
射圃
観射亭
自動電話
平四郎ノ松
公園事務所
西門
東山
井田
櫻林
渡舟
南門茶屋
四天王

> 軒外に望む東面最開敞にして唯園中諸勝の奇を軒前に呈するのみならず園外三棹罌粟子其佗の諸山前面に屏列し翠光を送り来って観望を助く（中略）此亭園中の正堂にして往時藩主賓客を接待し或は講筵を開くの類総て茲に於てす……

茅葺の延養亭からは南東の眺めがもっともひろく、岡山城の櫓が南に聳え、天守が軒の向こうに見える。その櫓は月見櫓で、後楽園から望むと天守の右手に当たる。東もさえぎるものがなく、園中の奇勝が軒の前に現われる。また三棹山（操山）などの山が屏風のように並び、緑に染まる。延養亭は藩主が賓客をもてなし、講義をひらく場所でもあった。春秋に特別公開される延養亭の座敷から東を望むと、広々とした芝生の中央に沢の池が水を湛え、借景の操山がのびやかな風景を引き締める。

延養亭の北西に茅葺の栄唱の間が別棟で建ち、能の見所となっていた。能舞台では能を好んだ藩主綱政が自ら舞い、家臣に披露したという。この能舞台は今も、「後楽能」などで活用されている。延養亭に隣接する鶴鳴館は、明治期に県会議事堂として使われた。延養亭（昭和三五年再建）・能舞台（昭和三三年復元）・鶴鳴館（昭和二四年に岩国の吉川邸を移築）は、いずれも戦災で焼失以前の姿が図に描かれている。

園内は沢の池を中心に、南西に花葉の池、南東に花交の池を配す池泉回遊式庭園である。沢の池には島茶屋のある中の島、釣殿のある御野島、白砂青松の砂利島が浮かび、南に唯心山をおく。唯心山は三代藩主継政が新たに築いたもので、山上から曲水や沢の池などが一望できる。

唯心山の裾をめぐる曲水に面して流店、その南西に廉池軒が建つが、この二棟は戦災を免れた数少ない建物である。藩主の回遊や賓客の接待の休憩所として使われた流店の前は花菖蒲畑で、『伊勢物語』にちなむ八橋を配す。

花葉の池には花葉の滝と大立石があり、栄唱橋が架かる。また花交の池には花交の滝があり、池のほとりに利休堂が建つ。千利休を祀った茶室は戦災で焼失、再建後に茶を伝えた栄西を合祀して呼称を茶祖堂に改めた。

花交の池から沢の池にかけての東方一帯は梅林・桜林・楓林の千入の森と続き、茶畑や井田がある。この茶畑で摘んだ茶は藩主の飲用に用いられた。かつて園内に田畑が多くあったが、倹約のために耕作人を減らし、田畑は芝生に変わった。昔、園内にひろがっていた田畑のなごりが井田という。

後楽園は、室戸台風（昭和九年）や第二次大戦で大きな被害をうけた。戦時中の食糧難により芋畑と化し、加えて戦後の進駐軍の利用によりその姿は大きく変わった。しかし戦後、古図を参考に建物のみならず林や田畑まで旧態に復し、今日にいたった。大正期の鳥瞰図に描かれた後楽園と今日の姿はそっくりで、復旧にかけたひとかたならぬ努力の後を見る思いがする。

三、城下町津山

岡山県北部、美作の中心をなす城下町が津山である。津山駅で下車し、吉井川の今津屋橋を渡ると津山城址の石垣が聳え、周囲に市街地がひろがる。元和二年（一六一六）、森忠政により津山城築城が完成し、城下の骨格が形づくられた。元禄一一年（一六九八）、松平長矩（ながのり）が津山に移封、以来、津山は松平氏の城下として明治にいたった。

「津山市」（昭和一一年二月、吉田初三郎画、津山市役所勧業課発行）〈図4〉を見よう。これは封緘葉書として制作されたもので、表紙は桜の木に「天莫空勾践……」（てんこうせんをむなしゅうすることなかれ）と十字詩を記す武将の絵柄で、隠岐に流される後醍醐天皇に忠勤を励んだ児島高徳（たかのり）である。今の時代にはピンとこないが、戦前の勤王思想の中で、津山を象徴する故事・人物に因む表紙といえよう。ちなみに江戸期、その桜があったと伝わる美作守護職の院庄（いんのしょう）館跡に津山藩家老が顕彰碑を建立、明治二年に津山藩主がゆかりの地に作楽（さくら）神社を創建するほどであった。

鳥瞰図は津山駅付近から北に津山城址と市街地を望む構図で、左に院庄の作楽神社、中央に津山城址、右に城東の町並みをおく。津山駅に岡山・新見・鳥取・姫路から鉄道が通じる。はじめ中国鉄道（現・津山線）の津山（現・津山口）―岡山市間が開通（明治三一年）し、昭和に入ると作備線（現・姫新線）・因美線も開通して、津山は交通の拠点として賑わいを増した。

石垣をうず高く築いた津山城址は鶴山公園となり、桜が満開、一角に鶴山館が建つ。城址の裏も「裏千本」の桜に包まれ、背後に衆楽公園が見える。津山城址の案内文である。

> 津山城も明治八年廃城令により惜しくも悉（ことごと）く壊され、同三十一年津山町に移管されて以来、漸次公園施設を整備し、眺望絶佳関西第一の『桜の名所』と唱えられ、夜桜は殊に観客を魅了す。

廃城令（明治六年）から二年かけて、天守や櫓などが取り壊されたが、本丸・二の丸・三の丸の石垣は、ほぼそのままの形で残された。明治二〇年代前半、旧藩士の間で津山城保存運動が芽生え、明治三三年、鶴山公園として整備がはじまった。明治三七年には三の丸の一角に旧津山藩学問所を移築し、鶴山館として鶴山公園での催しや集会所として使われた。

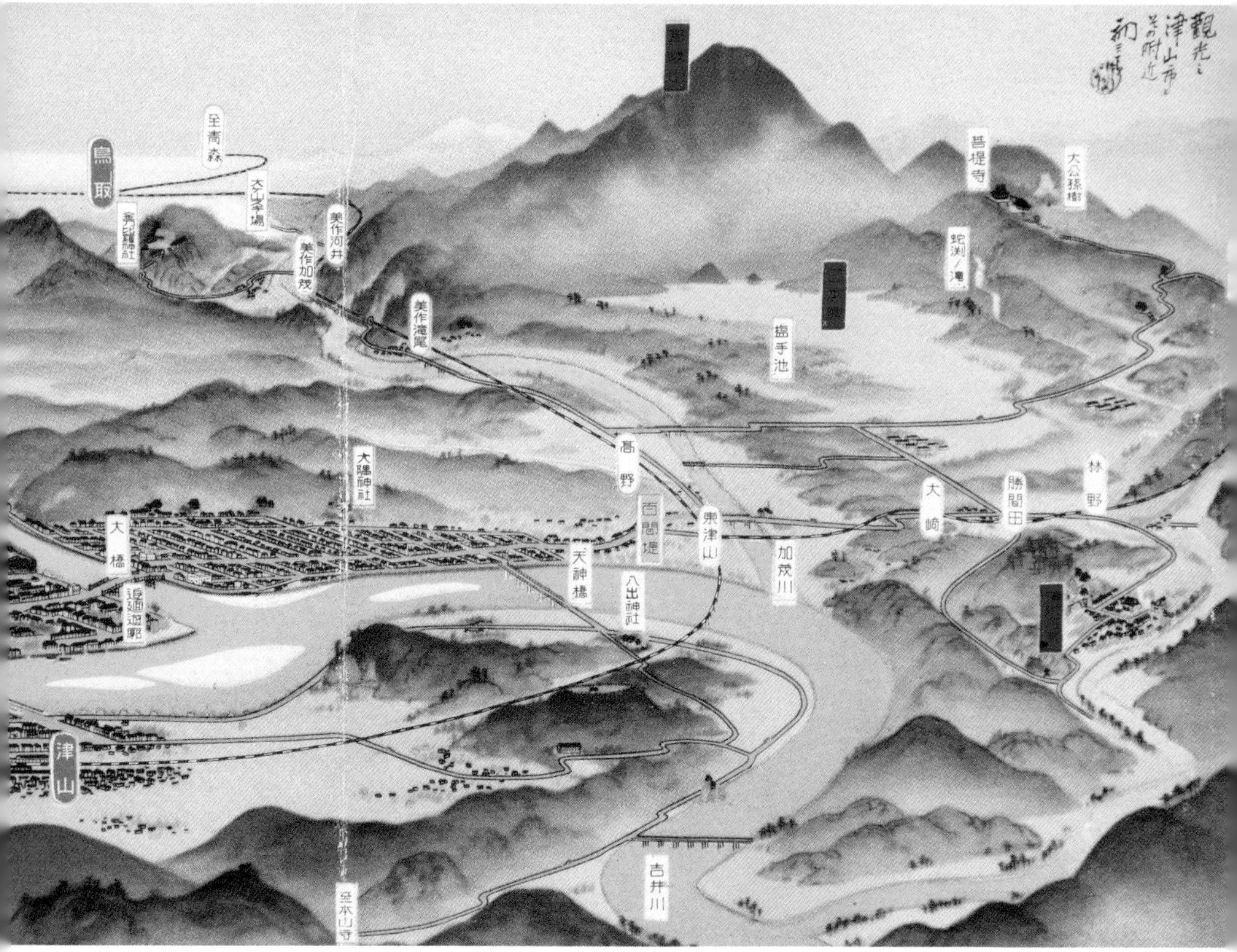

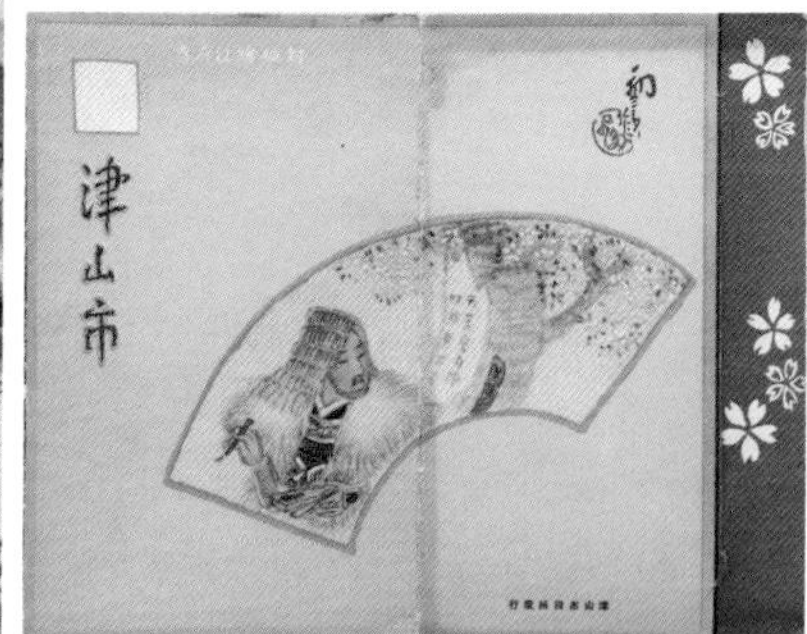

〈図4〉「津山市」
(昭和11年2月、
吉田初三郎画、津山市役所勧業課)

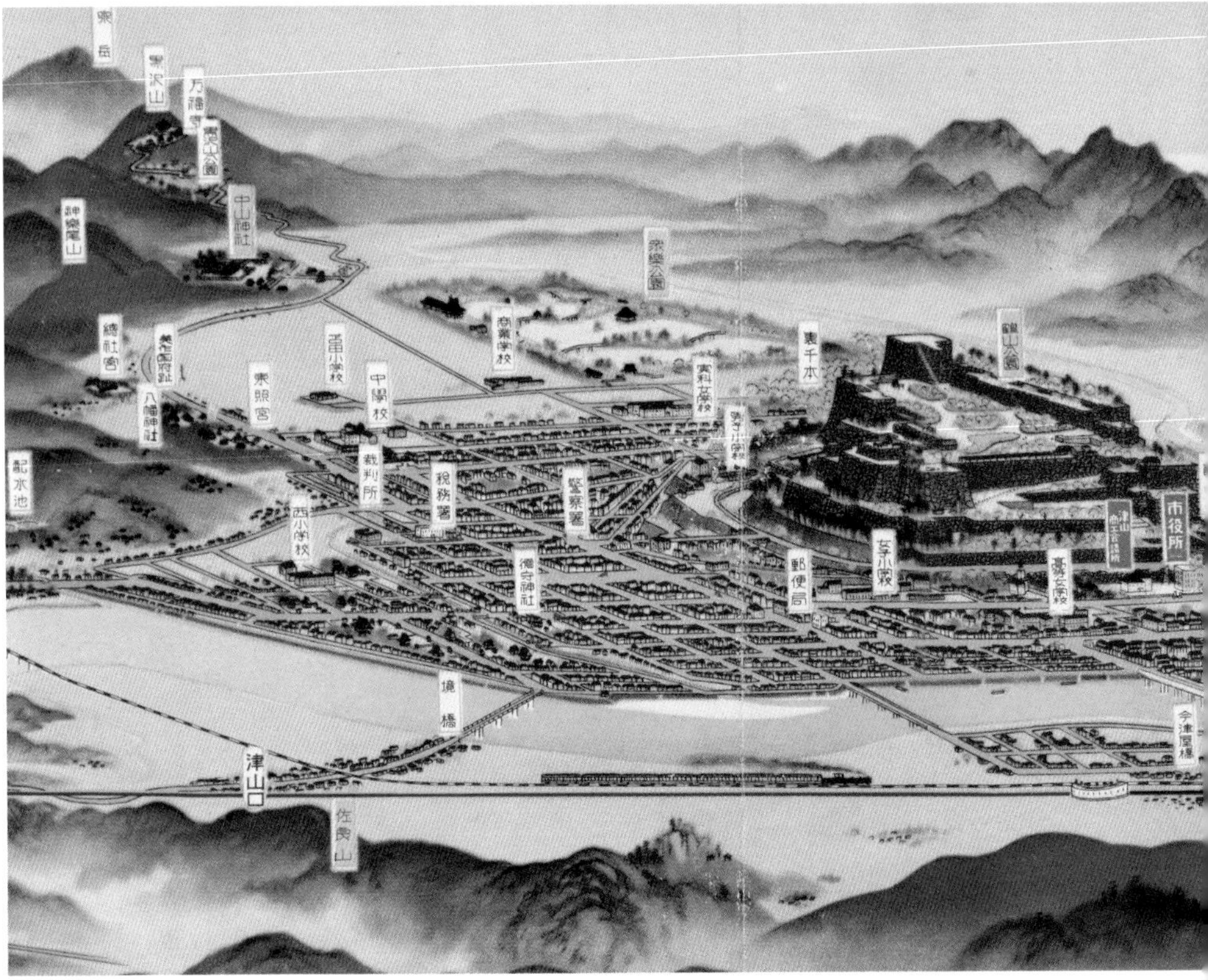

黒沢山
万福寺
中山神社
神楽尾山
総社宮
美作国府跡
八幡神社
配水池
東照宮
中学校
裁判所
税務署
警察署
西小学校
徳守神社
商業学校
衆楽公園
実科女学校
鶴山公園
郵便局
高等女学校
津山商工会議所
市役所
今津屋橋
津山口
佐良山

大山
星山
龍宮岩
四季桜
城山公園
中国勝山
久世
檜ケ山
美作落合
旭川

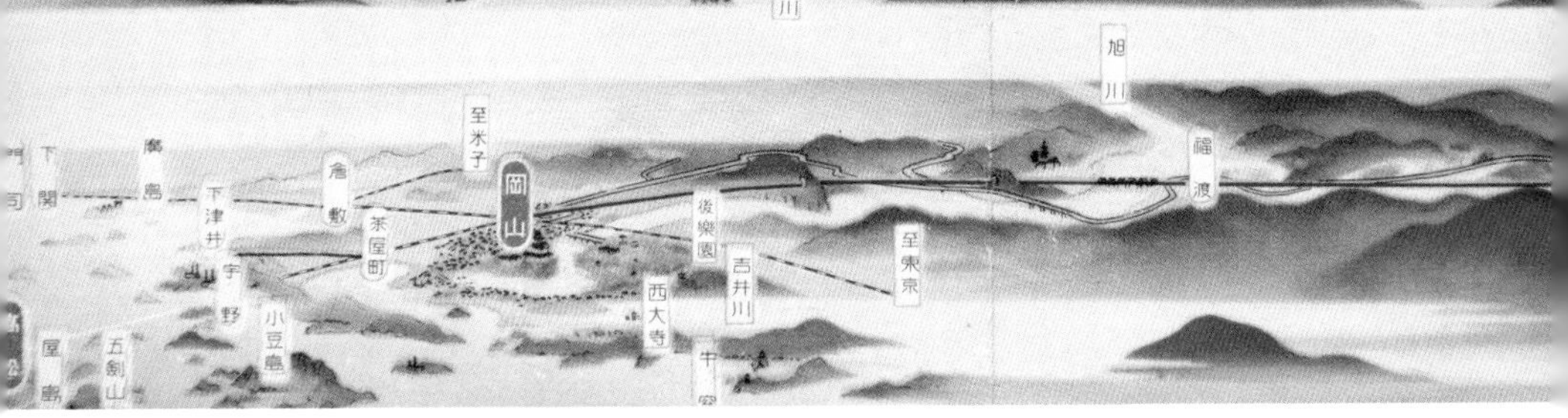

旭川
福渡
岡山
倉敷
茶屋町
下津井
宇野
小豆島
後楽園
吉井川
西大寺
至東京
下関
五剣山
屋島

明治三〇年代半ば、城址に桜を植えはじめ、日露戦争帰還兵が桜の苗木を寄付したことで桜の植樹がすすんだ。さらに二度の御大典記念植樹（大正四年、昭和三年）もあって、今日の桜の名所が生まれた。城址に登ると、南に吉井川と市街地を脚下に望み、東に城東地区の瓦屋根が連なり、西に津山盆地がひらける。

衆楽公園は、津山藩二代藩主森長継が築造の衆楽園（庭園）を基に公園としたものである。

水清き大池を中心に樹石の配置は自然と人工の美を極め、

〝花の鶴山　雪見は衆楽〟と雪景色は亦格別。

図を見ると、園内の大部分を池が占めている。森氏がつくった衆楽園は松平氏に引き継がれ、津山藩別邸庭園として対面所などとして利用された。

津山城址南麓の山下に市役所・商工会議所が建ち、道を隔てて高等女学校が広い校地を構える。現在、市役所の建物は津山郷土博物館として活用されている。図に目を凝らすと、商工会議所西に洋風建物が描かれている。それは、旧津山基督教図書館（現・森本慶三記念館）である。江戸期、一帯は津山藩重臣の屋敷地であったが、廃藩後、その姿は大きく変わっていった。

なかでも重臣の屋敷地に建つ旧津山基督教図書館が時代の変化を象徴する。この図書館の設立者は森本慶三である。錦屋を屋号とする森本家は、先祖が津山藩主森忠政に召されて津山に土着、次いで松平家に仕えて町年寄や札元などを務めた御用商人である。十代森本慶三は、内村鑑三の教えに共鳴、明治三四年に洗礼を受けてキリスト教に入信した。明治四四、四五年には内村鑑三を津山に招き、聖書講演会を開くなどキリスト教伝道に努めた。

大正六年、慶三は念願の図書館建設の相談を内村鑑三にもちかけた。建築は内村鑑三の紹介により、青森県弘前のクリスチャン棟梁である桜庭駒五郎に依頼した。大正一五年、津山基督教図書館開館式には内村鑑三が駆けつけるほどであった。

隣接する津山科学教育博物館（昭和三八年開設）には、化石・貝・蝶・昆虫・動物鳥類の剝製など、世界各地から集めた約二万四千点のコレクションがぎっしり詰まっている。それは東京帝国大学農科大学に学んだ慶三が、昭和初期から三〇余年に渡って収集した資料である。「神の創造・摂理を実物によって宣教する」、これが慶三の博物館開設の理念であり、死後、慶三の遺言により自身の臓器まで展示することとなった。

城下町の重臣の屋敷跡に建つ洋風建築、それは城下の商人の子孫が大正・昭和と歩んだ軌跡でもある。近代を迎えると、城下町の多くは重臣の屋敷跡が公共施設に移り変っていくが、ここ津山ではまた別な歴史をたどったのである。

津山で昔の姿をとどめるのは、城東地区の旧出雲街道の町並みである（平成二五年、重要伝統的建造物群保存地区）。宮川大橋を渡り橋本町に入るところで街道は鍵の手に折れ、林田町でまた折れ曲がる。さらに中之町の「大曲り」、東新町東端の「荒神曲り」といった具合に、街道には城下への侵入を食い止める工夫がなされている。図には出雲街道から垂直方向に十数本の小路を描く。訪ねると、国信小路・大隅小路に白壁の土蔵が続く景観が目を引く。街道沿いの古い町並みには津山藩の洋学者箕作阮甫（みつくりげんぽ）旧宅（史跡）などもある。しかしながら、図が描かれた当時、この出雲街道の町並みは注目されていなかった。

四、城下町広島

（一）安芸・備後の風景

瀬戸内海に臨む広島県は、沿岸に広島平野・福山平野がひろがり、山が海に迫った海岸も少なくない。芸予諸島が点在する瀬戸内海は、多島海美を見せる。太田川河口の三角州に安芸の城下町広島、芦田川下流に備後の城下町福山が発達する。内陸部には三次（みよし）盆地や高原地帯があり、背後に中国山地をひかえる。広島県は、鞆（とも）の浦などの瀬戸内海国立公園（昭和九年指定）をはじめ、帝釈峡が所在する比婆道後帝釈国定公園（昭和三八年指定）、三段峡で知られる西中国山地国定公園（昭和四四年指定）、「日本三景」の安芸の宮島と、景勝地が多い。

「広島県」（昭和五年一一月、吉田初三郎画、広島県発行）〈図5〉から安芸・備後の風景を探ろう。広島県西部が安芸、東部が備後である。表紙は広島城と「大本営聖跡」の絵柄である。当時、広島大本営（明治二七〜二九年）は国の史跡に指定（大正一五年、戦後解除）され、聖跡・名所として一般開放（昭和三年から）されていた。鳥瞰図は瀬戸内海から北に陸地を望む構図で、左に宮島と広島、中央に尾道、右に福山をおく。

太田川が幾筋も分流した三角州に広島の街が発達し、広島城が聳える。城址に第五師団司令部がおかれた。宇品（うじな）港に通じる路線は広島瓦斯電軌（現・広島電鉄）で、軍用線として敷設された宇品線は図示していない。広島南西に浮かぶ宮島に厳島神社が鎮座し、海中に鳥居が立つ。広島南東の呉軍港には、鎮守府が設置されている。広島湾に倉橋島・江田島・能美島が浮かび、音戸瀬戸に臨む倉橋島に清盛塚、江田島に海軍兵学校がある。中国山地に目をやると、太田川水系の柴木川流域に名勝三段峡が見える。

呉から尾道にかけて島々が点在する。西から下蒲刈島（しもかまかりじま）・上蒲

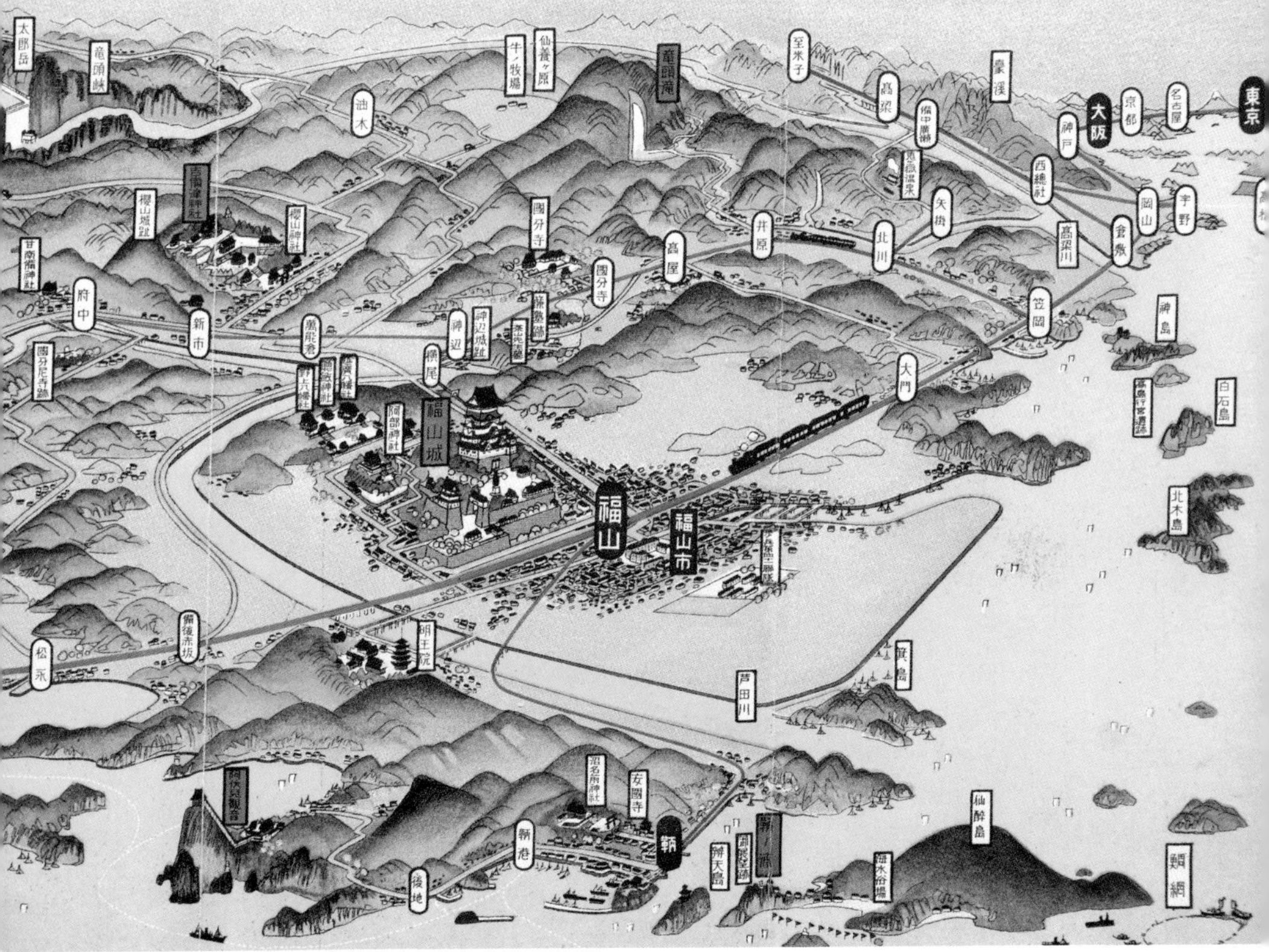

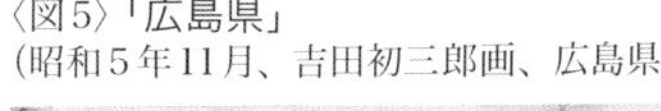
〈図5〉「広島県」
（昭和5年11月、吉田初三郎画、広島県）

断魚渓
比婆山
熊野神社
至松江
淨清滝
江川堰堤
西城
上野池
永明寺
賽ノ河原
庄原
帝釈
三次
櫻ノ名所
三良坂
吉舎
甲山
今高野山
久井ノ牛市場
八幡神社
權現峠
唐門
雄橋
白雲洞
紅葉瀬
屏風岩
帝釈峡
紅葉橋
上下
岳山
市
佛通寺
白市
河内
本郷
三原
三原城趾
糸崎
糸崎港
竹原
忠孝碑
忠ノ海
能地
須波
海水浴場
生口島
大山祇神社
大三島
大崎上島
木ノ江
大崎下島
御手洗
岩城島
因ノ島
土生
弓削島
千光寺公園
千光寺
西國寺
淨土寺
尾道
尾道港
尾道市
船渠
向島
横島
門司
下関
釜山
朝鮮
至出雲大社
小郡
柳井
錦帯橋
岩國
麻里布
木野川
大竹
玖波
大ノ浦
石ヶ谷峡
猿飛
二段滝
三段峡
三段滝
權現山
極楽寺
御山
嚴島神社
大元公園
紅葉谷
養父崎
千疊閣
嚴島
宮島
廿日市
五日市
速谷神社
梅山
腰細浦
鷹巣浦
包ヶ浦
杉ノ浦
蓬莱岩
海水浴場
巳斐
縣廳
廣島市
廣島城
大本營跡
横川
大芝公園
淺野泉邸
西練兵場
文理科大学
御便殿
比治山公園
廣島
饒津神社
饒津公園
東照宮
祇園
東練兵場
向洋
海田市
江波公園
似ノ島
向宇品
宇品港
金輪島
坂
小屋浦
天應
吉浦
二河公園
呉市
呉
鎮守府
軍港
能美島
兵学校
江田島
倉橋島
清盛塚
音戸

刈島・豊島・大崎下島・大崎上島・生口島・因島・向島などの芸予諸島である。向島の対岸に人家が密集するのは港町尾道で、千光寺・西国寺・浄土寺などの古刹が伽藍を構える。

芦田川下流の福山に福山城が聳え、芦田川右岸に明王院五重塔が建つ。河口から南下すると、古くからの港町鞆の浦があり、対岸の仙酔島付近に「鯛網」と示す。鞆の浦で観光目的の鯛網がはじまったのは大正一二年のことで、皇太子台覧でその名が天下に知れ渡った。鞆の浦西の断崖には、海難除けで知られる阿伏兎観音が祀られている。福山北の中国山地に名勝帝釈峡を描き、帝釈峡西方の盆地に発達する三次の街に「鵜飼」と示す。広島県は見所が多い土地であることが図から伝わる。

鉄道は、日清戦争開戦直前に山陽鉄道（明治三九年に国有化）広島駅が開業（明治二七年）、二か月後には広島―宇品間に軍用線（後の宇品線、昭和四七年廃線）が敷設された。宇品は日清戦争以来、兵馬輸送の港として重要視されたからである。明治二二年の呉鎮守府開庁以後、呉は軍港として発展し、明治三六年には呉海軍工廠などが設置された。日露戦争開戦直前、呉線の海田市―広島―呉間が開通（明治三六年）する。呉線は、広島と呉軍港を結ぶ重要な路線であった。三呉線が少しだけ延びるが、全通（昭和一〇年）後、呉線となった。

明治後半から大正初年に開業した私鉄に、広島電気線（現・可部線）、芸備鉄道（現・芸備線）、両備鉄道（現・福塩線）があり、後に国有化する。私鉄の広島瓦斯電軌が己斐町（現・広電西広島）から宮島まで延びるが、全通（昭和六年）は、鳥瞰図発行三か月後のことである。廃線となった鞆鉄道（昭和二九年）、尾道鉄道（昭和三九年）も図に見える。

広島県を代表する名所である宮島と鞆の浦は、前著『日本の観光』を参照いただきたい。城下町広島・港町尾道・名勝帝釈峡は後述するので、ここでは名勝として名高い三段峡を紹介しよう。

断崕絶壁は到る所に突兀削立し、巨岩嚭石縦横に離聚し、何れも風化蝕浸の作用を受けて、其の形状怪妙幻を極め、岩色石理亦鮮美、雅樹青苔之を纏綴し、千姿万態の妙景は応接に遑なく、観客をして覚えず歩を運ばしむ、……

三段峡は延長五里（約一九・六km）にわたる峡谷で、花崗岩の断崖絶壁がいたるところにそそり立ち、巨岩や大石が風化や浸蝕をうけて神秘的な光景を呈する。また岩石の組織も鮮麗で、その形姿は次々に変化して見飽きず、知らず知らずに歩いてしまう、と記す。峡内の絶勝は五十有余を数えるともいう。

豪壮なる飛瀑　黙々たる潭淵、躍然たる奔流、或は悽愴なる絶壁、洞窟あり、殊に瀑布の多きこと他に類例を見ず、遊客をして真に驚嘆せしむ、……

三段峡には滝が多く、とりわけ猿飛・二段滝・龍門・三ツ滝・二段滝が「五大壮観」として、その名が広く知れ渡っていた。

峡谷の地甚だ峻嶮なりし為め、杣人の稀に入峡するの外、人跡絶え、幾千年の長き間一の秘密峡として隠潜したるも、大正十四年名勝地として指定せられてより通路開け、休泊の設備成り、老弱（ママ）を問はず、探勝の客日を逐ふて多きを加ふ。

三段峡は長らく秘境として、足を踏み入れる人もいなかった。大正六年、写真師熊南峰が三段峡を撮影、写真帖『安芸三段峡三十三景』（大正一一年）刊行により三段峡は世に知られるようになった。三段峡入口の長渕に「熊南峰之碑」が立つ。翌一二年には「三段峡保勝会」が設立された。名勝指定の大正一四年、三段峡自動車が営業を開始、翌年には探勝路が整えられた。当時の三段峡探勝は、峡谷南口の柴木まで自動車を利用、それより五里の峡谷を探勝しつつ北口の旧八幡村樽床に向かい、再び自動車で帰路につく順路が一般的であった。なお樽床集落は戦後、樽床ダムに水没（昭和三二年）した。

（二）城下町広島

天正一七年（一五八九）、毛利輝元により太田川下流の低湿地に広島城築城が開始され、慶長四年（一五九九）に完成した。関ケ原の戦いの後に毛利氏は萩に移り、城主は福島正則を経て、浅野氏となり明治にいたった。

廃藩置県後の明治六年に広島鎮台が発足、明治八年には歩兵第十一連隊が設置された。明治二一年、広島鎮台は第五師団に改編され、広島は軍事都市の性格を強めた。日清戦争が勃発し、広島城址に最高統帥機関としての広島大本営が設置された。やがて米軍による原子爆弾投下により、広島城天守ほか城内にあった種々の軍事施設、市街地はことごとく灰燼に帰した。

戦前の広島の姿は、「宮島広島名所図絵」（昭和三年一一月、吉田初三郎画、広島瓦斯電軌発行）〈図6〉が伝える。表紙は厳島神社を背後に扇を手にした女人、広島は宮島への玄関口である。鳥瞰図は市街地西の草津海岸から北を望む構図で、左に宮島、中央から右に広島市街地をおく。図の主題は宮島と広島城を中心とする市街地に二分されるが、広島市街地に注目しよう。

太田川下流の三角州に市街地が立地する姿が一目で分かる。京橋川と本川に囲まれた地に広島城があり、五層の天守が聳える。本丸に中御門、二の丸に表御門・多聞櫓・太鼓櫓を描くが、

〈図6〉「宮島広島名所図絵」
(昭和3年11月、吉田初三郎画、広島瓦斯電軌)

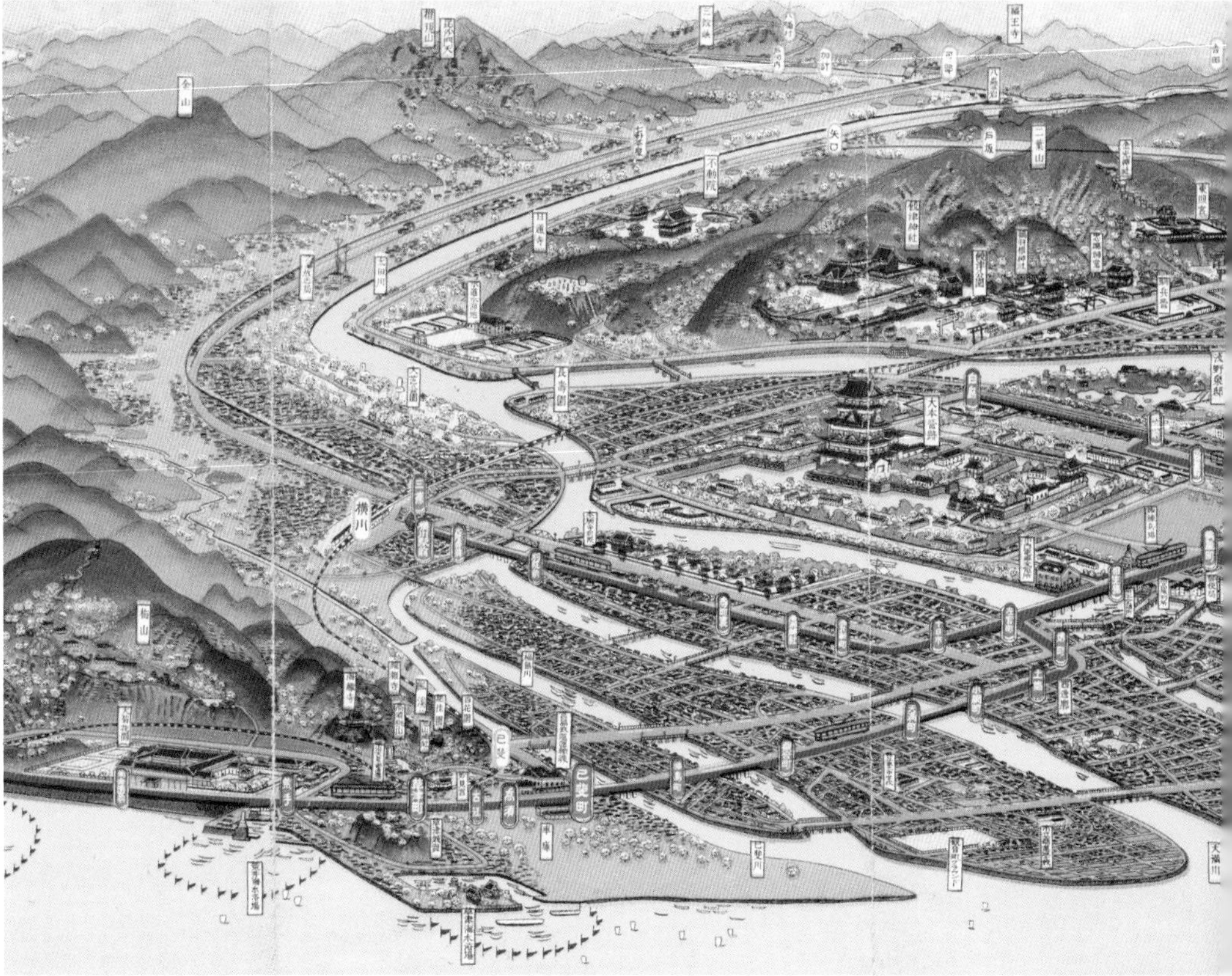

横川
己斐
己斐町

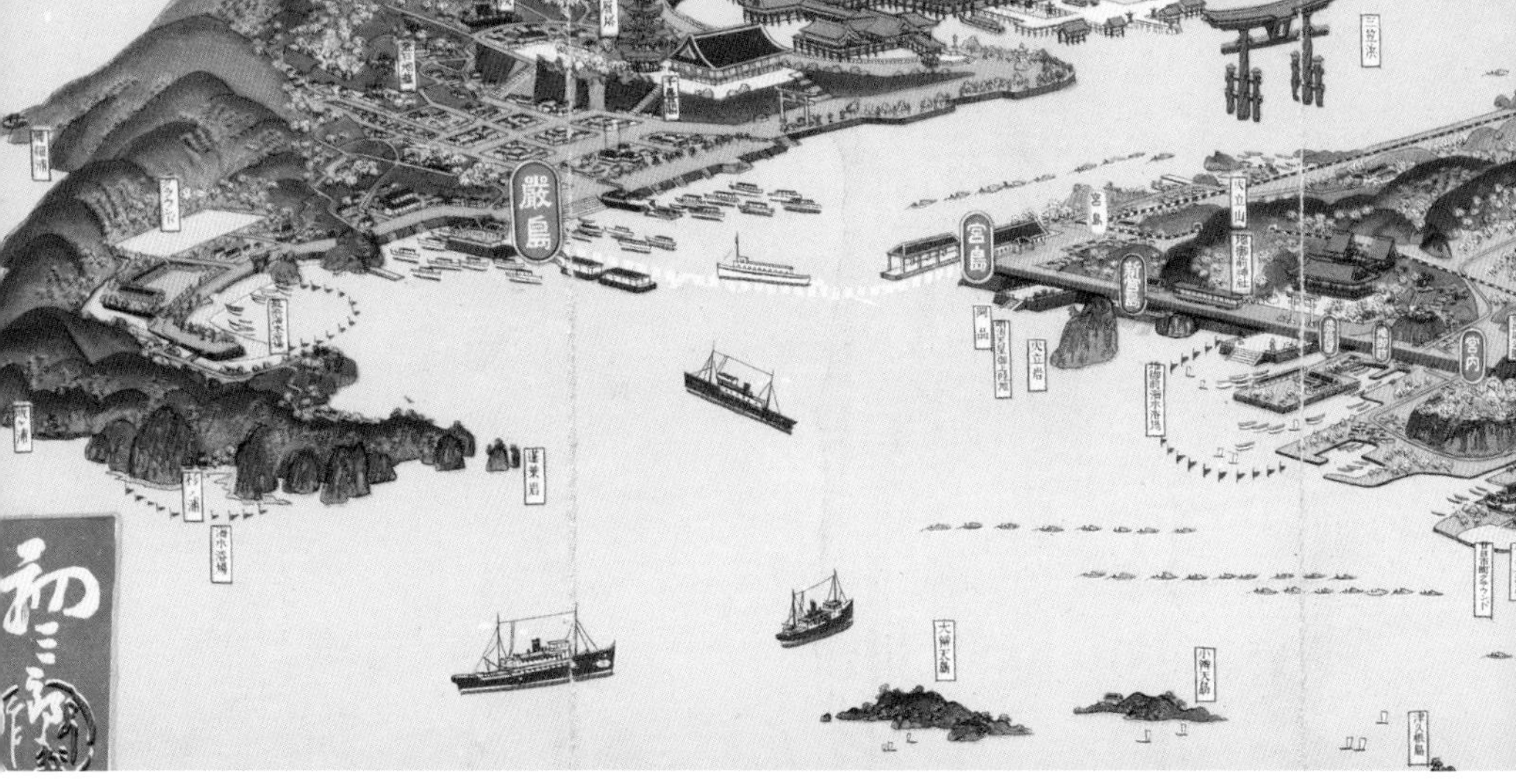

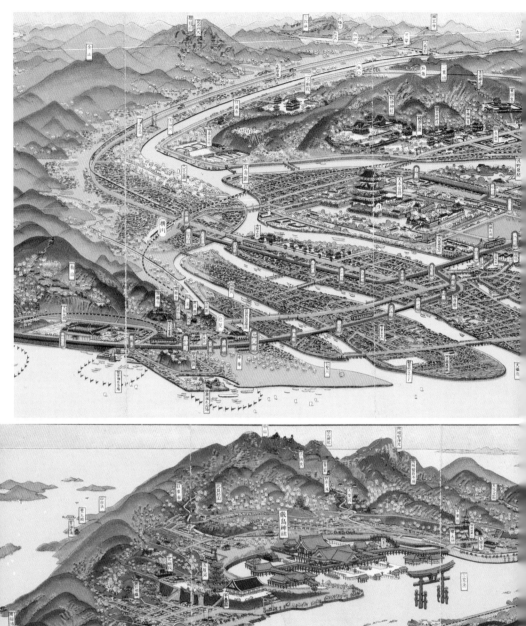

これらの建物は第二次大戦末期まで残存していた。現在の広島城天守は、広島復興大博覧会（昭和三三年）に際して外観復元したものである。また平成に入り、二の丸表御門・平櫓・多聞櫓・太鼓櫓も復元された。

本丸・二の丸から内堀を隔てた西に三の丸、さらに中堀を隔てて西の丸があり、幾棟もの建物が建つ。いずれも軍関係の施設であるが、本丸跡の大本営跡を除いて名称は一切示されていない。

広島城址の大本営跡地に立つと、礎石が残され、近くの被爆したクロガネモチが冬に赤い実をつける。跡地に「史蹟明治二十七八年戦役廣島大本営」と刻んだ石柱が立つが、「史蹟」の刻字はコンクリートで塗りつぶされている。戦後、この明治天皇聖跡が史跡解除になった際に消したのであろうか。

本丸跡に中国軍管区司令部防空作戦室の遺構があり、地上に頭をもたげたコンクリートの塊は草に覆われている。半地下の防空作戦室では軍人・軍属に混じって、学徒動員された比治山高等女学校の女学生たちが働いていた。原爆で市内の電信電話はことごとく破壊、かろうじて残った軍事用専用電話で女学生が広島の破滅を伝えたのが原爆被災の第一報、といわれる。

二の丸南の大手郭に西練兵場、広島駅北に東練兵場を配置する。一帯はいずれも戦後大きく姿を変え、三の丸・西の丸一帯に中央公園・市営基町アパートが設置され、西練兵場跡地は広島県庁舎・市民病院などの公共施設となった。この生まれ変わった街並みは、復元された広島城天守から一望できる。

図には、本川と元安川に挟まれた地に県庁舎・議事堂・県病院を描き、本川と元安川が分かれる相生橋付近に商工会議所・商品陳列所（広島県物産陳列館、大正四年建築）・郵便局・広島瓦斯電軌本社が並び建つ。

目を凝らすと、商品陳列所の屋根がドームとなっている。あの「原爆ドーム」である。この被爆建物の保存には賛否両論があった。「原爆の忌まわしい残骸、惨状を思い起こす」「犠牲者を悼み、恒久平和への誓いを新たにする大切なもの」と、世論はわかれた。ところが、戦後の復興が進むにつれて原爆ドーム保存の意義を理解する人が増え、全国から浄財が寄せられた。そして今にも崩れ落ちそうな壁を念入りにつなぎ止め、鉄骨むき出しのドームを最小限の補強をして保存する工事は昭和四二年に完了した。それは祈りの対象としてのドームの保存であった。

紙屋町から宇品に向かう電車通りに沿って、国泰寺をはじめ、市庁舎・公会堂・図書館などの公共建築、広島高等師範学校・旧制広島高等工業学校・旧制広島高等学校の広島大学前身校、終点の宇品に広島女子専門学校（現・県立広島大学）が建つ。街中にあった国泰寺は己斐に移転（昭和五三年）、旧制広島高等工業学校跡地は千田公園となった。

低湿地の三角州に高みを帯びた丘がいくつか見え、比治山公園・江波公園などとして利用されている。それらは昔、島であったところという。太田川の押し出す土砂が堆積した三角州の沖は埋め立てが進み、島は陸地化していった。戦後、広島湾の埋め立てはさらに進むが、戦前の海岸線をこの鳥瞰図から知ることができる。

（三）広島の名所

軍事都市広島ではあるが、名所もいくつかあった。昭和初期の旅行案内書は、広島の廻覧順路をこのように紹介する。

駅―比治山―広島港―国泰寺―新天地―広島城―泉邸（せんてい）―駅

（『日本案内記』中国四国篇、昭和九年）

比治山は市街地の見晴らしのよい公園で、明治天皇御座所の御便殿（ごべんでん）が残されていた。当時、街中にあった国泰寺は安国寺恵瓊が創建した古刹で、藩主浅野家の菩提寺である。新天地は活動写真館や劇場の集まる歓楽境として賑わっていた。

なかでも旧藩主浅野家の池泉回遊式庭園「泉邸」（戦後、縮景園と改称）は、広島城とともに広島を代表する名所である。泉邸は、初代藩主浅野長晟（ながあきら）が広島入城翌年の元和六年（一六二〇）、別邸の庭として築庭、作庭は茶人として知られる家老の上田宗箇が手掛けた。以後改修を重ね、宝暦の大火後の天明三年（一七八三）から同八年にかけて、七代藩主重晟（しげあきら）が京都の庭師を招いて大改修して現在の姿となった。庭園の中心をなす濯纓池（たくようち）に数寄屋造の清風館が臨み、花崗岩製の太鼓橋と堤が濯纓池を二分する。この中国の西湖を模した景観は、天明の大改修により生まれたものである。ほかにも悠々亭、松と石組の積翠巌（せきすいがん）などが加わり、回遊による鑑賞性が高まった。

図には、庭園の一角に観古館を描く。観古館は大正二年、浅野長勲（ながこと）が開設した旧大名家の所蔵品を陳列する私立美術館で、観古館開館とともに泉邸が一般開放された。観古館開設以前、その場所に藩校の流れをくむ浅野学校（現・修道学園）が建っていた。ほかにも長勲は小町に浅野図書館（現・広島市立中央図書館）を創設して和漢の図書を公開するなど、教育・文化活動に尽力した。現在、観古館跡地に広島県立美術館が建つ。

昭和一五年、泉邸は浅野家から広島県に寄贈され、五年後に原爆により壊滅的な被害をうけた。昭和二四年から園内の復旧がはじまった。濯纓池のヘドロを浚い、雑草や瓦礫の除去、樹

敦賀
鳥取
大社
今市
松江
米子
伯耆大山
美作加茂
新見
上野池
西城
東城
小奴可
鬼の岩屋
東城公園
石雲山
女体岩
天女の滝
男体岩
供養橋
白雲洞
蛇滝
唐門

呉
高浜
宇品
海田市
広島
上下
小郡
三次
七塚原
門司
厚狭
下関
正明市
上剣
下剣
矢不立城
湖龍神
小天狗
中天狗
大天狗
切分
至東城

木の植栽、橋梁の修築などをすすめ、昭和二六年に再開園となった。次いで園内の建造物の復元に着手し、三〇年の歳月をかけて復旧整備が完了した。

縮景園の片隅に原爆慰霊碑が建立されている。昭和六二年、園内で原爆死没者六四体の遺骨が発掘された。被爆直後、ここに逃げ込み、息途絶えた遺体が園内に埋葬されていたのである。この遺骨は、平和記念公園内の原爆供養塔に納骨された。高層建築に囲まれた一画に静まり返った庭園は、このような深い悲しみに満ちた歴史も秘めている。

「宮島広島名所図絵」〈図6〉には、「沿線年中行事」として行楽地が紹介されているので、主要なものを抜粋しよう。

一月　雪見（百花園、比治山）。
二月　梅（二葉公園、草津、八木、片山）。
三月　摘草（尾長町、牛田村）。
四月　桜（二葉、比治山、向宇品、国泰寺、東本川、長壽園等）。汐干狩（江波沖、国泰寺新開等）。桃（高須）。
五月　藤（二葉の里）。躑躅霧島（泉邸）。
六月　牡丹・蛍狩（二葉山、己斐川畔）。杜若（鶴羽根神社）。
七月　納涼（饒津（にぎつ）樹間、東西練兵場、向宇品、三滝観音、己斐の瀑布等）。海水浴。

〈図7〉右・下「天下の名勝帝釈峡」（昭和11年10月、金子常光画、東城商工会）

八月　蓮（広島城濠）。納涼。海水浴。
九月　観月（江波、向宇品、御幸橋）。萩（二葉公園）。
十月　茸狩（己斐、新庄）。
十一月　紅葉（泉邸、厳島）。

戦前の広島は、自然豊かな地であったことが伝わる。梅の名所二葉公園は、京橋川左岸の二葉山麓に広島初の饒津公園として明治七年に開園、桜・藤・萩・燕子花の名所でもあった。公園に藩祖を祀る饒津神社や、鎌倉期創建の鶴羽根神社が鎮座する。今も梅の名所として続くのは八木梅林公園であるが、草津・片山の梅林は人々の記憶から遠ざかった。

桜の名所は比治山公園が有名であるが、そのほかは忘れられた。図には、本川東側の堤や広島城北の長壽園に桜を描くが、現在、その姿は見られない。高須の桃山は明治の終わり頃から「高須園」として大勢の見物客を集め、桃花の季節には掛茶屋が出るほどの賑わいをみせたというが、それも昔話となった。

草津から宮島にかけての海岸に草津海水浴場から地御前海水浴場まで五つの海水浴場を描く。海辺に菊楽園（草津）や楽々園遊園地（五日市）などもあって、海浜遊興地の気が漂う。戦後、一帯は埋め立てが進み、鳥瞰図に描かれた風景は一変した。

五、帝釈峡

広島県北東部の中国山地にある帝釈峡は、名勝に指定（大正一二年）された景勝地である。高梁川水系の帝釈川が峡谷をなす辺りに帝釈天を祀る古刹永明寺があり、これが峡谷名の由来という。一帯は、石灰岩のカルスト台地が発達する準平原である。昭和初期の旅行案内書は、帝釈峡をこのように紹介する。

帝釈峡はこの石灰岩台地を貫き奇岩、緑樹、清流の織成す豪壮雄大な勝景が蜿蜒二〇米（ママ）に亙る長峡で、永明寺のある帝釈部落から雌橋までの所謂帝釈地方と、雌橋から堰堤まで即ち神龍湖畔の二区及堰堤から和宗までの未指定区域とに三大別される。（『日本案内記』中国四国篇、昭和九年）

帝釈峡の全長は、今日、約一八kmとされている。神龍湖は、帝釈ダム（大正一三年完成）に伴って生まれた人造湖である。未指定区域とは、名勝の範囲外を指すのだろう。

帝釈地方では一大石灰洞たる白雲洞と、一大天然橋たる雄橋が最も勝れ、清流に沿うて歩道がある。神龍湖は発電用の人工湖で、舟遊探勝の便がある。堰堤下は奇岩、緑樹、瀑布、石灰洞多く、就中天川洞は偉観である。（同書）

このように、三区域の特徴を簡潔に表現する。当時の探勝は、東城駅あるいは備後庄原駅から自動車で永明寺に向かい、それより徒歩で峡谷を探勝、遊舟に乗って犬瀬の紅葉橋まで下り、自動車で帰路についた。福山から犬瀬にいたる自動車の便もあり、その場合は逆コースをとった。

「天下の名勝帝釈峡」（昭和一一年一〇月、金子常光画、東城商工会発行）〈図7〉を見よう。これは封緘葉書として制作されたもので、表紙絵はなく、鳥瞰図の下に案内文を掲載する。鳥瞰図は雌橋付近から西を望む構図で、左に神龍湖堰堤、右に永明寺をおく。

石雲山の断崖下に建つ永明寺は、帝釈川に架かる石雲橋を渡って参詣するが、今日、山崩れの危険があるため境内に立ち入ることができない。境内の前は「賽の河原」と呼ばれ、対岸に「鞍掛岩」が屹立する。永明寺門前の小集落に角屋旅館を描くが、今も古風な構えを残す。

峡谷を往くと「白雲洞」があり、「蛇滝」が流れ落ちる。進むと「男体岩」「女体岩」があり、「女体岩」に「天女の滝」が懸る。「紅葉ケ瀬」を過ぎると、天然の石橋「雄橋」が弧を描く。帝釈川が滝となる「断魚渓」を経て「雌橋」へ到達して、遊歩道は終わる。「雌橋」より下流が神龍湖で、「雌橋」に向かう遊舟を描く。「雌橋」付近が遊舟乗場であったとことが先の旅行案内書（『日本案内記』）に出ている。

神龍湖に紅葉橋（昭和五年）や桜橋（昭和一二年）が見える。紅葉橋は、新紅葉橋架橋（昭和六〇年）後、歴史的遺産として移設保存され、神龍橋と改称した。桜橋は図の作成時に開通間近であった。紅葉橋詰の犬瀬が自動車発着所となり、付近に一軒宿が建つ。紅葉橋詰の薬師堂から水辺に降りる小道を描くが、ここが遊舟発着場であろう。現在の遊覧船発着所もここにある。数ある景勝を二つ紹介しよう。帝釈峡最大の見所は「雄橋」である。

峡中の巨壁天下の神橋東西の両山に虹の如く懸れり石灰岩の天然穹窿橋にして幅十間高さ二十間長さ四十間に及ぶ壮大雄渾真に神鬼斧とやいはむ。

東西の両岸に架る石灰岩の天然のアーチ状の橋は神技のようである、と称える。この橋は、河川の水が石灰岩を浸蝕して形成されたという。次いで神龍湖である。

周囲五里余、一里二十六町の長湖にして蜿蜒宛ら龍の如く懸崖密林周辺を囲み、風景頗る雄大なり若し夏の日、秋の紅葉に一舟を雇ひ座して湖畔幾多の山容奇岩を仰ぎ臥してこの倒景の妙なるに酔ひ浩然の気を養ふに足るを敢て疑はない。

神龍湖は、実際は記述（五里：一九・六km、一里二六町：六・七km）よりも長く、周囲二四km余り、全長八kmの竜のような形をし

〈図8〉「尾道市」
(昭和8年、吉田初三郎画、尾道市役所)

大宝山
千光寺
光明寺
高見山
向島
立花
海水浴場
干汐
裁判所
愛宕山
尾道市
鳥瞰圖
三段峡
庄原
三次
門司
下関
岩国
宮島
厳島
廣島
宇品
海田市
可部
西条
佛通寺
本郷
三原
糸崎
忠海
竹原
吉浦
呉
音戸
大三島
井口
入日濱
瀬戸田
瀬戸
宮浦
木江
御手洗
高浜
波止浜
今治

た湖で、断崖絶壁の密林が周囲を囲む雄大な眺めである。舟を雇って山を仰ぎ見る、臥して水面に映る景色の美しさに心を奪われ、活力を得るに疑いがない、と語る。その風景は、今も湖上をゆく遊覧船から目いっぱい楽しめる。

六、港町尾道

瀬戸内海のほぼ中央、尾道水道に沿って山の中腹までぎっしり人家が建ち並ぶ港町が尾道である。その特異な景観は、対岸向島の通称「兼吉の丘」から一望でき、人家に混じって天寧寺や西国寺の三重塔、浄土寺多宝塔などが目に入る。それらの古刹は、港町の歴史を物語る。

一二世紀半ば過ぎ、尾道は背後の荘園（大田庄）の倉敷地として港町の歴史を歩む。倉敷地とは、荘園の年貢を輸送する際に一時積み置く中継地を指す。平重衡の荘園であった大田庄は、後白河院領を経て高野山領となり、年貢米などが尾道から海上輸送された。問・問丸・梶取などと呼ばれた海運業者が活躍した尾道は、一四世紀初頭、瀬戸内海有数の港町として発展を遂げた。また室町幕府の遣明船に尾道船籍の船も見えるほどの港であった。浄土寺多宝塔は嘉暦三年（一三二八）の建立、天寧寺三重塔は嘉慶二年（一三八八）に足利義詮が建立、西国寺三重塔は永享元年（一四二九）に足利義教の建立であり、それぞれの建物に、鎌倉末期から室町期にかけての港町の繁栄が偲ばれる。

近世の尾道は、西廻り航路の港町として広島藩内随一の繁栄を続けた。街には西国街道が東西に通り、石見銀山から南北をつなぐ街道が延びていた。石見銀山産出の銀は、日本海の鞆ヶ浦・温泉津沖泊のほかに、瀬戸内海の尾道からも船積みされて大坂の銀座に運ばれた。この石見銀山街道は赤名峠から分岐して出雲に向かうため、出雲街道とも呼ばれた。

近代に入った明治二四年、山陽鉄道（現・山陽本線）の福山―尾道間が開通し、尾道は鉄道と海路の結節点になった。市街地西端に設置された尾道駅前に桟橋があり、長らく四国の三津浜・高浜への渡り口として交通の要衝をなしていた。やがて「しまなみ海道」（西瀬戸自動車道）全通（平成一八年）により、港としての重要性は薄れたものの、付近の芸予諸島への船便の発着地として尾道港は生き続けている。

戦災を受けず、坂道や小路に昔の面影をとどめる尾道は、まず林芙美子『放浪記』や、志賀直哉『暗夜行路』に描かれた文学の街としてのイメージが形づくられた。そして観光地の性格を帯び、昭和の終わり頃には大林宣彦監督の映画に登場する日常生活の風景が残る街として密かな人気を博した。尾道出身の大林監督は、素顔の街こそ価値があり、「その土地だけにある幸せを編み出した知恵と工夫の姿、その光を学ぶことこそ旅の意義である」と説くが、旅にたいする優れた見識である。

「尾道市」(昭和八年、吉田初三郎画、尾道市役所発行)〈図8〉を見よう。表紙は向島から尾道水道を隔てて、山麓に密集する尾道の町並みを眺めた絵柄である。鳥瞰図は向島南の海上から尾道水道を隔てて北に陸地を望む構図で、左に呉、中央に尾道市街地、右に福山をおく。海上に向島をはじめ、岩子島・因島・生口島・大三島・伯方島・大崎上島・大崎下島などの芸予諸島が浮かぶ。尾道水道に汽船が何艘も行き交い、向島や因島に造船場のドックが見える。尾道周辺の工業化がすすみ、近代の息吹が伝わる図である。

尾道市街地は、大宝山(千光寺山)・愛宕山(西国寺山)・瑠璃山(浄土寺山)の麓、尾道水道に沿って発達する。大宝山山頂は千光寺公園になり、岩肌がむき出しなったところに千光寺が建つ。山麓に天寧寺三重塔が聳え、艮神社が鎮座する。山の中腹に延びる参道両側に、石垣を築いた屋敷地が山上に這い上がる。

愛宕山に西国寺が伽藍を構え、本堂下に巨大な山門が建つが、大草鞋を吊るした仁王門である。麓に御袖天満宮や亀山八幡宮が鎮座する。御袖天満宮は城壁のような石垣を築き、長い石段が続く。余談であるが、これは大林監督の映画『転校生』において、思春期の中学生男女が転げ落ちた石段である。

大宝寺と愛宕山の谷間にある長江にも人家が集まり、出雲街道が延びる。出雲街道を南に下ると薬師堂があり、隣接して尾道市役所が建つ。市役所付近が昔の尾道の中心地で、周辺の土堂町・久保町に有力商人が住んだ。西の氏神が艮神社、東の氏神が亀山八幡宮であり、両社には尾道商人の石造奉納物が数多く残されている。尾道は石工の活躍した街で、尾道石工の製品は船の下荷として日本海の浦々に運ばれていった。

瑠璃山の山麓に浄土寺が伽藍を構え、境内に三重塔が建つ。裏山一帯は浄土寺公園で、遊歩道をめぐらす。浄土寺下は尾道の町並みの東はずれにあたり、沿岸の尾崎は漁民の集落である。尾道は西に吉和、東に尾崎の二つの漁浦があり、足利尊氏の船手の船頭をつとめたという吉和漁民の「吉和太古踊り」が浄土寺に奉納されている。案内文を見よう。

> 尾道こそ、まさに内海風光の粋であり、海の自然美の眺望台である。しかもこの海の眺望台はそのままに、海上国立公園への発着港として最も便利な地形にあたり、内海何れの方面でも、一日数回の就航船を居ながらにして拾ふことができる。

尾道を「海の自然美の眺望台」と唱えるが、街を散策するとその感を深くする。なお瀬戸内海国立公園の指定は発行翌年（昭和九年）のことである。

奇岩奇松の間を縫ふて、千光寺、浄土寺の山頂に立てば、またこの感がいやに深い。遥か正面には四国の遠山を望み、左手遠くには国立公園地帯を眺め、右手は遥に島また島の重畳と海に煙るを見る。その島々の間を縫ふて流れる帆掛けの船、漁りの小舟の趣きは、まさに詩であり、一幅の絵である。

山頂からの景色は、島々が幾重にも重なり水平線が見えないほどである。その多島海を小舟がゆく風景は絵のような美しさである、と記す。千光寺公園は住職が有志の協力を得てひらいた「共楽園」がはじまりで、春は桜、秋は観月の名所であった。浄土寺山公園は国有林を開放してつくったもので、奇岩奇松に富み、瀬戸内海の景趣が一眸のうちに展望できた。

汽船は瀬戸内海を航行するもの一日数十隻、北海道、朝鮮、大連、台湾、中国、讃予等の定期航路があり、内海島嶼を連繋する発動船の定期航路は四十余線の多きに上り、毎日数百の往復を重ねてをる。

尾道水道の賑わいが目に浮かぶ描写である。昭和二年に開港場に指定された尾道港は、港湾修築工事（昭和四～一四年）の最中であった。図には尾道から糸崎・忠海・竹原・広・呉・吉浦を経て広島の宇品に向かう沿岸航路をはじめ、木江（大崎上島）・御手洗（大崎下島）を経て高浜へ、大三島を経て今治に向かう伊予航路や、鞆の浦を経て多度津に行く讃岐航路も見える。潮の香り漂う歴史の港町尾道が目の前に迫る鳥瞰図である。

第三章　萩・山口・秋芳洞

一、城下町萩

山口県の城下町萩は、日本海に注ぐ阿武川下流の橋本川と松本川に挟まれた三角州に街が発達する。慶長一三年（一六〇八）、毛利輝元により萩城（指月城）が菊ヶ浜の指月山に築かれた。毛利家は安芸ほか八か国を領有する大名であったが、関ケ原の戦いに敗れ、防長二か国に減封されて萩に移った。

萩は、明治の近代国家を築くにあたり、傑出した人材を輩出した地として知られる。ところが、彼らの活躍の舞台は東京であったため、維新後の萩は土塀の中に夏ミカンが目につく鄙びた里に変わっていった。夏ミカン栽培は、禄を失った武士の救済措置として奨励された。

わたしが最初に萩を訪ねた昭和四〇年代半ば、指月城址と外堀に囲まれた堀内地区や、橋本川沿いの平安古地区に崩れかけた土塀の旧武家屋敷が続いていた。菊屋横丁・伊勢屋横丁・江戸屋横丁を歩くと、まるで時間が止まったかのような家並みが目の前にあらわれ、そのたたずまいに心を奪われた。

昭和四三年、「萩城城下町」が史跡に指定され、二年後の旧国鉄の「ディスカバー・ジャパン」キャンペーンを機に、萩は観光地として人気を博した。高度経済成長期の乱開発を免れた萩は、古き日本の面影を残す街として若き旅人に注目されたからである。文化財保護法改正（昭和五〇年）により、古い町並みを保存する制度が生まれると、堀内・平安古地区は全国最初の重要伝統的建造物群保存地区の一つに選定（昭和五一年）され、萩は歴史・文化の香り漂う観光地としての道をたどる。

日本海側の萩は鉄道開通が遅れ、大正一四年、ようやく美祢線が長門三隅駅から萩駅に延伸した。この鉄道開通記念として「萩名所図絵」（大正一四年四月、吉田初三郎画、山口県萩町役場発行）〈図1〉が出版された。まだ萩町（昭和七年萩市）の時代であり、その喜びはひとしおであったに違いない。表紙は指月山、松本川河口の浜崎・鶴江台を俯瞰して、遠方に笠山を望む絵柄である。鳥瞰図は南東に日本海から旧城下を望む構図で、左に笠山、中央に萩市街地、右に青海島をおき、阿武川上流に景勝地の長門峡も見える。

鳥瞰図が描かれた当時、東萩駅まで鉄道は到達していないが、開通を見込んで路線を描く。東萩駅―益田間は計画路線で、山陰本線全通は昭和八年であった。萩東方の戎ヶ鼻（恵美須ヶ鼻）港から船が朝鮮の釜山や島根県浜田に発着する。当時、下関から萩・浜田・境港に通じる航路も案内文にあるが、すべて図示していない。図の欄外に「萩より海路朝鮮への交通は陸路下関を経て釜山間の連絡よりも近し」と記す。恵美須ヶ鼻は、幕末、長州藩が洋式帆船を建造した造船所がおかれた地で、萩反射炉とともに世界遺産「明治日本の産業革命遺産」（平成二七年登録）の構成資産である。図からは大正末期まで海路が重きをなしていたことが伝わる。

城下に目をやろう。萩城址の指月山に志都岐山神社が鎮座し、その南東に堀内地区があり、南を新堀川が流れる。東にあった外堀は図からは確認できない。堀内地区に上級武士の屋敷が配置され、毛利輝元廟のある天樹院跡や、明倫館の伝統を受け継ぐ旧制萩中学校（現・萩高等学校）が見える。

堀内地区東の呉服町から菊屋横丁・伊勢屋横丁・江戸屋横丁の小路が延び、菊屋横丁に高杉晋作旧宅、江戸屋横丁に木戸孝充旧宅を示す。現存するこれらの旧宅は、史跡「萩城城下町」を代表する見所になっている。

平安古地区に久坂玄瑞旧宅（現・跡地）や村田清風旧宅（長屋門が現存）も示す。街の中央に位置する江向に藩校明倫館跡があり、萩町役場が隣接する。役場から橋本橋を渡ると萩駅で、背後の山に椿八幡宮が鎮座する。近くに藩主菩提寺の大照院（臨済宗）が伽藍を構え、境内に毛利家廟がある。

菊ヶ浜東の松本川河口は浜崎港で、小舟が幾隻も碇泊する。浜崎には魚市場があり、魚の集散地として賑った。萩藩御船倉がおかれ、西廻り航路寄港地として廻船業が栄えた浜崎は、商家の町並みが残る（平成一三年、重要伝統的建造物群保存地区）。

浜崎から松本川を遡り、松本大橋を東に向かうと松陰神社が鎮座し、境内に松下村塾や松陰幽囚室が見える。付近に松下村塾創立者の玉木文之進（吉田松陰の伯父）宅があり、背後の山に松陰誕生地と示す。一山越えると、もう一つの藩主菩提寺の東光寺（黄檗宗）が建ち、ここにも毛利家廟がつくられている。

浜崎から反射炉を経て東に、廻船が寄港した越ヶ浜集落が砂州上に立地し、近くに明神池や笠山がある。風光明媚な笠山一帯は、菊ヶ浜とともに北長門国定公園に指定（昭和三〇年）されている。案内文を見よう。まず萩城址である。

指月山　一名御城山と言ふ。樹齢数百年の巨木茂り、山容屹として偉観を呈してゐる。

志都岐公園　旧城本丸の趾であって地域広濶にして桜樹多く、花時行楽の地である。園内に江風山月楼の茶室がある。

萩城は、明治七年に天守や櫓をことごとく解体、明治一一年に本丸跡に歴代藩主を祀る志都岐山神社が創建された。神社創建に伴い公園が整備され、明治二二年に藩主毛利敬親別邸の花江御殿から茶室が移築された。毛利家の居城は、わずかに石垣と内堀を残すのみであった。次いで旧藩校明倫館である。

中央は聖廟にして浄水その前を廻り、右を講文の堂とし左を演武の場としその他に練兵場もあった。現今の明倫小学校、萩商業学校、萩区裁判所の敷地がこれである。而して今尚残れるものは僅かに聖廟の木主館記を刻せる石碑二基、用水池、聖像及び東長屋、祭器庫建物のみである。

享保四年（一七一九）、五代藩主毛利吉元が堀内に創立した明倫館は、幕末に現在地の江向に移転した。わずかに残されていた石碑二基（明倫館碑）は現存する。用水池は、遊泳術・水中騎馬の訓練がおこなわれた水練池、東長屋は、剣術・槍術場の有備館と思われる。昭和一〇年、学校・裁判所の敷地に木造二階建ての明倫小学校が新築され、長らく校舎として利用されていたが、平成二九年に木造校舎は展示施設「萩・明倫学舎」に生まれ変った。役割を終えて移築されていた聖廟の観徳門（本願寺萩別院に移築）、および明倫館正門の南門（本願寺山口別院に移築）は、江向の明倫館敷地に還り、在りし日の姿が多少とも甦った。萩の名だたる史跡は松下村塾であろう。

名声夙に天下に著はれてゐる。其塾舎はいま見るが如く畳十八枚半を敷ける陋屋であって、（中略）松陰の教化は此小塾舎と短日月とにして有為の人物を輩出せしめ維新回天の鴻業を翼讃したのである。

松下村塾はわずか十八畳半の狭くて粗末な建物であるが、松陰の教化により有望な人材を輩出して、世の中の情勢を一変させる大事業に尽力した、と感慨深げに記す。玉木文之進から松下村塾を引き継いだ松陰が高杉晋作や久坂玄瑞らの門下生を教えたのは、安政四年（一八五七）から翌年の野山獄入獄までのわずかな期間であったが、若者に多大な感化をあたえた。

現存する松下村塾の前に立つと、あまりにも小さな建物に拍子抜けする。しかも当初の塾は八畳一間にすぎず、弟子たちが十畳半を増築して今に見る規模になったのである。人材育成は建物ではなく、志であるという感を強くする。

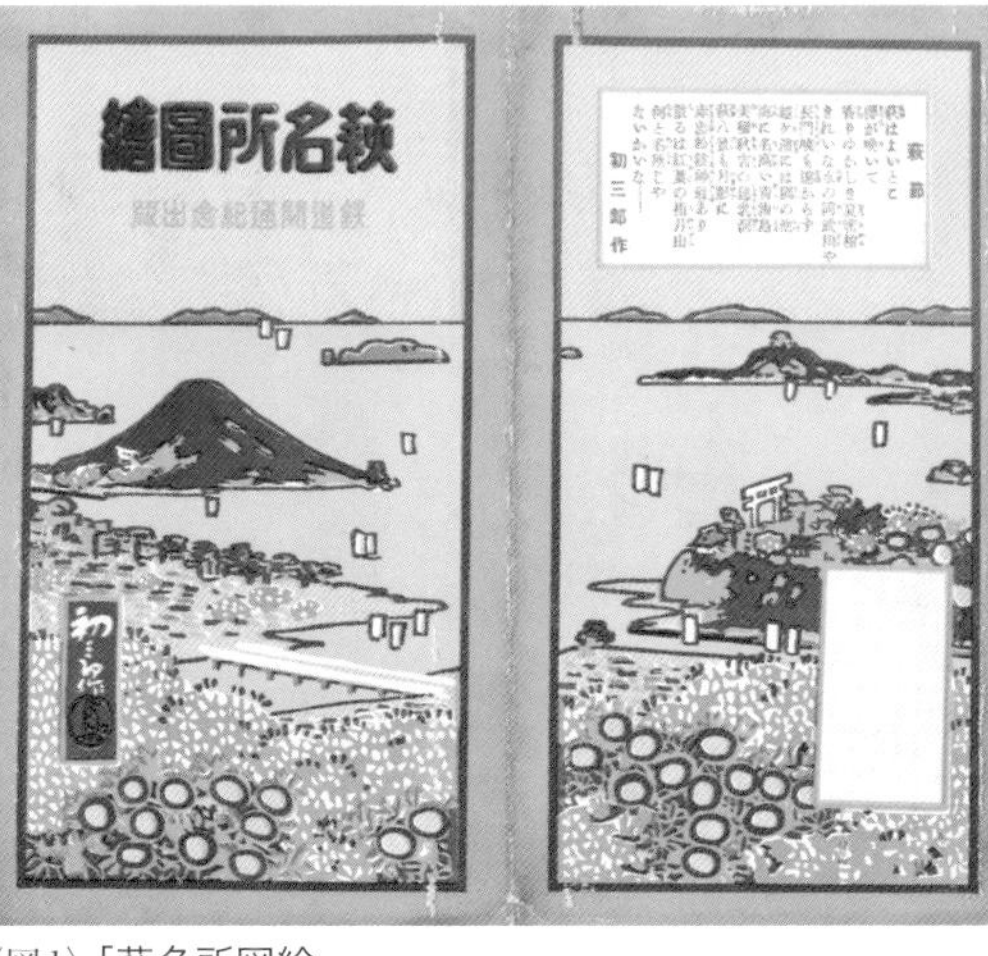

〈図1〉「萩名所図絵」
（大正14年4月、吉田初三郎画、山口県萩町役場）

カラフト
北海道
青森
直江津
敦賀
山口線
大社
濱田
益田
江崎
須佐
奈古
大井
こぼれ岳
唐人山
羅漢台
翁落瀧
至玉江驛
萩焼坂
十字架墓
毛利家廟
東光寺
猪熊峠
鞆綱濱港
越ヶ濱
夕和港
笠山
明神池
狐島
小畑浦
中ノ台
松下村塾
反射爐
鼻港

大島 鶴島 山口濱田航路

長門
丁字川
濁渓
南明寺
茶臼山
六本松
天満宮
はぎ
椿八幡宮
毛利家廟
大照院
觀音
萩女学校
萩中学校
明倫館
天樹院
菊ヶ濱
海水浴場
指月山
志都岐山神社
西ノ濱
砲台跡
住吉神社
疏水

の交通は陸路下関を經て釜山間よりの連絡よりも近し

山口 相島

松陰の実家杉家旧宅に松陰幽囚の部屋があり、松下村塾とともに史跡に指定（大正一一年）された。同じ時期、松陰誕生地の整備を地元の青年会がおこない、併せて元勲山縣有朋揮毫による「吉田松陰先生誕生之地」の石碑が建立された。ささやかな松下村塾に比べて巨大な石碑であり、明治維新を築いた偉人の故郷としての意識高揚を物語る。史跡指定後の昭和初年、萩町は「史跡遊覧地を兼備した都市」の将来像を示すが、それが観光地萩の萌芽であった。

二、長門峡

阿武川上流に景勝地長門峡がある。この峡谷は大正元年にイギリス人が世に紹介し、その後、萩出身の画家高島北海により「長門峡」と命名、大正一一年に名勝に指定された。ＪＲ山口線長門峡駅から、萩市川上の竜宮淵まで約五㎞の遊歩道が整備されている。竜宮淵の下流は自動車道となり、道は阿武川ダム（昭和四九年完成）を経て萩へ通じる。昭和初期の旅行案内書は、長門峡をこのように紹介する。

> 丁字川出合淵の下から川上村畔の瀬までの阿武川幹流及その支流生雲、蔵目喜、佐々並三川流域の一部である。（中略）本峡の延長は幹道一二粁、支道一粁半、別に八粁余を距てて一区域があり、全峡を分けて東長門峡、西長門峡、生雲渓、金郷渓、漣渓の五区とする。（『日本案内記』中国四国篇、昭和九年）

戦前の長門峡は、この五つの峡谷・渓谷を合わせて広範囲に捉えられていた。その探勝は、長門峡駅から下流の畔の瀬まで歩き、近くの渦ヶ原から高瀬・萩へ自動車便があった。また高瀬から萩まで阿武川下り舟運を利用することもできた。

「長門峡鳥瞰図」（昭和二年一二月、吉田初三郎画、白銀日新堂書店発行）〈図2〉を開こう。表紙は両岸に断崖絶壁が迫る長門峡の絵柄である。鳥瞰図は左岸から東を望む構図で、左に漣渓、中央に金郷渓、中央右寄りに生雲渓、右に長門峡駅をおき、阿武川下流に萩の街が見える。渓谷に緑の山々が屹立し、多くの見所を短冊で示す。

図に描かれた名所をたどろう。長門峡駅を降りて橋を渡ると、丁字川出合淵である。しばらく行くと千瀑洞口・榧ヶ淵・鮒淵があらわれ、桜滝を越えて舟入・大谷淵・獺淵を経て鈴ヶ谷となる。鈴ヶ谷には渓谷に臨む茶店らしき建物が見える。高島洞門を潜り佳景淵・下和留瀬を過ぎると紅葉橋で、ここが生雲川との出合（合流点）となる。紅葉橋の上は魚止めの落差「第一断魚瀑」となり、付近に一軒の茶店がある。生雲川上流は生雲渓で、飛渡滝が流れ落ちる。紅葉橋下流に鴛鴦岩（おしどり）がそそり立ち、第二、第三の断魚瀑を過ぎると竜宮淵である。竜宮淵を望む地にも茶店らしき建物が見える。

竜宮淵下流の聴秋橋を渡り、渡雲橋まで右岸を往く。聴秋橋袂の湯の瀬の家屋から湯煙が上るが、温泉であろう。付近に烏帽子岩・獅子岩があり、大天狗・小天狗の岩峰が屹立する。

渡雲橋の下は金郷川の出合となり、小さなダムの取水口があり、ダム湖に対岸への渡し場も見える。金郷川上流は金郷渓で、猿渓大瀑がある。渡雲橋から切籠・切窓・重層岩を仰ぎ見つつ下り、畔の瀬で探勝路は終わる。高瀬上流の舟待から阿武川下りの舟が出ていた。現在、重層岩から下流は阿武川ダムの湖（阿武湖）になっている。案内文を見よう。

長門峡は、いまや探遊界の寵児たらんとしてゐる。ことわりや、同峡は石英斑岩より成れる阿武川の渓谷であって、両岸の蛸（ママ）壁峻峰河床の奇岩及び水蝕の現象、河流の淵潭（えんたん）急流瀑布等相俟（あいま）ちて美観を呈して居る。

長門峡は石英斑岩の峡谷で、奇岩が連続して変化ある地形は類例を見ない、とも述べる。

奇怪勇渾壮美の境は到底筆絶彩具をもって尽し得べくもないが、その中著しきを挙ぐれば下流にある大天狗岩、切籠、切窓、重屏岩であって、河床には岩骨露出し水蝕の結果種々の奇岩がある。

とりわけ大天狗岩、切籠・切窓の岩峰、重層岩が見所であった。河床もまた水で浸食され、さまざまな奇岩があった。

殊に平滑は殆んど水平の節理に沿ひて水蝕され、雛の床は数段為して雛壇の如き奇観を呈してゐる。この他岩面には甌穴その他種々の現象あり、河流は時に淵潭をを（ママ）し、時には急流をなし、或ひは懸りて断漁の如き滝をなす。

平らに浸食された河床の岩、雛段のような河床、あるいは魚が遡上できない堰堤のような滝もあって、変化に富んだ景観が展開する。四季の遊覧も、それぞれの楽しみがあった。

春、水涯（すいがい）到る処紫藤花と躑躅（つつじ）の満開し夏期は香魚極めて多く河鹿（かじか）もまた多い。秋は満山の楓樹と雑樹の紅葉殊に妙にして冬季は多数の鴛鴦（おしどり）を見るの佳境である。

春は水際いたるところに紫の藤やツツジが咲き、秋は紅葉に彩られる。ことに夏の鮎は長門峡の名産であった。「峡内の道程四里全程七里。全部の探勝には二日を要し」とあるが、生雲渓・金郷渓・漣渓を合わせて探勝すると七里（約二七・五km）の行程で二日を要した。旅館は、長門峡駅前・高瀬のほか、途中の湯の瀬・栃崎口にもあった。昔は、気長な探勝であった。

〈図2〉「長門峡鳥瞰図」
(昭和2年12月、吉田初三郎画、白銀日新堂書店)

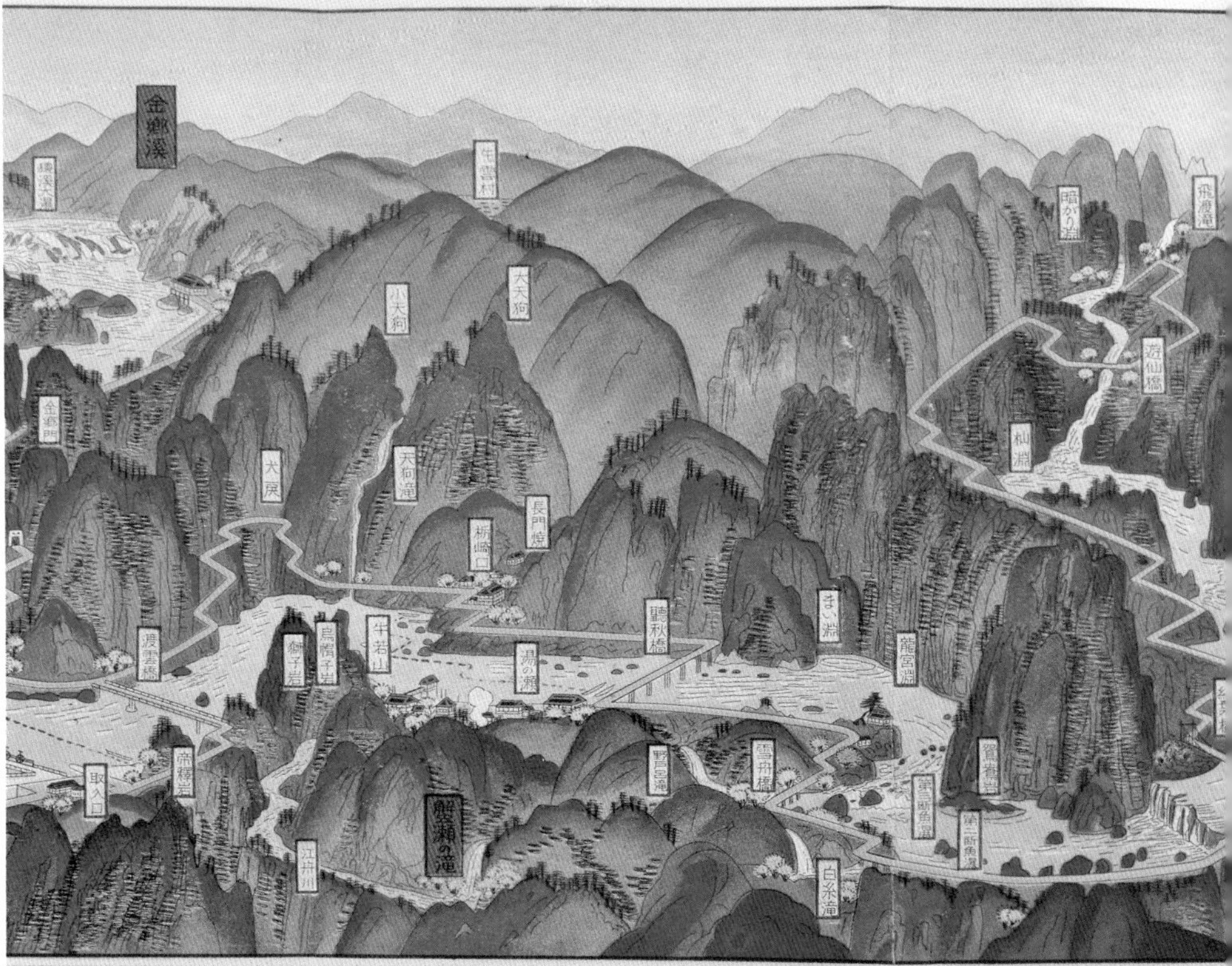

金郷渓
小天狗
大天狗
天狗滝
大庚
長門橋
暗がり淵
遊仙橋
まい淵
聴秋橋
龍宮淵
烏帽子岩
獅子岩
牛若山
湯の瀬
渡渓橋
取入口
雪舟橋
野呂滝
盤瀬の滝
白糸滝

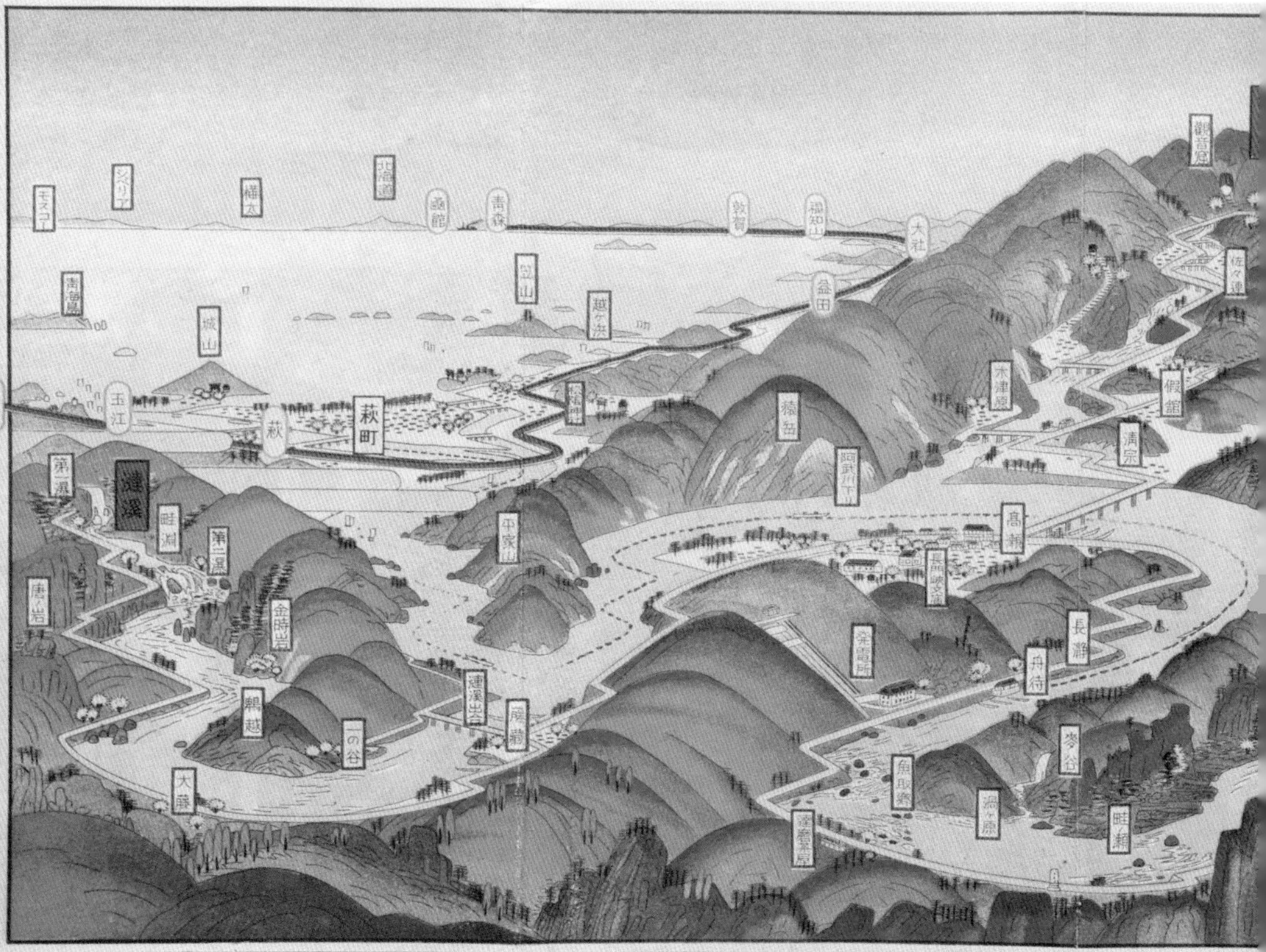

モスコー
シベリア
樺太
北海道
函館
青森
敦賀
福知山
大社
益田
城山
笠山
越ヶ浜
玉江
萩
萩町
第一渓
第二渓
唐ヶ岩
金時岩
鶴越
一の谷
大藤
平家山
阿武川下
観音窟
佐々連
木津原
假舘
清宗
高瀬
長門峡文庫
発電所
長瀞
舟待
魚取岩
渦ヶ原
畦ノ瀬
達磨岩

三、小京都山口

山口は、西国で勢力を誇った大内氏が拠点とした地である。南北朝期の守護大名大内弘世（ひろよ）（九代）が京の都に模した街をつくり、室町期には大内氏の館が築かれた。日明貿易をおこなった大内氏は、博多商人による貿易や、石見銀山を掌握して富を蓄えた。

応仁の乱で荒廃した京都から逃れた公家などを大内氏が迎え入れた山口では、文化が花開いた。それは、一五世紀後半から一六世紀半ばの大内政弘（一四代）から義隆（一六代）にかけての時代で、瑠璃光寺五重塔（嘉吉二年〈一四四二〉頃）や、常栄寺庭園（室町期、伝雪舟庭）が今も大内文化を伝える。また義隆はザビエルの滞在とキリスト教布教を許したため、山口には日本最初の南蛮寺（大道寺）も建立された。

大内氏滅亡（天文二〇年〈一五五一〉）後、山口は毛利氏の支配するところとなったが、やがて毛利氏は萩を居城としたために、政治の拠点としての山口の地位は失われた。江戸期の山口は、萩城下と萩藩御船手組が配置された瀬戸内海の三田尻とを結ぶ萩往還の一地点として生きのびた。幕末、藩庁が萩から山口に移ると、藩庁は山口政事堂として倒幕の拠点をなすが、明治維新後、藩庁は山口県庁となった。

「山口市」（昭和六年一〇月、金子常光画、日本名所図絵社発行）〈図3〉を見よう。これは封緘葉書として制作されたもので、表紙は騎馬像二基が立つ亀山公園と瑠璃光寺五重塔、裏表紙は湯田温泉の絵柄である。鳥瞰図は天神川と仁保川が椹野（ふしの）川となる合流地点付近から北西に山口盆地を望む構図で、左に湯田温泉、中央から右に山口市街地をおく。

山口市街地西に鴻ノ峰、湯田温泉北に兄弟山・向山があり、背後に東鳳翩山（ほうべんざん）・西鳳翩山が連なる。市街地東の古熊神社の裏に東山、南に姫山が横たわり、盆地に発達した山口の姿が見て取れる。小郡から島根県益田に向けて山口線（大正一二年全通）が走り、山口駅や湯田駅（現・湯田温泉駅、共に大正二年開業）がある。

山口駅から駅前通りを北西に進むと亀山公園があり、周囲に博物館・図書館・先賢堂・旧制山口高等商業学校・師範学校（共に現・山口大学）・高等女学校などが建ち、高等女学校の南西に旧制山口高等学校（現・山口大学）が見える。亀山の北に山口県庁舎があり、小山（香山）を越えると洞春寺・香山墓地・露山堂・瑠璃光寺が山麓に並ぶ。

瑠璃光寺東の山麓に今八幡宮が鎮座し、近くに八坂神社・築山神社・龍福寺がある。付近は大内氏ゆかりの地で、龍福寺が建つ地に大内弘世の館（大内氏館）がおかれ、八坂神社・築山神社付近に大内義弘以降の館（築山館）があった。龍福寺に隣接する館跡の池泉の一部が、発掘調査に基づき再現されている。

今八幡宮の東に歩兵第四十二連隊が配置され、旅団司令部や衛戍病院が建つ。連隊の南に「聖サベリヨ記念碑」が立つが、ここが南蛮寺（大道寺）跡地とされ、今日、聖サビエル記念公園として整備されている。さらに東に行くと、雪舟作庭と伝える常栄寺庭園もある。

山口市街地の南西は湯田温泉である。湯田温泉会社、高杉晋作はじめ維新の志士ゆかりの松田屋などの旅館が並び、井上聞多旧宅跡地の高田園に井上候銅像や七卿遺跡記念碑が立つ。案内文を見よう。まず亀山公園一帯である。

全山緑樹鬱生し、頂上の広場には維新の鴻業を翼賛しまつりし旧藩主の銅像六基を建て、南方平蓮寺山には日露戦役記念砲台を設けて当年従軍せし防長出身三万将士の忠烈を表し、北方の丘陵春日山には先賢堂を建て防長先賢の霊を祀り、亀山一帯の地まさに防長勤王の精華聚まるの観あり、……

亀山公園は、毛利秀元が築城を断念した長山城址を利用して明治三三年に設置された。旧藩主銅像六基とは、毛利敬親・元徳（もとのり）ほか支藩主四名のもので、伊藤博文の趣意書をもって資金を募り、公園設置と共に建立された。除幕式には芸者が繰り出して大いに賑わい、以来、亀山公園は山口の観光名所となったという。封緘葉書に描かれた二基の騎馬像は、その一部である。まわりを威圧するように立っていた六基の銅像は、戦時中すべて供出、戦後、敬親像のみ再建された。

亀山園内泉石の配置花卉の栽培各其道の巧を尽し閑雅幽邃（ゆうすい）の趣を備へ、頂上の展望広濶にして市街を瞰下指呼（かんかしこ）し四時遊覧の客絶ゆるなし、……

泉や庭石を巧みに配した花咲く園内は奥ゆかしく、低い丘ではあるが展望がひらけ、市街地を間近に眺めることができた。公園には、四季遊覧客が絶えなかった。戦後、中腹に布教四百年記念の山口サビエル記念聖堂が建築（昭和二七年）された。

亀山公園北に瑠璃光寺五重塔が優雅なたたずまいを見せる。五重塔は、もとは香積寺の塔として大内義弘が建立したものである。江戸初期、香積寺は萩に移り、跡地に瑠璃光寺が移転（元禄三年〈一六九〇〉）し、以来、瑠璃光寺五重塔となった。

瑠璃光寺一帯は香山公園で、南に毛利家墓所・露山堂・洞春寺が隣接する。毛利家墓所には、毛利敬親・元徳・元昭の三代にわたる夫婦の土饅頭型墳墓を設ける。露山堂は、毛利敬親が

〈図3〉「山口市」
(昭和6年10月、金子常光画、日本名所図絵社)

萩
東鳳翩山
二堂ノ梅
錦鶴滝
坂堂峠
畑分教場
瑠璃光寺
木町公園
鴻ノ峯
梅峯滝
槇柏
香山墓地
露山堂
洞春寺
山口縣廳
稲荷社
多賀神社
水産組合
木炭組合
博物館
亀山園
武徳殿
普門寺
高嶺神社
遥拝所
公會堂
先賢堂
圖書館
亀山公園
白石小学校
師範学校
縣農會
山口中学校
教育会館
山口座
中村旅館
公設市場
市役所
郵便局
遊廓
勧業銀行
中村女学校
防長新聞
信用組合
山口日報社
土木出張所
佛教会館
天主教会
税務署
向山
湯田小学校
円竜寺
水泳場
水泳場
姫山
雲谷庵
野田神社
八坂神社
築山神社
竜福寺
菜香亭
釜山
門司
下関
厚狭
宇部
宇部市
小郡
上郷
大歳
秋芳洞
太田
至萩
小栗滝
男滝
女滝
鼓滝
竜蔵寺
西鳳翩山
凌雲寺址
青海島
正明市
地蔵峠
赤田神社
良城小学校
土師八幡宮
朝倉八幡宮
大林寺
兄弟山
錦小路墓
生目社
遊廓
藤村旅館
水野旅館
七卿記念碑
高田園
井上侯銅像

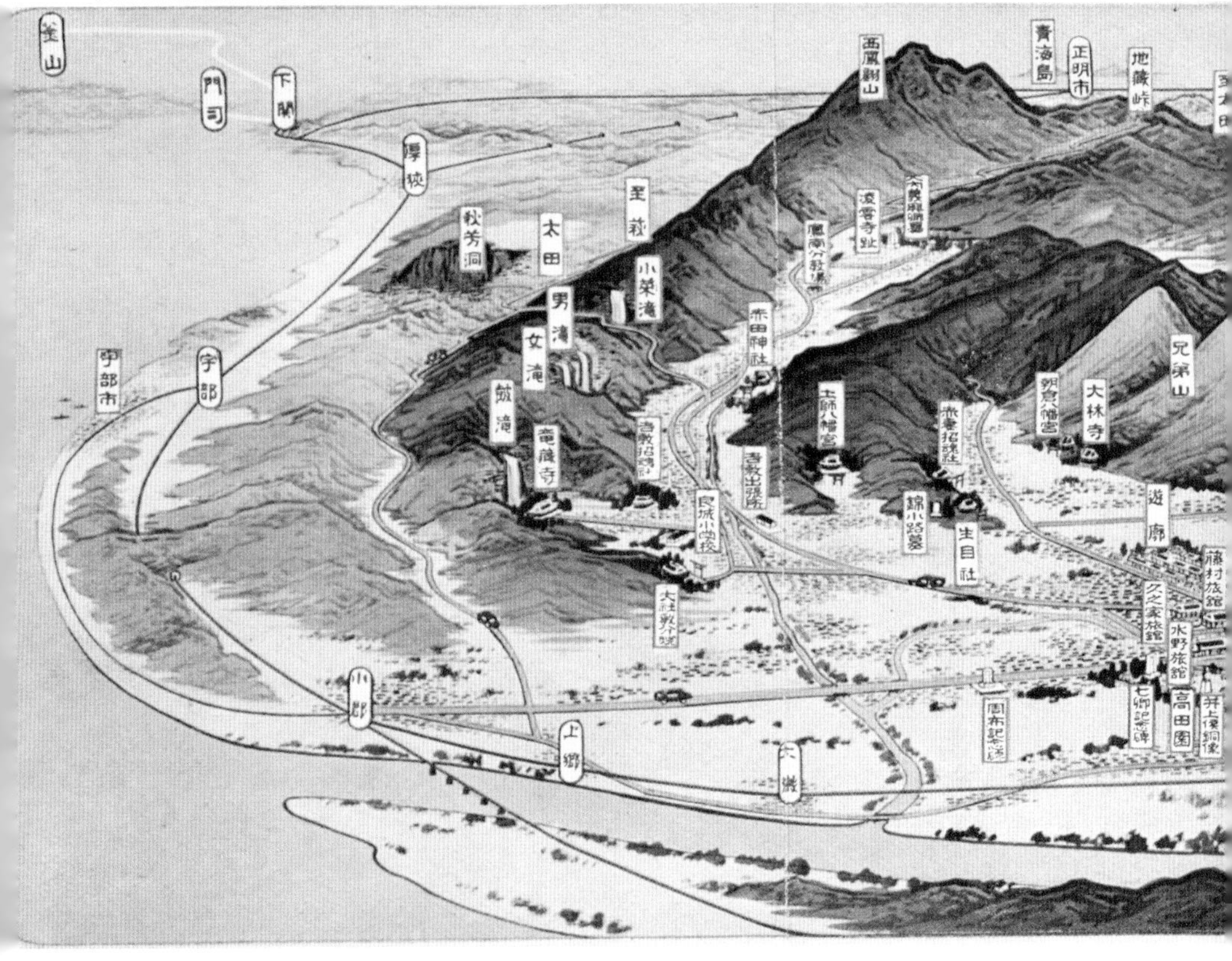

倒幕王政復古の密議をこらした茶室一露庵のことで、政事堂近くの露山麓から移築（明治二四年）した。

大内氏の時代、洞春寺の地に国清寺があり、後に毛利元就の菩提寺となって洞春寺を名乗った。やがて洞春寺は毛利氏の城下萩に移り、跡地は常栄寺となったが、幕末に洞春寺が萩から旧地に戻った。洞春寺山門は、国清寺創建時のものと伝える。

山口の町並み続きに湯田温泉がある。昭和初期の旅行案内書は、湯田温泉をこのように紹介する。

> 大内義興の頃ここに寺があってその庭の松の木の下に小さい池があった。或日片足を傷けた老狐が来て足を池水に浸すのを見た。住僧が水に温みのあるのを知って掘下げたところ温泉が湧出で、なほ土中から金像の薬師仏一体を得て堂を建てた、この時からこの地を湯田と称したといふ。
>
> （鉄道省『温泉案内』昭和六年）

温泉発見は、一六世紀初めのことであったという。再び「山口市」〈図3〉の案内文を引こう。

> 綿川の沿岸に湧出し浴客輻輳し、温泉旅館料亭軒を並べ絃歌の声絶ゆることなく殷盛を極む、共同浴場に野原温泉、ラジウム温泉及温泉会社等あり、内湯旅館に松田屋、瓦屋、水野、久の家旅館等数多あり、……

湯田温泉に浴客が集中し、温泉旅館や料亭が建ち並び、三味線の音が絶えず鳴り響く賑わいぶりが伝わる記述である。はじめ田んぼの中にひらけた温泉地も、昭和初期、すでに山口の街と町並み続きになりつつあったことが図から読み取れる。

四、秋芳洞

山口盆地北西の美祢市にひろがる秋吉台は、カルスト台地である。秋吉台科学博物館横のカルスト展望台や、烏帽子岳南の地獄台付近から秋吉台の景観が心ゆくまで楽しめる。カルスト展望台に立つと、北になだらかな丘が起伏し、脚下に妙見原・剣山・若竹山を望み、長者ヶ森や烏帽子岳を遠望する。展望台を起点に若竹山を周遊する散策路を歩くと、石灰岩柱や擂鉢穴（ドリーネ）のある独特な景観が展開する。石灰岩などの大地が雨水などにより浸食されて生まれたのがカルスト地形である。秋吉台北部の地獄台に移動すると、台地上に突き出た石灰岩柱が針の山のように並び立つ景観が圧巻である。

秋吉台の地下に、天然記念物の秋芳洞・景清洞（共に大正一一年指定）、大正洞・中尾洞（共に大正一一年指定）をはじめ四〇〇を超える洞窟があるという。地上の地獄台も天然記念物（昭和三年指定）となり、戦後、一帯は秋吉台国定公園に指定（昭和三〇年）され、多くの観光客を集めるようになった。

秋芳洞は、昔、「瀧穴」と呼ばれ、村人より水神の住み家と信じられていた。明治四〇年頃、王立地理学会会員の英国人エドワード・ガントレットや、地理学者中田覚（広島高等師範学校教授）による調査がはじまった。間もなく鉱山師梅原文次郎が私費数千円を投じて洞穴を開発して開窟式を挙行（明治四二年）し、「瀧穴」を大いに宣伝するようになった。

「瀧穴」が天然記念物に指定された三年後には洞内に電燈照明が灯り、翌大正一五年に皇太子が行啓、台覧の後「秋芳洞」と命名された。その感激を「内務省指定天然記念物秋芳洞鳥瞰図」（昭和九年八月、秋芳洞記念会発行）〈図4〉はこのように記す。

> 大正十五年五月聖上陛下未だ東宮にましませし時中国御行啓の際同月三十日本洞御台覧之栄を給ひ後入江侍従長を経て村名にちなみて秋芳洞と嘉名を下し賜り……

当時の村名は秋吉村、賜った名は秋芳洞である。同年に閑院宮、翌昭和二年には梨本宮・高松宮各殿下が探勝、秋芳洞の名声がいよいよ高まった、とその喜びをしたためる。

この鳥瞰図の初版は行啓翌年の昭和三年五月発行、本書に掲載したものは第四版である。再三版を重ねており、秋芳洞の人気のほどがうかがえる。表紙は入口の四阿付近から「一の淵」と「白瀧」を望む絵柄である。鳥瞰図は洞窟内を流れる地下川の左岸から右岸を眺める構図である。洞窟内を鳥の眼で眺めること自体が無理で、左岸の壁や天井の様子を表現することは不可能である。鍾乳石が垂れ下がる洞窟は天井を仰ぎ見てこそ真価が伝わる。その無理を承知で、あえて鳥瞰図という手法を用いたことに、鳥瞰図流行の息吹を嗅ぎ取ることができる。

注目すべきは洞内入口に立つ石柱に「天然記念物秋吉村瀧穴」と、秋芳洞命名以前の呼称が刻まれていることで、その石柱は現存する。図には「一の淵」から「琴ヶ淵」にかけて四十余の名所を示し、「黒谷」まで照明の電燈が赤々と灯る。線香花火のような電球に、観光開発が進む喜びを託して描いたのであろう。

洞内に探勝の木道がついているが、「六地蔵」から「百枚皿」にかけての「長淵」は渡し舟での往来である。この渡し舟は昭和二〇年代半ばまで活躍していた。「六地蔵」は六つの石筍を見立てたものである。石筍とは、床にしたたり落ちた水の中の石灰分が固まり筍状になったものをいう。また「百枚皿」は炭酸カルシウム沈殿物の石灰華が無数に皿のような小池を階段状になしたもので、棚田を連想させる。

「百枚皿」から橋を渡り左岸に行くと「広庭」や石灰華の「千町田」があり、「広庭」には「南瓜岩」が見える。「南瓜岩」は

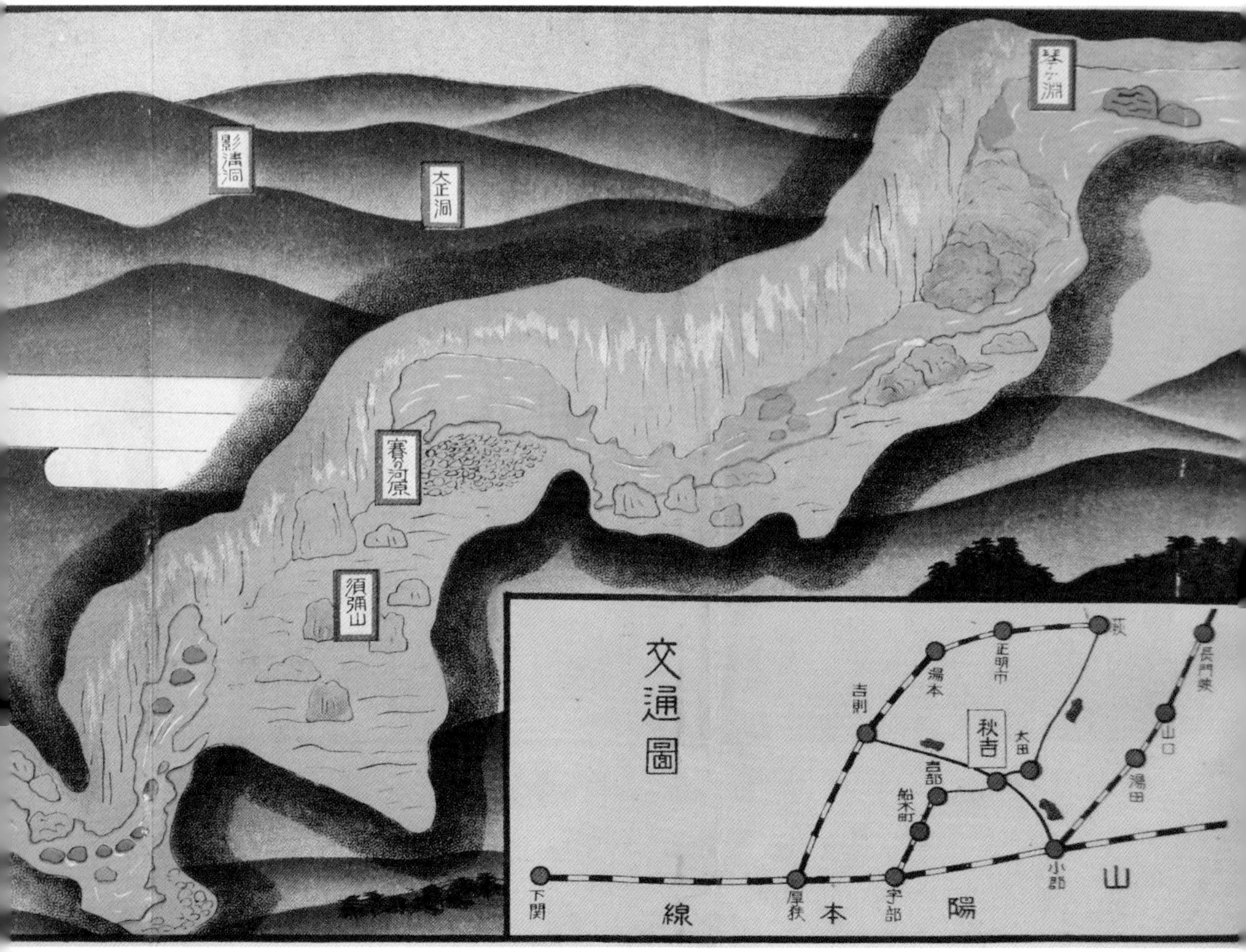

〈図4〉「内務省指定天然記念物秋芳洞鳥瞰図」
(昭和9年8月、秋芳洞記念会)

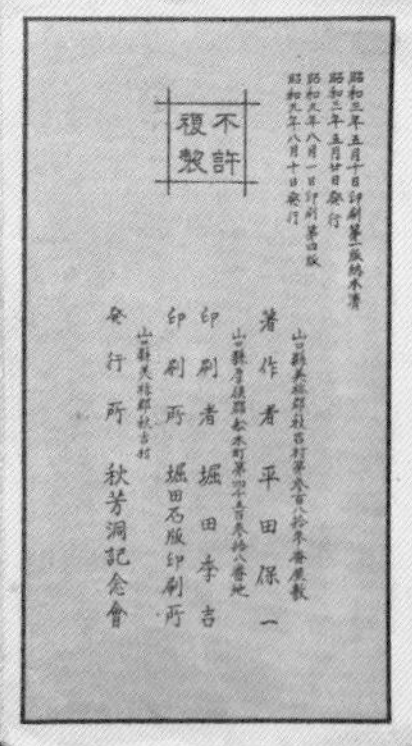
昭和三年五月十日印刷第一版納本濟
昭和三年五月廿日發行
昭和九年八月一日印刷第四版
昭和九年八月十日發行

不許複製

著作者　平田保一
印刷者　堀田李吉
印刷所　堀田石版印刷所
發行所　秋芳洞記念會

世界第一天然記念物秋吉　秋芳洞全景圖

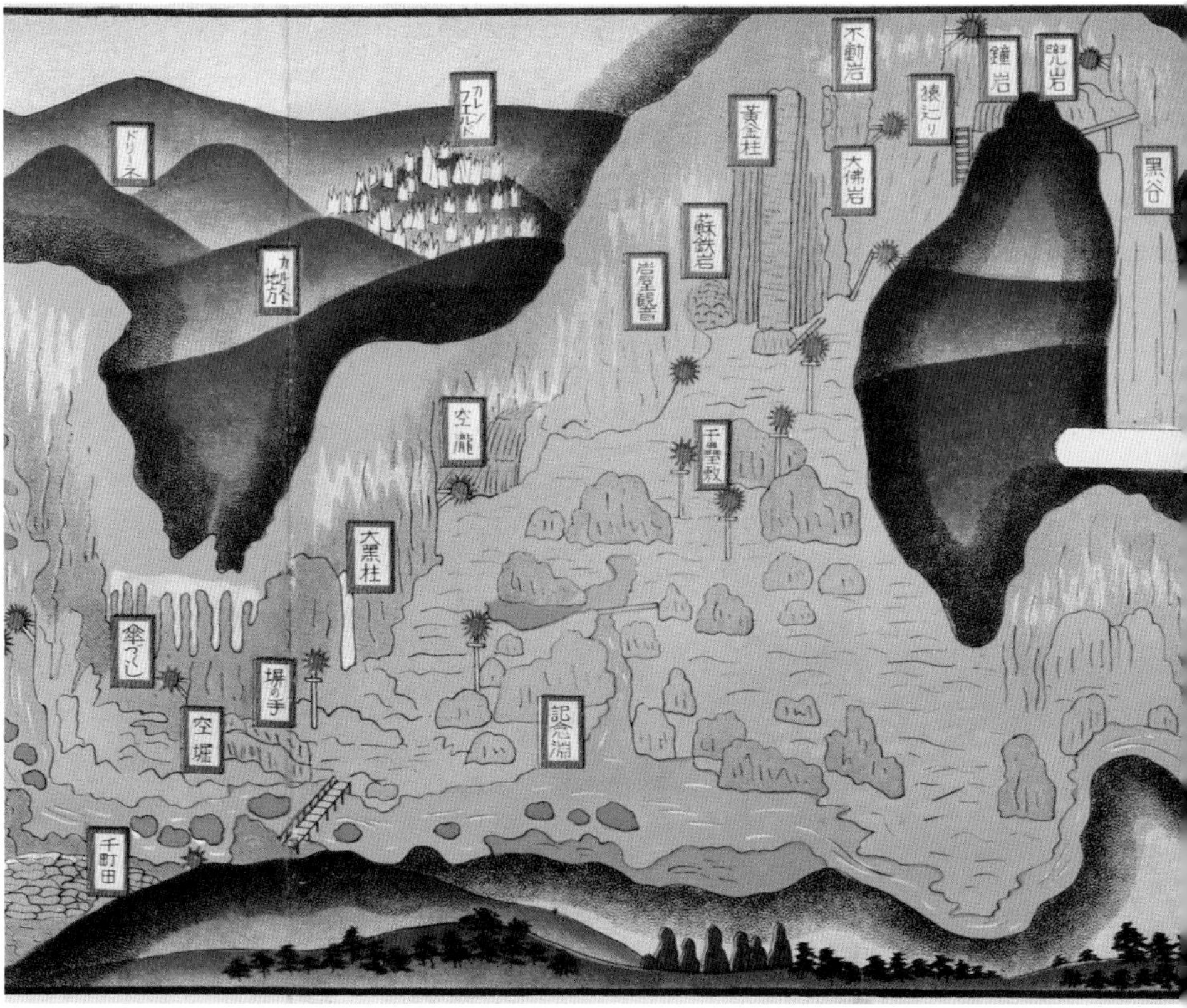

ドリーネ
カレンフエルド
カルスト地形
不動岩
鐘岩
兜岩
猿辷り
黄金柱
大佛岩
黒谷
蘇鉄岩
岩窟觀音
空瀧
千畳敷
大黒柱
傘づくし
堀の手
空堀
記念淵
千町田

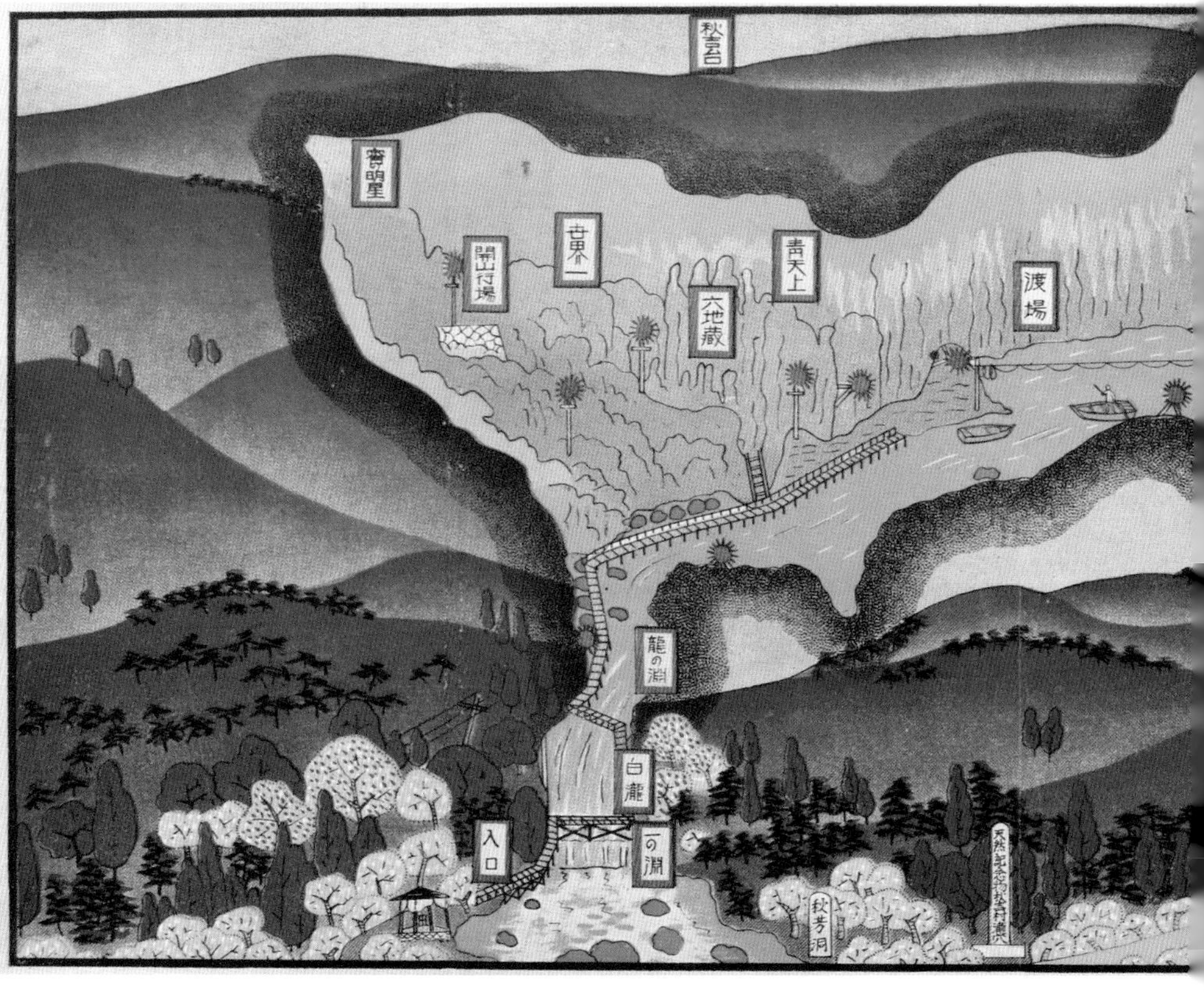

秋吉台
開山行場
世界一
青天上
六地蔵
渡場
龍の淵
白瀧
入口
一の淵
秋芳洞

数百のカボチャを数段に積み重ねたような石灰華の岩である。橋を渡って右岸に出ると巨大な洞内空間の「千畳敷」となる。

仰ぎ見ると天井から無数の鍾乳石が傘のように垂れさがる「傘づくし」があり、「大黒柱」「黄金柱」がそそり立つ。いずれも巨大な石柱で、鍾乳石と石筍がつながって固まったものという。「黄金柱」は、篝火をこの石柱に近づけたときに黄金色を放つので命名されたという。付近の「岩屋観音」は、洞壁の石筍を観音様に見立てたものである。「大仏岩」「不動岩」を見て、急斜面の岩壁「猿辷り」を登ると「黒谷」で、ここから引き返すのが一般の探勝であった。

洞内には至る所支洞を有し或は山あり或は谷あり川亦流れて怪岩奇石の散在する間を縫て瀬となり滝となり其の音響は百雷の轟くが如く或は天女の楽を奏するにも似たり淵には小舟を浮べ渓には橋を架し（中略）其の偉観に異彩を放てり……

秋吉台の地底を幹洞が北方に伸展し、全延長約一・六㎞に及ぶ。奇岩怪石が散在する洞内はまるで長門峡や耶馬渓のようだ、とも称える。

洞内炭酸石灰の沈澱物の為めに構成せられたる鍾乳石、石筍、石柱等は千変万化六地蔵の怪石となり大仏岩、不動岩となり百枚皿 千町田、傘づくしと変り黄金柱、大黒柱、南瓜岩と化して何人も快絶奇勝を叫ばしむるので有る……

ここに挙がったものが数多の見所を代表するものであろう。

結びに、秋芳洞が観光に供された喜びをこのように語る。

常暗にして入るを得ざれ共一度電流を通ずれば数千燭光の電燈は洞内を隈なく照して壮快絶美の雄大なること絶景無限にして冬暖夏涼の適遊地たり文人墨客は杖を此の仙境に曳き旅行家は必ずこの天然美を探勝し学者学生は学術資料見学の為め探険する者日を追て其の数を増す……

ロウソク数千本にもあたる光度の電燈が洞内を照らしたことにより探勝者が日を追って増えた、と感慨ひとしおである。

秋芳洞は、景清洞・大正洞を加えて「秋吉台地下水系」としてラムサール条約登録湿地（平成一七年）になった。地質・地形に加えて、地下水棲貝類や洞窟性動物の生息地として多様な生物を育む環境のさらなる価値が見いだされたのである。

第四章　鳴門・徳島・讃岐

一、鳴門の渦潮

（一）阿波の風景

紀伊水道に臨む阿波の徳島県は、鳴門大橋・淡路島・明石大橋を通じて阪神に直結する。阿波は、関西文化の影響を強くうけた地である。

阿波と大阪は、海を通じて目と鼻の先である。鳴門堂浦の漁民が大坂の薬種問屋から手に入れたテグスと、優れた一本釣り漁法を瀬戸内海一帯にひろめた話を、昔、宮本常一先生からうかがったことがある。中国から輸入された薬種の包装を括る弾力のある透き通った糸、それが天然のテグスである。店先に捨て置いたテグスを拾って釣り糸にしたら面白いほど鯛が釣れ、やがてそれを仕入れてカンコ船で浦々に売るようになったという。この話は司馬遼太郎さんが引用して有名になったが、宮本先生は、阿波と大阪とは船で容易く往来でき、阿波の人が気軽に道頓堀に芝居を見に行くことも少なくなかった、とつけ加えた。

四国の地図に目をやると、四国山地が伊予・土佐・阿波に連なり、東方に剣山（一、九五五ｍ）が聳える。剣山は伊予の石鎚山に次ぐ四国第二位の高峰であり、流れ出た水は深い祖谷渓を刻む。祖谷渓などの水を集めた吉野川の上流には大歩危・小歩危の峡谷があり、一帯は剣山国定公園に指定（昭和三九年）されている。

四国山地と讃岐山脈に挟まれた地を吉野川が東西に流れ、紀伊水道に注ぐ。吉野川は利根川（坂東太郎）・筑後川（筑紫次郎）と並ぶ暴れ川で、「四国三郎」とも呼ばれた。度重なる洪水を起こした吉野川の氾濫原では、藍の栽培がおこなわれた。染め物の原料となる藍玉製造をおこなった豪壮な構えの家が、石井町や藍住町に残る。洪水により運ばれた肥沃な土砂が藍の連作を可能にし、徳島藩の奨励策が藍の栽培を盛んにしたのである。

吉野川下流に発達した城下町徳島は、藍玉の積出港でもあった。

徳島の南に港町小松島があり、徳島とともに阿波の玄関口を

〈図1〉「徳島県」
(昭和3～6年、吉田初三郎画、阿波保勝協会)

徳島
津田
沖洲
谷口
小島
至高知
室戸岬
甲ノ浦
宍喰
鞆奥
浅川
牟岐
由岐
椿
橘
古庄
小浦
坂州
明谷

なした。小松島南の那賀川河口に阿南の街がひらける。阿南以南は山が海に迫った地形で、室戸岬にかけての海岸線は室戸阿南海岸国定公園に指定（昭和三九年）されている。

「徳島県」（昭和三～六年、吉田初三郎画、阿波保勝協会発行）〈図1〉から阿波の風景を探ろう。発行年はないが、高松から高徳線が引田駅（昭和三年開業）まで延びる。一方、阿波池田駅付近を見ると、当初徳島本線終点、のちに土讃線に組み入れられた三縄駅（昭和六年開業）が描かれていない。表紙は波と波がぶつかり合う躍動感あふれる渦潮の絵柄で、広重「六十余州名所図絵」の内「阿波鳴門の風波」の模写である。鳥瞰図は紀伊水道から西に陸地を望む構図で、左に阿南の海岸線、中央に徳島の街、右に鳴門をおく。徳島の右上に吉野川が流れ、吉野川の北に讃岐山脈、南に四国山地が連なる。

鉄道は徳島本線が阿波池田—徳島間を結び、眉山の麓に徳島の城下が発達する。市街地を流れる新町川・助任川から「水の都」の光景が目に浮かぶ。古川から阿波鉄道（現・鳴門線）が撫養駅（昭和三年開業、現・鳴門駅）へ、今は無き小松島線が徳島から小松島駅（大正二年開業）へ延びる。南は阿南鉄道（現・牟岐線）が羽ノ浦・古庄駅（大正五年開業）に通じるが、那賀川以南に鉄道は敷設されていない。阿南鉄道の国有化（昭和一一年）にともない羽ノ浦—古庄間は貨物支線となり、のちに廃線となった。

本州から徳島へは宇高連絡船に乗り、高松・阿波池田経由で徳島本線を利用する陸路もあるが、図は阪神や和歌山から小松島港に渡る海路を際立たせる。当時、阪神方面から大阪商船や阿波国共同汽船が小松島・徳島へ航行していた。ほかに小松島と鳴門の土佐泊を結ぶ航路も見える。

那賀川以南は浦々をめぐる航路を土佐甲浦まで描く。阪神からの船が小松島に寄港し、橘—椿泊—阿部—由岐—日和佐—牟岐—浅川—鞆奥と、浦々を経由して甲浦まで航行していたことがわかる。阿部や由岐は久しく路もなく「陸の孤島」ともいわれ、海路に頼るほか交通手段はなかったが、今は険しい山道が通じる。耕地に恵まれぬ阿部・由岐は、海産物の行商をして暮らしを立てる「イタダキ」の里であった。案内文を見よう。

四季を通じて気候は温和、随所に山海の風光名勝地を持ち、鳴戸（ママ）の壮絶、剣峯の雄大は、県内名所の双絶とも称すべきか、其他此の天恵ゆたかなる国土の自然美と人間生活の美しい断面とは、僅かの海を距てて京阪神の遊覧者に呼びかけ、一種特別の魅力をラヂオの如く放送してゐるのである。

阿波は鳴門の渦潮や剣山が有名であり、京阪神の人たちの身近な遊覧地であった。また景勝地として名高いのが、祖谷渓、大歩危・小歩危である。祖谷渓は、池田駅から南へ約一五kmの出合から、祖谷川に沿って剣山山麓にいたる約一〇kmの渓谷の総称である。当時、池田から久保まで自動車が一日数回往復していた。

出合から渓に沿ふて進むと、蟠龍淵・霧迷嶽・重平谷・馬蹄渓・聴瑟渓等の名勝が順次に訪者を迎へてくれる。善徳の「蔓橋」は有名なもの、曾ては東西祖谷を通じて七ヶ所あったのだが、時代の変遷と材料の欠乏に伴って針金橋に代へられて了った……

「蔓橋」は蔓でつくった橋で、いかにも秘境の山里らしい響きをもっている。善徳の蔓橋は全長約四五m、渓谷中最大の橋で、今も祖谷渓きっての観光名所としてバスを連ねたツアー客が殺到する。巨大な駐車場と蔓橋の対比がマスツーリズムを象徴する悲しげな風景として目に映るのは、わたしだけだろうか。

一帯約四十粁の間、雄大深遠、豪壮神秘の気が充満してゐる。且つ此の深山一円は、昔平家の残党が逃げこんできた所なのでいろいろな伝説が残され……

祖谷渓は平家落人伝説の里でもあり、それが旅行者の関心を呼んでいた。奥の井には俵藤太の末裔といわれる家が所在し、阿佐には平国盛の末裔を称し、系図や平家の赤旗を秘蔵する阿佐家があることなどに触れる。昭和初期、雑誌『旅と伝説』が刊行され、地方の珍しい風習や言い伝えなどに関心を抱いた旅人が増えた。そのような中で、平家落人伝説なども話題に上がり、それが記述に反映されているのだろう。

大歩危・小歩危は、吉野川が八kmにわたり峡谷をなす名勝で、歩危とは、渓谷の断崖を表すホキ・ホケが語源とされる。当時、池田から高知行・大歩危行のバスが日に十数回往復していた。

峡谷の両岸は一五〇米乃至三〇〇米の絶壁を連衡し山は静かに水は碧く、鬱樹深々と蔭を落とすところ渓流或は奔激し、或は底知れぬ紺碧の淵となって、山霊水伯此の所に宿るかと疑ふばかり、深遠幽邃の気は全渓谷にみちみちてゐる。

大歩危・小歩危は、秩父長瀞と並び結晶片岩の岩石美を味わえる峡谷として名高い。川舟で急湍を下り、巨岩を仰いで観賞することを勧めるが、今も遊覧船が出ている。春は深山の山桜、初夏は躑躅・新緑・杜鵑の声が楽しめ、晩秋は霜葉が水に映えた。

やがて三縄駅―豊永駅間が開業（昭和一〇年）し、土讃線が四国山地を横断すると、大歩危・小歩危に駅が設置されて探勝が便利になった。列車は、切り立った断崖をくり抜いたトンネルをいくつも抜け、峡谷沿いを走っていく。

（二）鳴門の渦潮

阿波名所の筆頭は、鳴門の渦潮であろう。鳴門は名勝に指定（昭和六年）され、戦後、瀬戸内海国立公園に編入（昭和二五年）された。昭和初期、渦潮を眺望するのに最適の場所が、大毛島孫崎の県営鳴門公園であった。当時、撫養岡崎から巡航船で土佐泊に渡り、そこから人力車、自動車で白砂青松の千鳥の浜を右手に眺めながら鳴門公園を目指した。公園入口から丘陵を登ると茶園眺望台（現・お茶園展望台）、海際に千畳敷がある。眺望台に立つと、裸島・中瀬・飛島・淡路の門崎が脚下に見える。「徳島県」〈図1〉の案内文を見よう。

飛島・裸島の二嶼がある。急潮此間を奔蕩する時、中瀬に遮られて、銀雪飛び白玉砕け、大小無数の盤渦輪転する。風勢一たび激すれば潮水狂奔怒号、蕩々轟々百雷の一時に砕くるが如く、其の凄じきこと譬ふるに物もない。盤渦の大、径十数間に及び、毛髪為に竪つの思がする。

飛島と裸島の間を急流が勢いよく揺れ動く時、波飛沫が散り、皿のような渦が回る。風が起これば潮水が狂ったように激しい音をたてる。まるで雷が落ちたかのようで、その凄まじさはたとえようがない。渦は巨大で髪が逆立つ思いがする、などなど感極まる情景描写である。

山上には、藩主が観潮所たりし御茶園と称する処がある。千畳敷には旅館、旅亭あり、眺望絶佳、淡路の島山、砲台は尺寸の間に迫り、紀伊の連峰遠く雲煙の中に横り中国の山々は青螺の如く、淡く双眸の中に集る。布帆坐するが如く、白鷗波を撲つさま、真に痛快を叫ばしめる。

茶園眺望台は、藩主の観潮の場としての由緒をもつ。千畳敷には旅館があり、ここからの眺望もよく、淡路・紀伊・中国地方の山々を見渡せた。砲台とは、鳴門要塞（後に由良要塞に併合）の門崎・柿ヶ原・笹山・行者ヶ原の各砲台を指すのだろう。

観潮に最も好ましい時期は陰暦の三月節句前後で、四季大潮時が良好と記すが、今も変わりがない。当時、千畳敷から急坂を東の浜辺に下り、小舟を雇って早瀬に乗出す観潮客もいた。現在、お茶園展望台西の福地の港から観潮船が出るほか、大鳴門橋遊歩道「渦の道」から脚下に見下ろす観潮の楽しみが加わる。

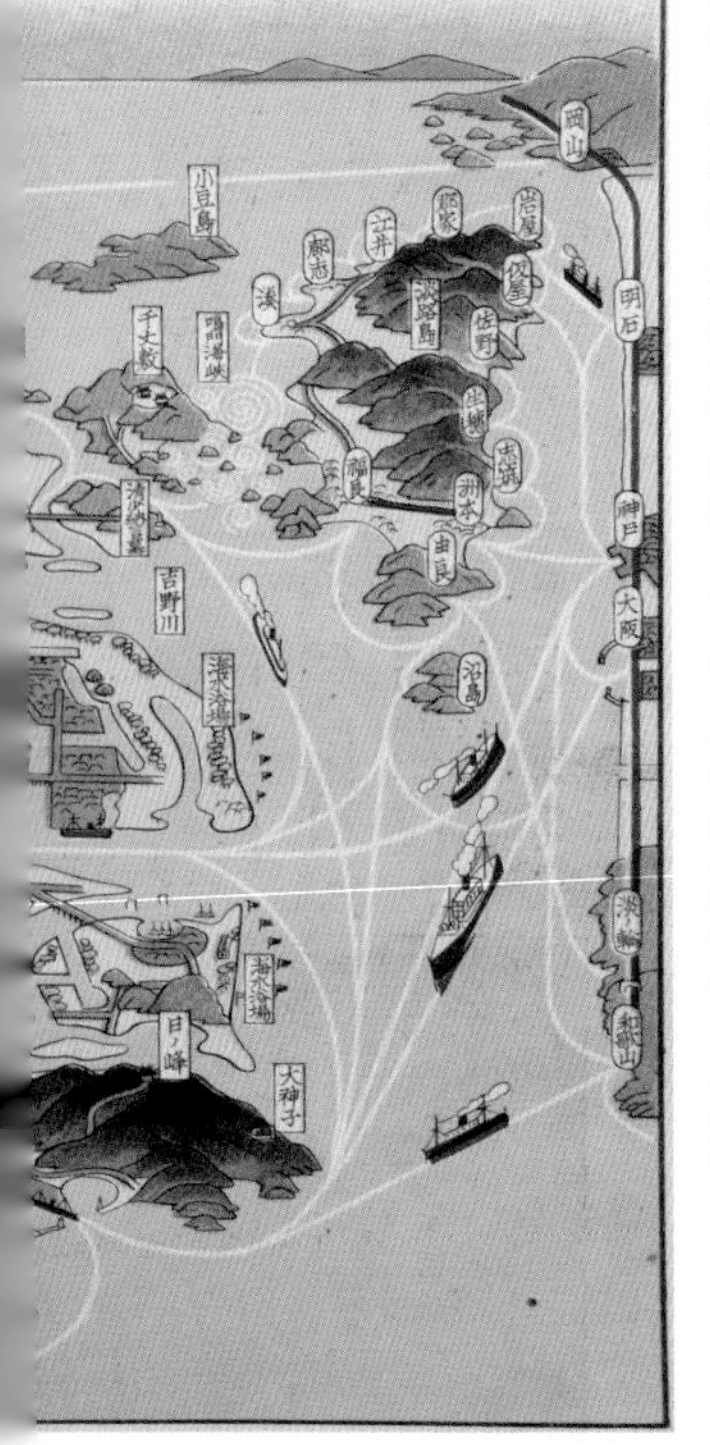

二、阿波への船路

徳島県で古い歴史をもつ海運会社に阿波国共同汽船（昭和四三年共同汽船、平成一〇年廃止）があり、明治二〇年に徳島の藍商人などの出資により設立された。同社は大阪商船（明治一七年設立）に対抗すべく大阪へ航路を開き、やがて小松島と関西とを結ぶ海上輸送に力を発揮する。また摂陽商船（昭和一七年、関西汽船）が大阪商船から瀬戸内海航路の一部を譲り受けて設立（大正三年）され、阪神・淡路を中心に航路をもった。

「阿波案内」（昭和一〇年頃、摂陽商船・阿波国共同汽船発行）〈図2〉を見よう。発行年はないが、高徳線の引田―徳島間が全通（昭和一〇年）しており、「10・5・25」の日付スタンプが押してある。表紙は桜と鳴門の渦潮の絵柄、鳥瞰図は関西から徳島・小松島・淡路の浦々を結ぶ航路や汽船を描く、素朴な微笑ましい一枚である。

〈図2〉「阿波案内」（阿波遊覧図絵）（昭和10年頃、摂陽商船・阿波国共同汽船）

阿波は昔から名勝旧蹟の国伝説の国として名高く、（中略）阪神の大都会からは土曜の晩出発して日曜一日を阿波で清遊し月曜の朝阪神に帰着の行程で繁華喧罵を全く懸け離れた幽玄霊瑞の境地を探るは四時共に極めて好適の所……名勝や旧跡に恵まれた阿波は、阪神から土曜の夜に出発して月曜の朝に帰着する船旅にうってつけの所、と誘う。

船は第二十八共同丸、山水丸の千噸乃至千五百噸施設完備した巨船ですから如何な船弱の人々でも船暈を感ずることは絶へて無いのみならず天気晴朗風静なる時大海原に船出して日出日没の偉観を賛えさては鷗の紺碧の空に縦横に飛躍するを興じつつ一時間十二浬乃至十六浬の速力を以って馳走する快感こそ実に海ならでは味はへぬ楽しさであります、……

船も大きいから船に弱い人も船酔いの心配もなく、日の出や日没の偉観も味わえる、と船旅の魅力を説く。

道順ですが先ず京阪神からは夜の船を御利用翌朝小松島に上陸せられ探勝を極められた上逆のコースをお取になられることも高松路へも亦徳島から撫養を経て鳴門の怒濤を左に淡路島福良へ、（中略）更に洲本へ此辺一帯の遊覧を兼ね京阪神に戻られるも亦よいコースだとお奨め致します。

加えて高松方面へは箸蔵寺や金刀比羅宮への参拝を兼ね、「新開通の徳島高松東廻線即ち高徳線の新コース御利用」とも記す。パンフレットには小松島・徳島・鳴門の観光名所や四国八十八ヶ所の内一〇か寺の霊場巡り案内もあり、船会社も旅客誘致に力を注いでいたことが伝わる一枚である。

三、城下町徳島

徳島は、吉野川河口の三角州上に発達した街である。東は紀伊水道に臨み、周囲に徳島平野がひろがる。吉野川から分流した新町川と助任川に囲まれて徳島城址があり、市街地西に眉山（二九〇m）が眉のような稜線を引く。天正一三年（一五八五）、蜂須賀家政が徳島城を築いて城下を営み、街の基礎が形づくられた。眉山山頂に立つと、脚下に市街地、瀬戸内海や紀伊の山なみを一望する。

「とくしま」（昭和六年、吉田初三郎画、観光社関西支社発行）〈図3〉は、市街地の姿をより詳しく伝える。表紙は阿波踊りと鳴門の渦潮の絵柄である。鳥瞰図は勢見山公園付近から北に徳島城址を望む構図で、左に眉山、中央左よりに徳島市街地、右に小松島をおく、山側から徳島の街を俯瞰した姿である。市街地北方に渦潮で名高い鳴門の大毛島が見え、右上の紀伊水道に阪神・和歌山と小松島・徳島とを結ぶ航路を描く。

徳島城址に目をやろう。助任川の南に石垣を築いた小高い丘があり、渭山と示す。徳島城の前身は室町期に細川氏が築いた小城であり、助任川を中国の渭水になぞらえて城山を渭山と呼んだ、との説がある。城址は徳島公園として整備され、図書館や千秋閣が建つ。また内堀や鷲御門があり、堀端に物産陳列場も見える。鷲御門付近に市役所・警察署・裁判所の公官署や、女子師範学校・高等女学校が建つ。助任川対岸には旧制徳島高等工業学校・師範学校（共に現・徳島大学）がある。

徳島城址に隣接して徳島駅があり、小松島に向かって小松島線が延びる。この線路の東側に新町川から徳島駅に向けて水路が見えるが、今は埋め立てられた。この水路と新町川の分岐点に阿波国共同汽船会社があり、下流に汽船や小舟が停泊する。新町川右岸に県庁・旧制徳島中学校（現・城南高等学校）・専売局が並ぶが、県庁舎は今も同じ場所にある。新町川河口の浜辺は、津田海水浴場・沖の洲海水浴場として利用されている。

市街地の西、眉山山麓の大滝山公園に桜が咲き誇る。園内には、春日神社・八坂神社・三重塔などが見える。ここから勢見山公園に向かう山道は、新四国八十八ヶ所霊場である。

案内文を見よう。まず徳島城址の城山である。城山は、渭山のほかに猪山とも呼ばれた。

> 猪山は老樹鬱蒼として幽邃を極め山頂の広場は旧城の本丸跡で東面して招魂碑を祀り四望の風光最も佳く市内を一望の下に瞰下することが出来る。春は園内の桜花爛漫として競ひ咲き遠近遊楽の人士を以て埋める。

ホルトノキなどの常緑広葉樹が鬱蒼と茂る森（城山の原生林・徳島市天然記念物）を縫って、本丸に向かう小径がついている。本丸は、東西両脇に二の丸を配したつくりである。本丸東側や、西の弓櫓の石垣は緑色片岩の「阿波青石」を積み上げ、昔の姿をとどめる。本丸や東二の丸からは、西に眉山、南東に市街地を隔てて紀伊水道を望む。城山は、桜の名所でもあった。

廃城令発布に伴い、徳島城の建物は鷲御門を除きことごとく撤去された。明治三九年、日露戦争戦勝記念として城址に徳島公園が開設、同四三年に一般開放された。わずかに残された鷲御門は第二次大戦で焼失したが、復元（平成元年）された。公園内には旧徳島城表御殿の庭園（千秋閣庭園、昭和一六年名勝）が残る。千秋閣は、明治四〇年に皇太子行啓の宿泊施設として御殿のあった場所に建築された建物であるが、戦災で焼失した。次いで大滝山公園である。

> 一般に眉山公園と云はれ神武天皇銅像、三重ノ塔、薬師堂、

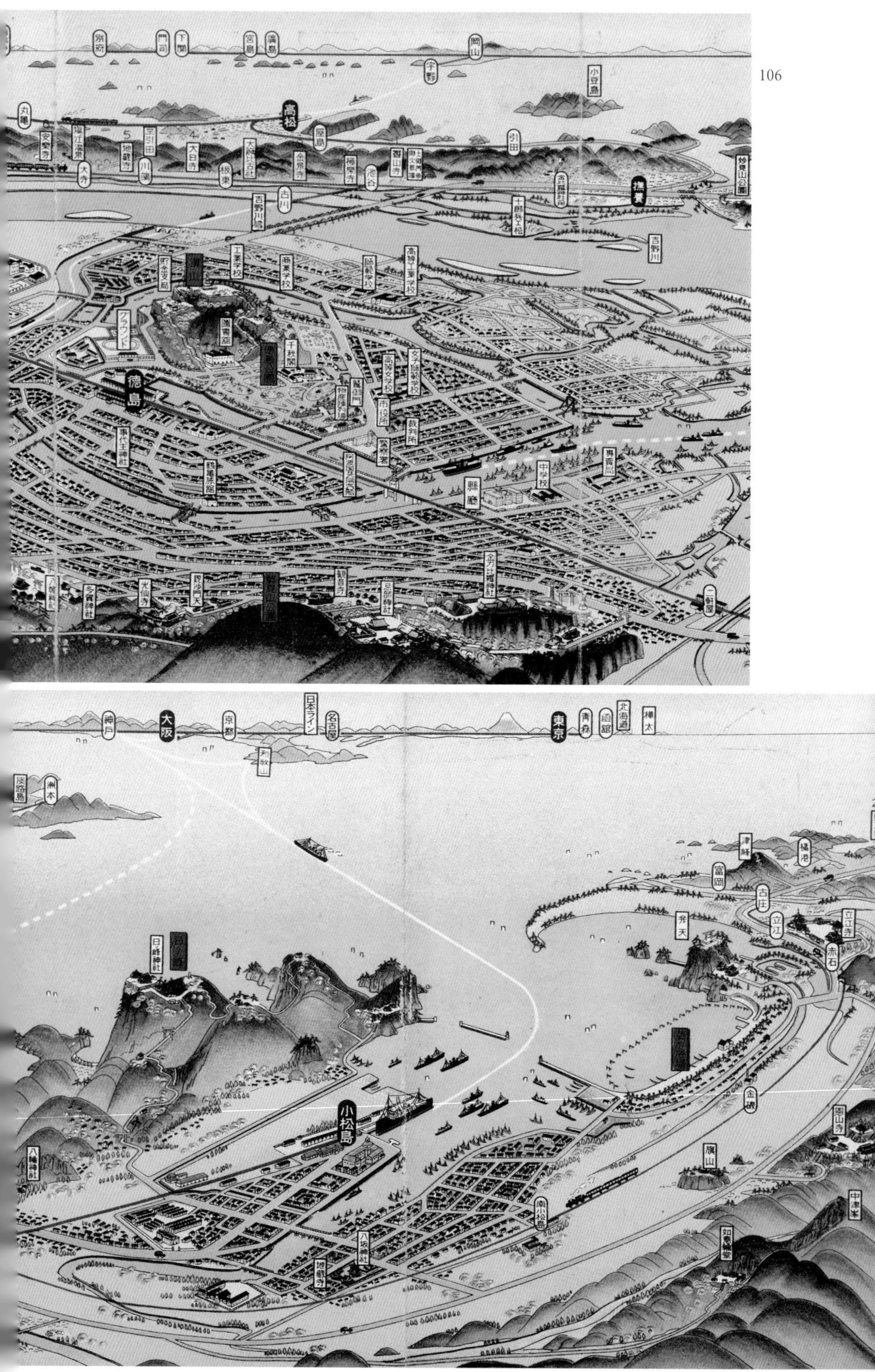
別府
門司
下関
宮島
廣島
岡山
宇野
小豆島
丸亀
高松
屋島
引田
妙見山公園
撫養
吉野川
古川
吉野川橋
工業学校
商業学校
師範学校
グラウンド
千秋閣
徳島
女子師範学校
高等女学校
市役所
裁判所
縣廳
中学校
専売局
金刀比羅神社
観音寺
毘沙門天
光仙寺
多賀神社
一軒屋
神戸
大阪
京都
日本ライン
名古屋
東京
青森
函館
北海道
樺太
和歌山
淡路島
洲本
津峰
橘港
富岡
古庄
立江
立江寺
赤石
弁天
日峰神社
小松島
金磯
旗山
南小松島
八坂神社
地蔵寺
恩山寺
中津峯
八幡神社

〈図3〉「とくしま」
(昭和6年、吉田初三郎画、観光社関西支社)

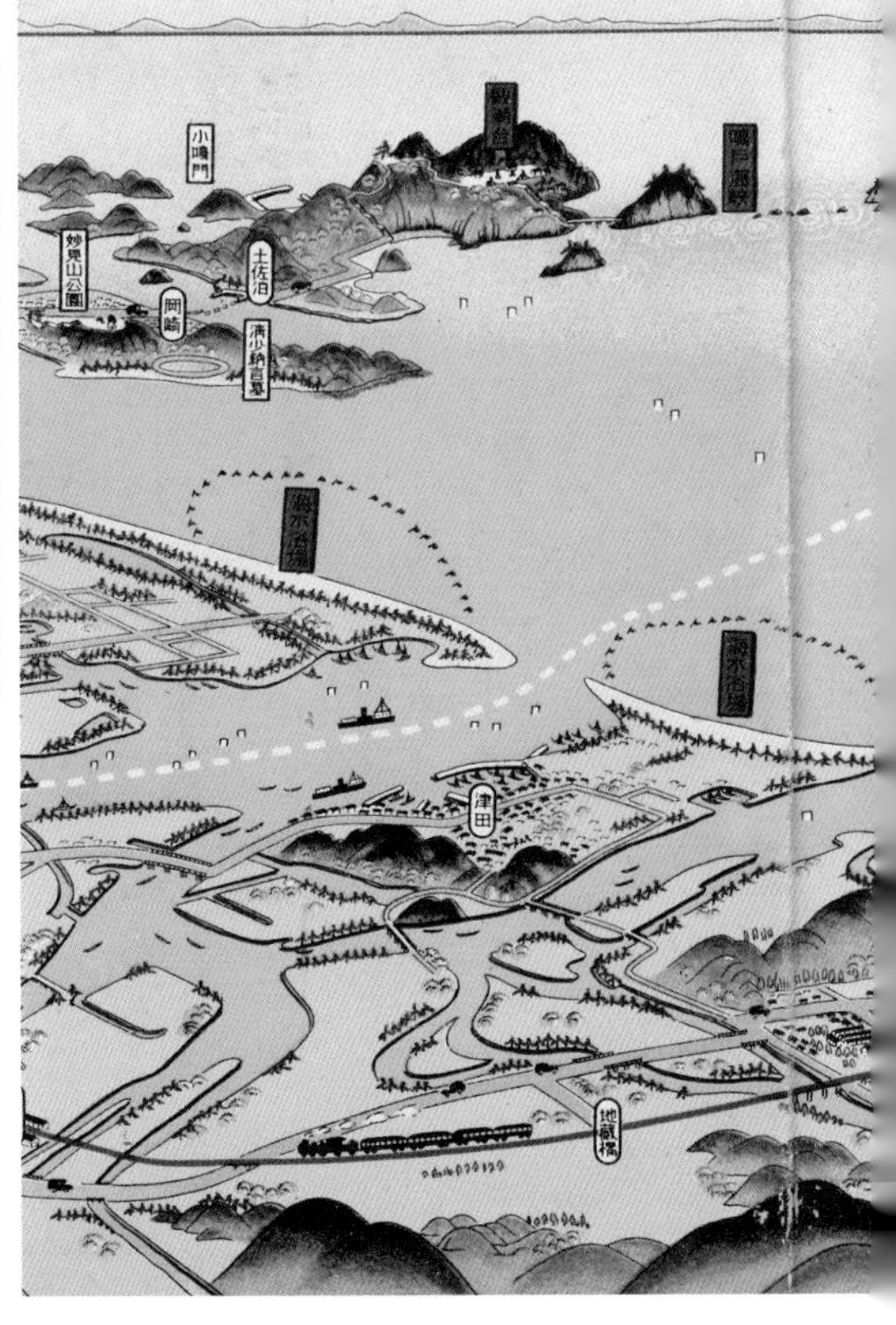

八坂神社、春日神社等がある、薬師堂付近には名物焼もち茶屋あり、桜樹多く陽春開花の候は全山花を以て埋り眺望の美と相俟（あいま）って行楽の客が多い。

今日、「眉山公園」というと山頂の公園を指すが、当時は、山麓の大滝山公園の別称でもあった。江戸時代、眉山の麓に持明院（真言宗）という徳島藩の祈禱寺があった。神仏分離で廃寺になった以降も薬師堂や三重塔が残っていた様子が鳥瞰図に描かれている。明治中期、境内跡地に桜を植えて一帯は公園化されて、徳島随一の行楽地になった。ここに紹介する焼餅は江戸期、持明院住職の考案と伝える古くからの名物である。薬師堂・三重塔をはじめ持明院の諸堂は、戦災でことごとく焼失した。

戦前、徳島きっての清遊地であった大滝山界隈は、今は忘れられた一画になっている。春日神社に隣接する滝薬師堂（昭和三三年再建）から大滝山をめぐる小径がついている。石段を登ると、白糸滝・不動堂・大瀧橋・観音堂があらわれる。観音堂は、三重塔跡に建築（昭和五二年）されたものである。観音堂から八坂神社に向かう山あいのわずかな平地に料亭（三宜亭）跡もあり、当時の賑わいが偲ばれる。小径沿いに芭蕉句碑など十数基の石碑もあって、碑文に親しみつつ遊山を楽しんだ人々の姿が目に浮かぶ。滝薬師堂付近には、今も古風な焼餅茶屋が残る。

四、港町小松島

徳島南の小松島は、四国の東の門戸として重要視された港町である。街の発展期は、阿波国共同汽船が小松島駅を開業（大正二年）し、徳島駅間に軽便鉄道（大正一一年、小松島線）を開通させた大正期である。小松島は神田瀬川両岸に市街地がひろがり、北に日峰山（ひのみねさん）、南東に横須海水浴場をひかえた風光明媚な地であった。

「小松島」（昭和一二年四月、吉田初三郎画、徳島県小松島町役場発行）〈図4〉を開こう。表紙は笹竜胆の旗を靡かせる鎧兜の武将の絵柄で、屋島に逃れた平氏を討つべくこの地に上陸したという源義経の伝説に因む。鳥瞰図は市街地南から北に日峰山を望む構図で、左に勝浦川、中央に市街地、右に松原が続く横須海水浴場をおく。紀伊水道を挟んで対岸に和歌浦・和歌山が見え、阪神と和歌山に通じる航路を描く。

神田瀬川左岸海岸に埠頭があり、汽船が横付けされている。埠頭に阿波国共同汽船のビルが建ち、駅が隣接する。近くに水上警察署もある。神田瀬川左岸に常磐座・南海座があり、歓楽的な雰囲気が漂う。右岸には役場・公会堂・裁判所・警察署などの公官署が建ち、河口の海岸に魚市場や製氷会社が見える。魚市場付近の神田瀬川河口に小舟が停泊し、漁港として使われていた様子がうかがえる。案内文を見よう。

山紫水明風光明媚を誇る四国の東門小松島は、大築港の竣成並に都市計画法の適用に依って、今や名実共に四国四県の表玄関に相応しい理想的大都市の建設を目指して着々進歩しつつある。

まことに威勢のよい書き出しである。小松島港―和歌山港の定期航路開設（明治三四年）一〇年後、神田瀬川北岸に築港工事が開始され、大正四年に完成した。その当時は、三、四百トンの船が接岸できる埠頭であった。さらに港の改修はすすむ。

新装成れる小松島港は天然の良港に人工の極致を加へて、規模の壮大なること言を要せず。三千噸級の巨船を横付にし得るといふ四国唯一の要港であり、省線小松島駅とは数歩を隔つるのみである。この埠頭を中心として凡ゆる交通機関は西へ南へと目まぐるしく運転してゐる。

小松島軽便鉄道が小松島線と改称された翌年（大正一二年）、小松島港の改修工事に着手、昭和九年には三千トン級の船が発着可能になるほどの発展ぶりである。

豪華船、第二十八共同丸、比羅夫丸、鳴門丸によりて一葦帯水の大阪から所要時間六時間神戸から四時間和歌の浦から三時間といふのであるから、遊覧地として誠に好適な所である。

小松島は阪神や和歌山はきわめて接近していて所要時間も少なく、遊覧地としてうってつけ、と遊覧客を誘う。

町を縦に貫流する神田瀬川は豊かなる清水を湛へ、両側の河岸には幾多の帆船汽船がマストを中空に林立させて、リズミカルな直線美を描いてゐる。二条通、千歳橋筋、柳町等の花柳明暗の歓楽境には都姿の脂粉の香が漂ひ、夕闇静かに忍び寄る頃、軒を並べるカフェー喫茶店の窓からは懐しい流行歌のメロデーや軽快なジャズの音が洩れ初めて是に不夜城を現出する。

巨大な船が横付けできる新埠頭が整備されても、神田瀬川河口両岸は河岸として利用され、帆船や汽船がマストを林立させていた。港町に発達した歓楽街は、夜遅くまで賑わいをみせた。その面影が二条通にかすかに残されている。

徳島県には日峰山（一九二m）をはじめ、中津峰山（徳島市、七七三m）・津乃峰山（阿南市、二八四m）と、海上から目につく山があり、「阿波三峰」といった。この三峰に灯す火は海上からよく見え、船の位置を知る手がかりとなった。それゆえ「阿波三峰」は、海上信仰の聖地となっていた。その名残であろう、津乃峰山の津峯神社境内には鉄骨の航海目標塔が立ち、今も漁

景勝之小松島町鳥瞰之圖
初三郎
日本ライン
名古屋
東京
白濱
和歌浦
和田岬
富岡
古庄
羽ノ浦
立江寺
立江
辨天山
赤石
一里松
白砂
芝田小學校
恵山寺
海水浴場
横須松原
不老閣
金磯
旗山
辨慶窟
鳴門
神戸
大阪
福良
洲本
大神子
小神子
松茸狩
沖ノ神社
小松島港務所
小松島
水上警察
阿波共同汽船
南海座
常盤座
公會堂
大正天皇行啓記念碑
魚市場
製氷會社
八坂神社
光善寺
郵便局
日昇館
警察署
町立診療所
役場
裁判所
町立職業紹介所
地蔵寺
小松島實業學校
南小學校
南小松島
縣立高等女學校

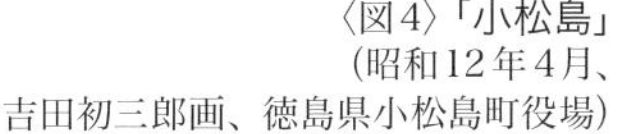
〈図４〉「小松島」
(昭和12年４月、
吉田初三郎画、徳島県小松島町役場)

民が電気代などを奉納している、と神官は話す。

小松島と徳島の境に横たわる山が日峰山で、山頂から展望がひらける。

> 海に臨み峭立して四望空濶東は小松島湾、横須松原、弁財天、和田の岬等々の絶景西は勝浦川の清流、南は小松島市街万頃の田園北は徳島市下に大神子、小神子の幽邃境、さては淡路、沼島、紀の路の山々、海中の帆船、漁船手に取る如く悉く一眸にをさめて壮快である。

山頂に日峰神社があって、四季の行楽客・参詣者が絶えることがなく、当時、公園を計画中であったことも記す。

戦後、山上に整備された日峯大神子広域公園の展望台に立つと、南東に紀伊水道に注ぐ神田瀬川沿いにひろがる小松島の街を一望する。また北西に眉山、北東に大神子の入江と大崎を隔てて徳島市街地、さらには鳴門大橋を遠望し、その東に淡路島が横たわる。

鳥瞰図を見ると、小松島市街地南の救難所から弁天山にかけて長い松原が続き、浜辺は横須海水浴場となっている。

> 浪は静に、海砂は細麗、沖は遠浅、しかも空気は非常に清澄であって、幼者婦人などの海水浴にも此の危険なく海水浴場として最適の要件を総て具備してゐる為に阪神地方の浴客、避暑客は年を逐ふて増加して行く。

海水浴場は、海を隔てて紀淡の山々を望見する眺めのよい地であった。関西地方からの浴客・避暑客が年々増加しているのは、小松島が船による地の利を得ていたからであろう。

> 松原の中には大潮湯、藻風呂、旅館、料亭、別荘、貸間など随所に建ち並んで、中にも宏荘なる町有「不老閣」は一般団体の来遊客の為め宿泊なり休憩所に提供してゐる。殊にキャムピングは鬱蒼たる松林中にて行はれ、盛夏の頃数旬に亘ってなかなかに繁昌を極める。

「藻風呂」とは、蒸し風呂のことである。密閉した中で柴を焚き、灰の上に近くの海から採ってきた藻（ホンダワラ）を敷き詰め、その上に潮水に浸したムシロを敷く。そこに人が入って汗をかく、瀬戸内海地域に分布する石風呂のようなものであろう。徳島では、江戸後期、藩主が日峰山北麓の籠（徳島市大原町）に藻風呂を築いて清遊し、やがて民間に譲渡され戦前まで利用されていたという。これと同じものが横須海水浴場にもあった。

海水浴場南東端の金磯の弁天山も清遊地であった。

> 松籟濤声を聞きつつザクザク銀砂を踏みしめ行けば、老樹蓊鬱たる小丘がある。（中略）丘山には桜樹多く春のシーズンには燎爛と咲き乱れて実に美観を呈する。（中略）丘を東

に下れば大小の奇岩怪石海中に散点して、その頭上に松樹を戴き、風致実に賞すべきものがある。（中略）丘の中腹には榕樹があって樹根数十条盤根錯節して岩壁に戯れまつはる。此の海辺に扁舟を浮べ清遊するも亦一興である。

横須に連なる金磯の家並みが途切れた辺り、「辨才天道 是ヨリ二丁」と刻んだ石碑（大正五年）が立つ。石碑から弁天山にかけての海辺に、今も松並木が残されている。松林の先に見えるお椀を伏せたような小山が弁天山である。その麓に鎮座する弁天社社殿向拝の唐破風欄間にはめ込まれた浦島太郎と竜宮城の彫刻は風化し、浮き出た木目が味わい深い。境内にタブやアコウ（榕樹）の古木が生い茂り、温暖な土地柄が伝わる。

高度経済成長期、小松島は工業化を推し進め、横須海水浴場は閉鎖（昭和四九年）を余儀なくされた。また小松島線が廃止（昭和六〇年）され、四国の玄関口としての役割が薄れていく。平成に入り小松島フェリー（大阪南港―小松島港）が廃止（平成五年）、南海フェリー（和歌山港―小松島港）の徳島港移転（平成一一年）に伴い旅客航路はなくなり、港町は衰退した。鳥瞰図に描かれた清遊地としての小松島の情景が、わずかながらも金磯の弁天山付近に残されている。

五、讃岐の風景

四国北東部にある讃岐の香川県は、温暖で雨が少ない瀬戸内式気候を特色とし、讃岐平野に多くの溜池がつくられた。讃岐平野は二毛作が盛んゆえ小麦の生産が多く、名産讃岐うどんが生まれた、ともいわれる。

県都高松市は、昭和後期まで四国の玄関口であった。山陽新幹線の新大阪―岡山間が開業（昭和四七年）以前、新大阪から急行列車「鷲羽号」に乗り換えて宇野駅まで行き、宇高連絡船で高松にいたるのがその頃の四国への主要経路であった。宇高連絡船には讃岐うどんの売店があって、潮風に吹かれながらうどんをすすると、四国も間近と実感したものである。高松からは予讃線・土讃線・徳島本線・高徳線が三県に発着し、阪神・別府・小豆島などにむけて各種航路があり、海陸の交通の要衝であった

ところが昭和の終わり、鷲羽山西麓の児島（倉敷市）から四国の坂出に向けて、塩飽諸島の五つの島をまたいで鉄道道路併用橋の瀬戸大橋が架橋された（昭和六三年供用開始）。これに伴い宇高連絡船は廃止、しばらく高速艇が運行していたが、間もなくこれも廃止（平成三年）となった。岡山から瀬戸大橋を渡って高知・松山方面に向かう列車は高松方面に行かないため、交

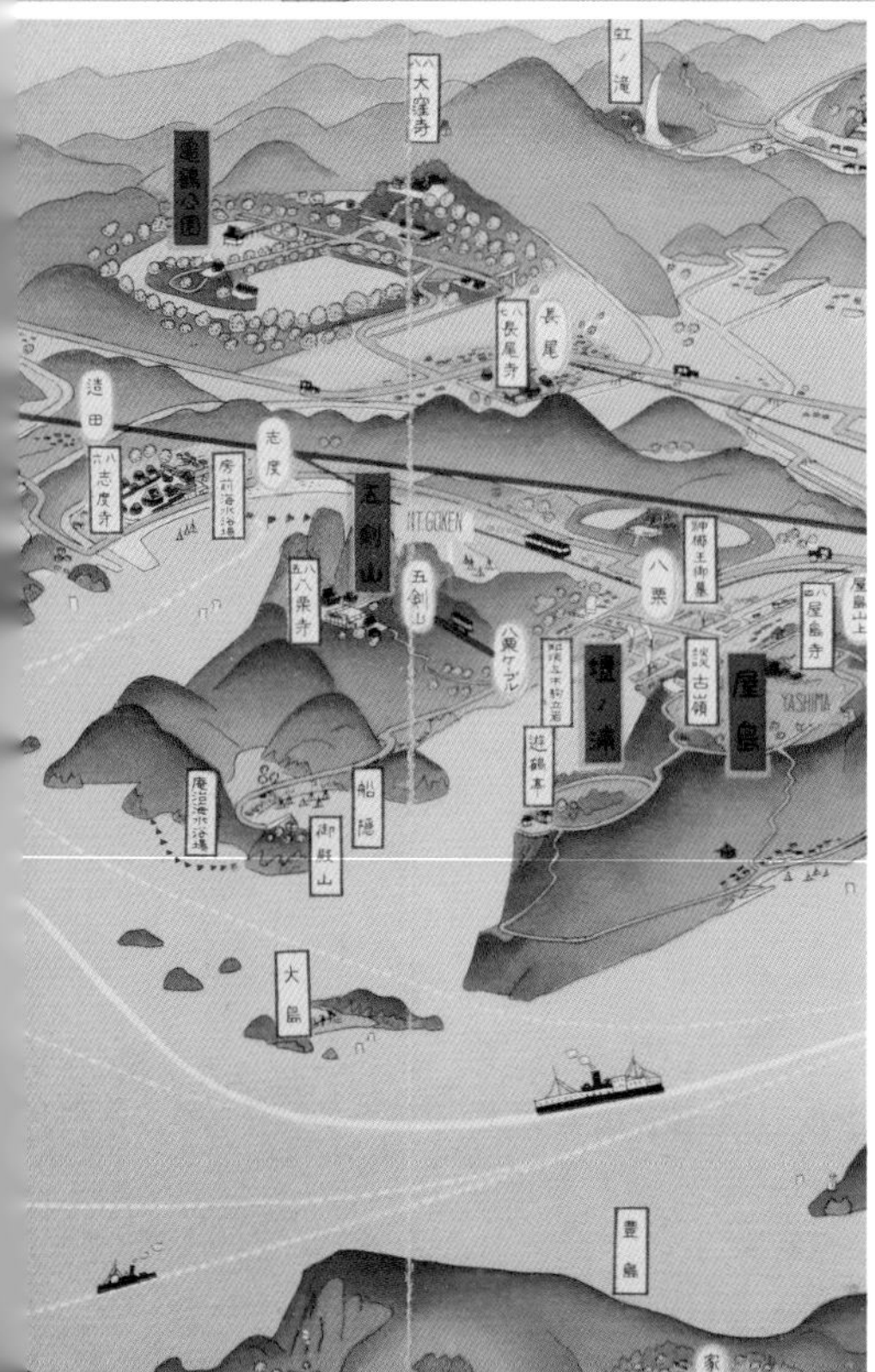

〈図5〉「史蹟と風光の香川県」
(昭和6年、吉田初三郎画、香川県)

塩江温泉
塩江
竜王ノ滝
三角
満濃池
安原
最明寺
競馬場
法然寺
三郎池
仏生山
一宮
田村神社
一宮寺
動物園
栗林公園
RITSURIN PARK
屋島
屋島寺
屋島山上
YASHIMA
栗林
瓦町
公園前
高松
TAKAMATSU
玉藻城
棧橋
鬼無
香西
国分
国分寺
国分台
白峯寺
根香寺
崇徳帝陵
城山
女木島
男木島
直島
宇野
OKAYAMA
大槌島
小槌島
下津井
KOBE
神戸
OSAKA
大阪
京都
名古屋
日本ライン
和歌浦
TOKYO
東京
淡路
鳴門
小松島
徳島
池谷
撫養
岡崎
引田
城山公園
安戸池
讃岐白鳥
白鳥神社
白鳥海水浴場
三本松
丹生
虎丸山
水主神社
雨滝山
津田海水浴場
小豆島
SHODOSHIMA
寒霞渓
KANKAKEI
四方指
四望頂
星ヶ城
洞雲山
銚子滝
西ノ滝
八幡山公園
土庄
土庄海水浴場
余島
草壁

通の要衝としての高松の存在感は、架橋以後薄らいだ。

備讃瀬戸を中心に瀬戸内海国立公園に指定（昭和九年）された讃岐は風光明媚な地で、多くの名所があった。なかでも小豆島の寒霞渓、源平合戦で名高い屋島、高松の大名庭園栗林公園、海上信仰の聖地金刀比羅宮が有名である（前著『日本の観光』参照）。讃岐の風景は、「史蹟と風光の香川県」（昭和六年、吉田初三郎画、香川県発行）〈図5〉にありありと描かれている。今回は鳥瞰図を眺めつつ、前著で扱わなかったところに触れよう。

表紙は馬の形をした讃岐の郷土玩具、胴に「世界第一海上公園」と示すが、それは瀬戸内海国立公園を指す。鳥瞰図は岡山県宇野付近から南東に高松方面を望む構図で、左に引田、中央に高松市街地、右に観音寺をおき、左手前に小豆島を大きく描く。

瀬戸内海の航路に目をやろう。航路の中心は高松で、宇高連絡船をはじめ、阪神と別府を結ぶ船が寄港するほか、小豆島の土庄・草壁・坂手への船が発着する。さらに高松から坂出や多度津を結ぶ沿岸航路や、東讃の志度・津田・三本松・引田に寄港して阿波方面に向かう航路も描く。ほかに丸亀と下津井を結ぶもの、多度津から笠岡・鞆の浦・尾道に向かう航路も見える。このように、讃岐には高松以外にも多くの港町が発達していた。

鉄道は西の松山へ予讃線、南の阿波池田へも旧予讃線、東の引田に高徳線が延びるが、阿波池田や引田の先は未開通である。讃岐の鉄道は、早くも明治二二年、丸亀―多度津―琴平間に敷設された。金毘羅参詣客の上陸港であった多度津で廻船問屋を営む大隅屋が参詣客輸送を目的に讃岐鉄道（明治三七年山陽鉄道、同三九年国有化）を設立したのがはじまりである。同鉄道の丸亀―高松間開通（明治三〇年）より八年も前であった。

高松の公園前から瓦町を経て、電車が志度・長尾・琴平・塩江方面に延びる。志度へは、四国水力屋島遊覧電車（讃岐電鉄を経て、現・琴平電鉄）の前身東讃電気軌道が今橋―志度間を開業（明治四四年）したのがはじまりであった。沿線には屋島寺（第八四番札所）・八栗寺（第八五番札所）・志度寺（第八六番札所）と、多くの霊場があった。長尾へは、高松電気軌道（現・琴平電鉄）の出晴―長尾間が開業（明治四五年）する。長尾寺（第八七番札所）参詣路の長尾街道に沿った路線である。琴平へは、琴平電鉄が栗林公園―滝宮間開業（大正一五年）間もなく、滝宮―琴平間を延伸（昭和二年）する。沿線には高松藩松平家菩提寺の仏生山法然寺があり、門前町を形成していた。

廃線となった路線も描かれている。一つは塩江温泉鉄道の仏生山―塩江間（昭和四年開業、同一六年廃止）である。塩江温泉への入湯客輸送を目論んだものの、十余年で親会社の琴平電鉄に吸収合併、やがて不要不急線として廃止された。また善通寺・琴平へは、琴平参宮電鉄の丸亀通町―善通寺―琴平間（大正一一～一二年開業）、多度津西口―善通寺門前間（大正一三年開業）の二路線に加えて、琴平急行電鉄の坂出―琴平間（昭和五年開業）の電車もあった。いずれも戦時中に不要不急線として休止、戦後廃止された路線である。琴平に向けて複数の路線が高松・坂出・丸亀を起点に敷設されていたことに驚きを覚える。

高松は、桟橋に隣接して高松城（玉藻城）が建ち、背後に栗林公園がひろがる。高松城は瀬戸内海に面する海城で、天正一五年（一五八七）、讃岐領主の生駒親正が築城、その後、松平家の居城として明治を迎えた。廃城後しばらくして老朽化した天守は破却（明治一七年）され、北の丸水手御門・月見櫓・渡櫓、東の丸艮櫓が今日に残った。戦後、城址は旧藩主松平家から高松市に譲渡され、玉藻公園として公開（昭和三〇年）された。

高松西方の丸亀には、石垣の上に丸亀城が聳え建つ。室町期に砦があった亀山に慶長二年（一五九七）、生駒親正が高松城の支城として築城したのがはじまりである。万治元年（一六五八）以降、京極氏の居城として明治にいたった。丸亀城は石垣をうず高く築いた城で、その雄姿は海上からも目につく。大手一の門・二の門を潜ると、本丸に江戸期建築の天守が聳える。本丸からは脚下に溜池の点在する讃岐平野がひろがり、茶碗を伏せたような讃岐富士（飯野山）や金刀比羅宮の鎮座する象頭山が目に映る。

図を見ると、備讃瀬戸に多くの島が浮かんでいる。高松市街地の前に鬼ヶ島伝説で有名な女木島、隣接して、山の斜面に人家が這い上がる漁村の男木島がある。宇野付近には直島・豊島などの直島諸島が浮かび、直島の一部は褐色のはげ山となっている。精錬所の煙害を意識して描いたものか否かは明らかでない。

女木島が「鬼ヶ島」として有名になったのは、昭和初年のことである。大正三年、島内にある洞窟が香川県内の小学校長を歴任した郷土史家橋本仙太郎により発見された。橋本は、童話桃太郎の発祥地は讃岐の鬼無（高松市鬼無町）だ、と主張する。そして昭和六年、女木島の洞窟は、「鬼ヶ島」と名づけて公開された。いわば当時流行りの童話に結びつけたテーマパークである。

坂出から下津井にかけて瀬居島や与島などが浮かぶが、瀬居島は現在、埋め立てにより四国と陸続きになった。今日、与島・岩黒島・櫃石島ほか二つの無人島を飛石のようにして瀬戸大橋が架かる。図には、丸亀・多度津沖に塩飽本島・広島・手島（牛島と誤記）・高見島・佐柳島・粟島が点在する。粟島に「航海学校」

と示すが、国立の船員養成機関の粟島海員学校（明治三〇年設立、昭和六二年廃校）である。塩飽諸島は古来、船乗りが輩出した地であった。塩飽諸島についてこのような案内文がある。

> 備讃海峡の西部に位する本島、与島、広島、佐柳島、高見島、粟島等の二十有余の島々を云ふ。通常この間を塩飽瀬戸といふ、之れ内海に於ける東西の潮浪の相会する所にして、古来航海上の難所と称へらる、環海の島民は海軍思想発達し、（中略）大小数度の戦乱には常に西海の案内者となり、海事に奔走せるの史蹟甚だ多し、風光亦（また）明媚にして夏季海水浴客は素（もと）より、春季の候訪づるもの漸次多きを加ふ。

　塩飽の島人は古来操船の技に長け、塩飽水軍としてその名をはせた。文禄・慶長の役（一五九二〜九三・九七〜九八）に際して軍艦建造の船大工と船頭を差し出すこと、また前線基地である九州の名護屋へ医師などの輸送を命ずる朱印状が島に残されている。

　豊臣の例を引き継いだ江戸幕府は、塩飽船方六五〇人に一、二五〇石の領地を安堵する。すなわち塩飽諸島はどの大名にも属さず、幕府直轄地でもなく、塩飽の船方が島々を自らが領有する「人名（にんみょう）の島」として独自の歩みをみせたのである。これは島民による自治権が認められた他に類を見ない扱いといえる。

　幕府とつながりをもった塩飽の船方は江戸前期、幕府の御用船方として御城米輸送にあたることとなった。また長崎奉行の送り迎えの役をも担い、幕末には咸臨丸の水主なども務めた。かれらは、商人の廻船に乗る船稼ぎをはじめ多様な生き方をするが、近代に入ると阪神地方の港に出て艀（はしけ）や水舟に乗るものがあらわれた。また手技をもって「塩飽大工」として活躍するものも少なくなかった。本島には塩飽諸島組合立の塩飽補習工業学校が設立（明治三〇年）され、生徒たちが卒業制作として笠島集落に尾上神社を建立しているのは驚くべきことである。

　塩飽の島々には耕地に頼らず暮らしを立てる人々の歴史が息づいていた。瀬戸内海に点々と浮かぶ小島を描いた鳥瞰図から、海に育まれた讃岐の土地柄が伝わる思いがする。

第五章　松山・面河渓・高知

一、松山と芸予の海

（一）伊予の風景

四国北西部にある伊予の愛媛県は、北は瀬戸内海の燧灘・斎灘・伊予灘に面し、西の佐田岬以南は宇和海・豊後水道に臨む。南の土佐境には四国山地が連なり、四国第一の高峰石鎚山（一、九八二m）が聳え、流れ出る水は面河渓を刻む。

「松山道後名所図絵」（昭和二年、吉田初三郎画、伊予鉄道電気発行）〈図1〉を開こう。表題の松山と道後温泉が図の中心ではあるが、瀬戸内海や宇和海・豊後水道も描き込み、伊予の風景を彷彿とさせる。表紙は松山玄関口の高浜港、裏表紙は松山城の絵柄である。鳥瞰図は瀬戸内海から南東に松山城を望む構図で、左に高浜港、中央に松山城と市街地、右下に佐田岬をおく。松山平野の中央に松山の街があり、市街地南を流れる石手川が重信川に合流して瀬戸内海に注ぐ。

瀬戸内海に目をやろう。松山の北西に忽那諸島の一つ興居島が浮かび、海峡を隔てて高浜、南に三津浜の港町が発達する。高浜・三津浜へいたる瀬戸内海航路は、阪神から高松・今治を経て別府に向かうもの、尾道から木江・御手洗・菊間・北条に寄港するもの、広島方面からのものがある。宇和海・豊後水道に目を転じると、高浜・三津浜から肱川河口の長浜に寄り佐田岬を回って八幡浜・宇和島・宿毛を経て高知へ向かう航路もある。さらに宇和島から豊後水道を横切り大分県佐伯への航路も見える。このように愛媛県は、海上交通が発達した地である。

陸路を見よう。港町高浜から三津浜を経て市街地の松山市駅や、郡中・横河原へ煙を吐いた汽車が走る。これは発行元の伊予鉄道電気（現・伊予鉄道）である。明治二〇年創立の伊予鉄道は、まず松山—三津間の営業を開始（明治二一年）し、四年後に三津—高浜間が延伸（明治二五年）した。以後、高浜港が松山の玄関口になった。また道後温泉入湯客の輸送を目的に、松山市街地の一番町と道後や三津口を結ぶ道後鉄道が開通（明治二八年）するが、開業五年後に伊予鉄道に吸収合併（明治三三年）された。ほかに三津の江ノ口から萱町を経て道後温泉へ一両の電車が走る。これは、伊予鉄道電気と対抗すべく三津浜の有志が開通（明治四四年）させた松山電気軌道（大正一〇年、伊予鉄道）である。伊予鉄道電気と併行する江ノ口—萱町間は、鳥瞰図発行時の昭和二年に廃線となった。

昭和初期、ようやく讃予線（昭和五年、予讃線）の伊予北条—松山間が開業（昭和二年）して高松方面と鉄道でつながった。また、長浜—大洲—内子間の愛媛鉄道があるが、のちに国有化されて予讃線・内子線となった。

東京方面から松山へ入るには三つの経路があった。まず阪神から、大阪商船または宇和島運輸汽船で高浜到着、もう一つは尾道駅から連絡船石崎汽船で同様に高浜に上陸、今一つは岡山駅から宇野線に乗換え、宇野から連絡船で高松に渡り、讃予線で松山へいたる経路である。一方、下関方面からは宇品（広島市）または吉浦（呉市）から高浜に上陸する経路もあった。

風光明媚な伊予は、芸予諸島・高縄半島・佐田岬などが瀬戸内海国立公園（昭和二五年編入）、宇和海が足摺宇和海国立公園（昭和三〇年国定公園、同四七年国立公園に昇格）、石鎚山・面河渓が石鎚国定公園（昭和三〇年指定）となっている。

（二）城下町松山

松山市街地中央の勝山と呼ぶ城山に、松山城の天守が聳える。慶長七年（一六〇二）、関ケ原の戦いで戦功があった加藤嘉明（よしあきら）が築城を開始、翌年、「松山」と名づけて城下を営んだ。それが、今日の街のはじまりとされる。寛永一二年（一六三五）、藩主は松平（久松）氏となり、明治維新にいたった。

再び「松山道後名所図絵」〈図1〉を見よう。石垣の上に三層の天守が聳える地が本丸、本丸南西麓の衛戍病院の地が二の丸、堀割で囲まれた歩兵第二十二連隊の地が三の丸（堀之内）跡である。三の丸東の山麓に赤十字支部・県庁舎・商品陳列館・裁判所が並び、三の丸入口の南堀端に市役所がある。三の丸北に師範学校、市街地東郊に旧制松山高等学校が建つが、いずれも愛媛大学の前身校である。

松山城二の丸および三の丸の建物は、明治初年の火災により焼失した。廃城令が発布されたものの幕末再建の天守などは残され、明治七年に本丸一帯が松山公園（聚楽園）となった。その後、二の丸・三の丸は陸軍省管轄となって歩兵第二十二連隊が編成（明治一七年）され、衛戍病院も設置（明治一八年）された。

松山城東麓に藩祖久松定勝などを祀る東雲（しののめ）神社、師範学校西に旧式内社阿沼美（あぬみ）神社が鎮座する。松山市駅付近の正宗寺（しょうじゅうじ）に

「子規遺跡塔」と示すが、正岡子規の遺髪を埋葬した埋髪塔である。石手川右岸は石手川公園として整備されている。道後温泉付近に石手寺（第五一番札所）が伽藍を構え、吊橋を渡ると石手川左岸に岩堰遊園地がある。昭和初期の旅行案内書は、松山の廻覧順路をこのように紹介する。

駅―阿沼美神社―来迎寺（十六日桜）―東雲神社―城山―大街道―湊町―正宗寺（子規墓）―石手川公園―岩堰遊園地―石手寺―道後温泉―駅（『日本案内記』中国四国篇、昭和九年）

なかでも城山（松山城）・道後温泉・石手寺が有名で、大街道・湊町は、当時、松山きっての繁華街であった。「松山道後名所図絵」〈図1〉掲載の松山城址の案内文を見よう。

市の中央にあたって鬱蒼たる一山がある。是れが有名な松山城を中心とした松山公園で、山は勝山、萛山或は亀山と称へ、三百年来の古松老杉が昼尚暗く生茂り、山上百三十二米の地点には、昔ながらの天主閣楼門が巍然として聳えたつ美観は、蓋し天下の稀観である。（中略）山頂に立って望めば、道後平野は眼下に展開し、東に石槌連峯、西に瀬戸内海、景趣変幻の妙を極めてゐる。

昭和八年、松山城本丸は火災に遭い、天守などを残して小天守や多数の櫓・門が焼失した。右は、焼失前の記述である。

勝山（一三二m）に聳える白亜の天守と、戦後再建された櫓・門は、市電の車窓からも仰ぎ見ることができる。本丸へは、東雲口をはじめ、黒門口・古町口・県庁裏の登城道がある。ツブラジイなどの照葉常緑樹の生い茂る小径をゆくと、本丸を取り囲む高石垣が見事な扇勾配の曲線を描く。

本丸跡や天守からの眺めが素晴らしい。南は市街地の背後に皿ヶ嶺連峰が稜線を引き、東に石鎚山を遠望する。北西は瀬戸内海が青々と水を湛え、三津浜対岸の興居島に伊予小富士と呼ばれる小山が秀麗な姿を見せる。鳥瞰図を見ると、市街地周囲はのどかな風景であるが、眼下にひらける松山平野（道後平野）の田畑はビルや人家で埋め尽くされ、時代の変化が風景を塗りかえていくという感を深くする。

（三）芸予の海

多島海で知られる瀬戸内海は、とりわけ芸予の海に多くの島々が浮かんでいる。広島県尾道や宇品から芸予諸島を縫いながら松山の高浜港にいたる航路は、山陽と四国を結ぶ重要な海路であった。この航路に活躍した石崎汽船は、幕末の文久二年（一八六二）に高浜で廻船業を創業、やがて三津浜―広島間（明治二三年）、三津浜―尾道間（明治三六年）の航路をひらいた。

〈図1〉「「松山道後名所図絵」
（昭和２年、吉田初三郎画、伊予鉄道電気）

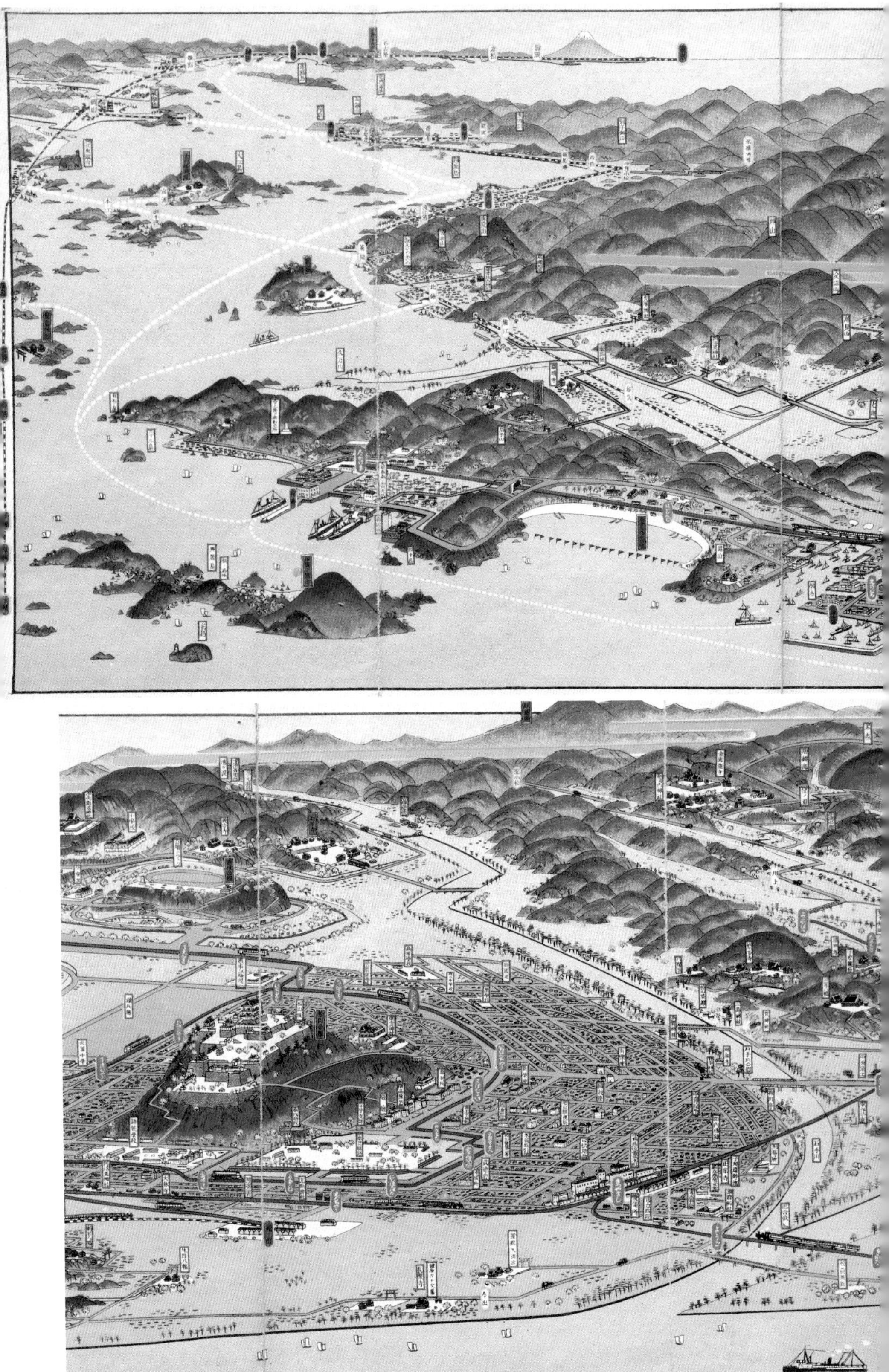

〈図2〉「伊予道後温泉と松山・大三島」
（昭和2年、吉田初三郎画、観光社）

「伊予道後温泉と松山・大三島」（昭和二年、吉田初三郎画、観光社発行）〈図2〉は、瀬戸内海の魅力を伝える一枚である。表紙は瀬戸内海を往く白い汽船相生丸、大鳥居がある背後の島は大山祇神社が鎮座する大三島であろう。裏表紙も島々を縫うように往く汽船の絵柄である。鳥瞰図は山口県周防大島付近から東北東に瀬戸内海を望む構図で、左上に尾道、左下に広島・宮島、中央左に大三島、右に三津浜港・松山をおく。

所収の鳥瞰図は「石崎汽船航路遊覧名所案内図絵」（内題）とあるように、石崎汽船の三航路を朱線で示す。太線の主要航路は、尾道から木江（大崎上島）、御手洗（大崎下島）を経由して四国の菊間・北条・高浜を経て三津浜港にいたる。三津浜港では、新築の石崎汽船社屋（大正一三年）に社旗を高々と掲げる。もう一つは広島の宇品から呉の吉浦に寄港し、音戸瀬戸を抜けて高浜港に向かう航路である。三つめは尾道から糸崎・忠海（ただのうみ）・竹原を経て大三島の宮浦に行く航路である。大崎上島から大三島に連絡する原動機付小型船も出ており、尾道や松山から大三島に行くのに好都合であった。案内文に「伊予道後温泉への最捷路（さいしょうろ）」と謳う。

> 京阪、東京と伊予道後温泉、松山との交通は鉄道省連絡船尾道高浜間航路経由が最も近道です。急行船によれば海上僅かに三時間十分、大阪より松山迄十時間五分、東京より松山迄、廿三時間十分で達します。

京阪から松山や道後温泉に行くには、大阪商船の大阪別府線が高浜港に寄港し、所要一三時間である。比べると石崎汽船の尾道高浜航路利用がより短時間である。京阪を土曜日の夜汽車で出発すれば日曜日の未明に尾道駅に到着、尾道駅から桟橋までは至近距離で、直ちに連絡船に乗って高浜港に上陸する。高浜港から伊予鉄道に乗り換えて道後温泉に入湯、松山城などの見物に七時間を費やし、夕方高浜港を発って尾道経由で月曜日の未明に京阪に帰着できた。船から眺める風光も素晴らしい。

> 本航路の沿線は世界の公園として内外人の嘆称措かざる瀬戸内海での最も島嶼多き部分を縫って居りますから、風光の明媚は申上ぐる迄もなく送り迎えする姿面白き島山の眺め、紺碧の海に映ゆる緑濃き松の影殊に桃の春、涼風に暑さを知らぬ夏の候の御行楽には好適……

島々が織りなす瀬戸内海の風光が内外の人々から注目されていたことを強調する。尾道―高浜間の主な見所として、大三島を挙げる。大三島には三島水軍の守護神の大山祇神社が鎮座し、古来、武門の神、海上守護神としての信仰が篤く、武運長久や航海安全を祈願する人が多く参詣した。

ほかにも木江・御手洗といった航路途中の小さな港にも触れるのが、船会社の意向を汲んだパンフレットらしい。木江は「往古帆船時代には全盛を極めた要津で内海情緒に満ちて居る。木船の造船場が多い」と、紹介する。また御手洗は「蜜柑、レモンの名産地……」と、柑橘の産地を表に出すが、御手洗こそ帆船が航行した江戸期、北前船の出入りで繁栄を極めた港町である（平成六年、重要伝統的建造物群保存地区）。

江戸前期、河村瑞賢による西廻り航路の整備により、風待

ち潮待ちの港として形づくられたのが御手洗である。港には若胡屋（わかえびすや）をはじめ遊女を抱える茶屋、積み荷を扱う問屋、船宿などが建ち並んだ。ところが明治後期、機帆船の時代を迎えると風待ち潮待ちの必要もなくなり、御手洗は繁栄に幕をおろした。御手洗に代わって機帆船で賑わったのが大崎上島の木江や鮴（めばる）崎であり、石炭を積んだ九州の船が多く寄港したという。大正・昭和初期、御手洗は農村と化していたことがこの記述から読み取れる。また新興の港町である木江や鮴崎には船乗り相手の遊女屋が建ち並び、その妖艶な町並みが昭和の終わり頃まで残っていた。昭和初期の「内海情緒」とはそのようなことを指すのであろう。

〈図3〉「天下第一の絶勝面河渓」
（昭和10年、吉田初三郎画、面河保勝会）

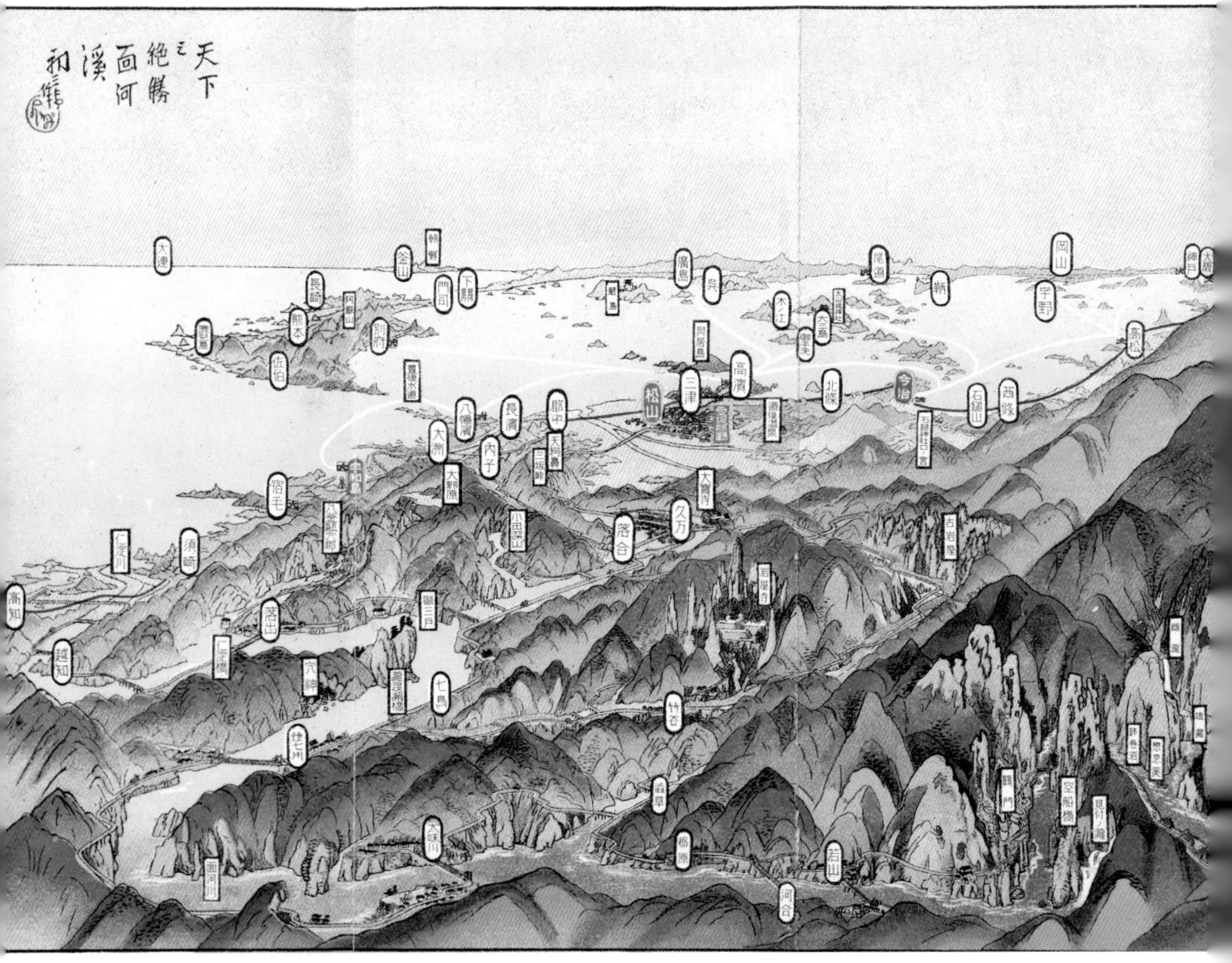

二、面河渓

霊峰石鎚山の南麓、名勝に指定（昭和八年）された面河渓は、伊予を代表する景勝地として知られる。昭和初期の旅行案内書は、面河渓をこのように紹介する。

石鎚山の南麓に位し、堅緻にして粗き節理を有する石英閃緑岩より成り、渓間到る処に断崖壁立し、危岩聳峙し、岩石美に富む。しかも満山原始に近き大森林を以て蔽はれ、渓流水清く、流急にして所々に瀑布をなし、深潭碧淵その間に交錯して景観の変化に富み、稀に見る峡谷美を呈する。（『日本案内記』中国四国篇、昭和九年）

当時、松山から栃原まで自動車の便があり、栃原から徒歩約八kmで面河渓最初の絶景である関門に達した。

「天下第一の絶勝面河渓」（昭和一〇年、吉田初三郎画、面河保勝会発行）〈図3〉を開こう。表紙は岩壁屹立する関門に架かる空船橋と思われる。橋を渡る人の描写が深山幽谷の気を漂わす。鳥瞰図は面河川左岸から北西に面河渓を望む構図で、左に蛇行する面河川下流、中央に関門、右に虎ヶ淵から面河川上流をおく。本流上流には御来光の滝があり、背後に石鎚山が聳える。夫婦岩付近から支流の鉄砲石川がわかれる。

探勝路入口の関門から渓谷を遡ると鉢巻岩・夫婦岩があり、本流のおしどり橋を過ぎると五色河原である。上流の鶴ヶ瀬橋にかけて屏立する岩は亀腹で、亀腹を仰ぎ見る対岸に茶店らしき建物が見える。鶴ヶ瀬橋を渡ると蓬莱渓・紅葉河原・熊淵と続く。さらに進むと虎ヶ滝があり、最上流の御来光の滝まで多くの見所を示すが、今日の一般的な探勝は虎ヶ滝で引き返す。図には御来光の滝を経て石鎚山頂に向けて登山道を描くが、石鎚山登山口の土小屋にいたる石鎚スカイライン開通（昭和四五年）後、面河渓の登山道を往く人は少なくなったという。案内文を見よう。

満山千古斧鉞を加へざる檜、栂、樅、こうやまき、ひめこまつ等の針葉樹にかへで、ぶな、けやき、うらじを（ママ）がし、ひめしゃら、とちのき等の濶葉樹を以て蔽ひ清冽凍るが如き清流潺湲として流れ、淀みては淵となり激しては瀑布を作り、深潭碧淵相交錯して景観の変化頗る巧妙を極め、造化の神技凝って此所に聚まれりと謂ふべし、……

針葉樹と広葉樹が混合する原生林に覆われた山から清冽な水がさらさらと湧き出て淵や滝をつくる。その景観の奇態絶妙は神のなす技が集まっている、と賞嘆する。

実に面河は大森林の壮美と奇岩の快絶に更に清流の明媚を加へたる幽邃、壮厳、神秘の極致を尽したる渓谷の一大

> 偉観にして真に天下の仙境たり。

面河渓の素晴らしい眺めを、言葉を尽くして称える。代表的な見所は、本流において関門・五色河原・亀腹・蓬萊渓・紅葉河原・下熊淵・上熊淵・虎ヶ滝・霧迫滝・御来光の滝である。その主要なものについて要点を引く。まず関門である。

> 渓中随一の大景観たり両岸は殆ど水平に並ぶ石英閃緑岩の板状節理と之を縦横に切る裂罅とに依りて造れる約七十米の絶壁斧を以て劈けるが如く直立相対峙し自然の岩門を造る……

両岸には老樹古木が鬱蒼と茂り、崖下を流れる水は清冽で、豪壮雄大な関門の景観は面河を代表するもの、とも語る。関門より約一㎞遡ると五色河原である。

> 白色の岩石、清藍の流水、黒色の蘚苔、緑色の河藻と両岸樹木の色彩殊に春秋の雑花紅葉と相和して五色を呈し四季亦其趣を異にす……

五色河原の色彩が目に浮かぶ。関門が男性的な景観を呈するのに対し、五色河原は端麗優美の女性的な景趣であった。五色河原上流に亀腹と呼ぶ断崖が屏立する。

> 高さ百十米幅二百米其の形体恰も亀の腹に似たるに依り其の名生る、……

崖の頂に老樹古木が差し懸り、岩容と水色の美を加えた渓谷美は極みに達していた。亀腹の上流は蓬萊渓である。

> 此辺一帯は岩石白色を呈し河床は恰も大理石を以て敷詰たるが如く而して板状節理良く発達し階段を造る、……

白い岩石の上を清流が滾々と流れ、岩と水が奏でる美音は探勝者をうっとりさせる幽邃境である、とその魅力を説く。最後は源流近くの御来光の滝で、その標高は一〇〇〇ｍを超える。

> 仰げば雲霧去来する間に霊峰儼然として峙ち神秘の霊気身に沁むるを覚ゆ。

伊予の名勝面河渓の魅力を余すところなく伝えるパンフレットといえよう。

三、室戸岬

（一）土佐の風景

土佐の高知県は北に四国山地が連なり、南東に室戸岬、南西に足摺岬がのび、南に黒潮踊る太平洋がひらける。頑固な「イゴッソウ」など、独立独歩の気風をそなえた人々が暮らす地が、土佐である。その風景は変化に富み、足摺岬から伊予の宇和海にかけて足摺宇和海国立公園（昭和四七年国立公園に昇格）、室戸岬から阿波の阿南にかけて室戸阿南海岸国定公園（昭和三九年

〈図4〉「高知県鳥瞰図」
（昭和３年９月、吉田初三郎画、高知県土佐保勝会）

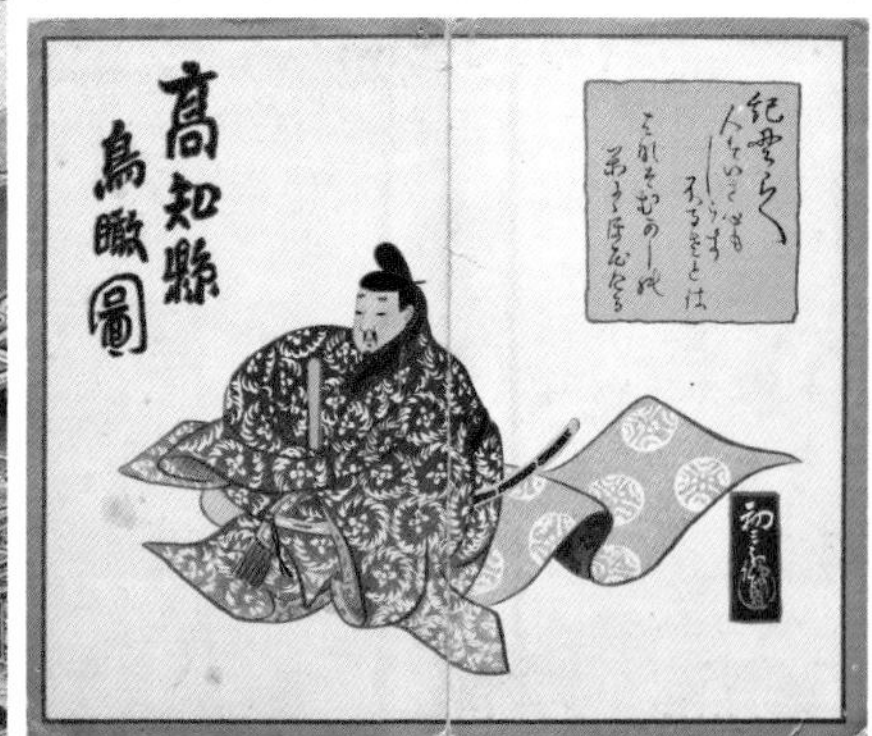

高知市
五台山
山田
大津
中村
下田

指定）となっている。

「高知県鳥瞰図」（昭和三年九月、吉田初三郎画、高知県土佐保勝会発行）〈図4〉から土佐の風景を探ろう。表紙は『土佐日記』で有名な紀貫之の肖像画である。鳥瞰図は太平洋から北西に陸地を望む構図で、左に足摺岬西の大月半島、中央に高知の街と桂浜、右に室戸岬をおく。右の室戸岬が強調されているのは、「日本新八景」として注目されていたからだろう。背後に四国山地が連なり、石鎚山・剣山も見える。西から四万十川・仁淀川・物部川が太平洋に注ぎ、高知平野を除いて山がちな地である。

鉄道は土佐山田駅から高知駅（大正一三年開業）を経て須崎駅に高知線（現・土讃線）延びるが、阿波池田までは全通していない。ほかに電車が高知駅前から浦戸湾の桟橋駅（明治三七年開業）に向かい、西の伊野停留所（明治四〇年開業）から東の手結（大正一三年開業、現在廃駅）に走る。海路は阪神から高知に向かう航路をはじめ、浦々を結ぶ船路をきめ細かにめぐらす。昭和初期の土佐は、海路が主要な交通手段であった。

鳥瞰図に描かれたいくつかの名所に目をやろう。足摺岬に白亜の燈台が立ち、台地上に金剛福寺（第三八番札所）が伽藍を構える。図にはビロウ（檳榔樹と記載）・榕樹（ガジュマル）・アコウなど南の植物も示す。黒潮渦巻く臼碆を経て土佐清水を過ぎると、風波で浸食された奇岩怪石の砂岩質岩礁海岸の名所竜串・見残しである。小才角（大月町）の沖を珊瑚漁場と示すが、土佐のサンゴ採取は明治初年からおこなわれ、明治二〇年代には七百隻もの採取船が繰り出していたという。

図の中央は高知市街で、高知城が聳える。市街地の南に浦戸湾が深く湾入し、戦国時代に長曽我部元親が居城とした浦戸城址が太平洋にそそり立つ。浦戸城址の下に桂浜がひろがる。「♪御畳瀬みせましょ浦戸を開けて 月の名所は桂浜」と、高知の人たちが「よさこい節」で口ずさむのが桂浜である。

> 南は渺茫たる太平洋に面し、後に城山の翠巒を負ひ、白砂青松相映じて、風光極めて絶佳なり。東端岬頭には、南海の英傑坂本龍馬先生の銅像あり西端龍宮祠下は奇嵓怪礁乱立し、驚濤之に激して、風景殊に壮絶なり。

緑の城山（浦戸城址）を背に遠く遥かにひろがる太平洋、岩礁に大波がさかまく雄壮な桂浜、そこに坂本龍馬像が立つ。龍馬像台座に「時昭和参年五月 建設者高知県青年」と刻まれている。海援隊を創始し、薩長同盟を成立させて土佐藩を倒幕に導き、新たな時代を切り開こうとした龍馬に寄せる高知県青年の思いは熱い。大正末期、青年たちの提唱によって銅像建立の企てが沸き起こり、その志にうたれた秩父宮殿下からの下賜金は青年たちを感激させた。そして青年たちの拠金により、この龍馬像が桂浜を見下ろす丘に建立されたのである。

浦戸湾に面する丘、五台山は脚下に浦戸湾や高知の町並みを望む眺望のよい公園である。隣接して文殊菩薩を祀る古刹竹林寺（第三一番札所）がある。幕末、竹林寺脇坊の僧純信と鋳掛屋の娘お馬との駆け落ち事件があった。坊さんと娘の道ならぬ恋は歌となり、すぐさまひろまった。

「♪土佐の高知の播磨屋橋で　坊さんかんざし買うを見た」（よさこい節）、まことに機知にとんだ歌である。豪商播磨屋宗徳が架けた橋の両側には、昔、小間物屋が並んでいたという。

高知の東に太平洋に沿って特色ある街や浦が続く。野中兼山が江戸初期に掘り込み港として築いた手結港（夜須町）、土佐藩家老五藤家の武家町「土居廓中」（平成二四年、重要伝統的建造物群保存地区）が残る安芸市、水切り瓦をつけた漆喰造りの家屋・土蔵が並ぶ室戸市吉良川（平成九年、重要伝統的建造物群保存地区）などである。行当岬を回り、野中兼山が築いた昔の港が残る室津・津呂の漁村を過ぎると、室戸岬は間近である。

（二）室戸岬

引き続き鳥瞰図を見ると、室戸岬の台地上に白い燈台が立ち、最御崎寺（第二四番札所）が伽藍を構える。海岸に灌頂浜・目洗池・御蔵洞（御蔵堂と記載）・榕樹林などがあり、「日本八景」と示す。空海が修行をしたところとして名高い室戸岬は、昭和二年の大阪毎日新聞社・東京日日新聞社主催、鉄道省後援による景勝地選定において、海岸の部第一位となった。それ以前も、室戸岬は景勝地として知られており、旅を愛した高知出身の随筆家大町桂月は、大正九年の紀行で「若し土佐に天下無類の勝地を求むれば、余はまず室戸岬を推すべし」（『土佐吟草』）と絶賛している。「日本新八景」新聞掲載の紀行文執筆を目的に、室戸岬への取材に田山花袋が赴いた。

> 岬の一端を蔽っている梧桐の自然林、あたりに細かくはうように密生している馬目柏、驚かるる大きさを以てそこここに、その枝を地上に落している榕樹、ところどころにまじってひとりでに生えている大きな蘇鉄。（中略）しかもその碧の雲の靡いているような岬端を縁どって鉄色をした奇巌が並び、そのすぐ向うに白く砕けた怒濤が、翻っているということは、立派なひとつの絵巻の中のシインとするに足りはしないか。（「室戸岬」『日本八景』所収）

アオギリ・ガジュマル・ソテツなどの亜熱帯性植物、海辺の奇岩怪石に砕け散る波濤、この色彩の対比を鮮やかに描写する。

神戸
大阪
京都
名古屋
浜松
静岡
東京

〈図5〉「高知市案内」
（昭和5年4月、吉田初三郎画、高知市役所）

> なお這うような低木林は、馬目樫（ウバメガシ）であろう。灌頂の浜だとか、目洗の池だとか、竜宮岩だとか、月見浜の浜だとか、または大師一夜建立の岩屋だとか、水掛地蔵だとか、弘法修法の大岩屋だとかいうものがいたるところに散点しているのだった。否、浜といっても、巌と巌との間を二、三十歩をつたえば、忽ちにして怒濤の翻っているところへと出て行けるのだった。（同書）

室戸海岸は弘法大師ゆかりの伝説に富み、奇岩怪石が立ち並ぶ勇壮な景観美を特色とすることが伝わる一文である。

> どんなすぐれた風景でも、交通が十分でなければ世間の多くの人達の玩賞を買うことは出来ない。そうかといって、その交通のためにあたりが俗化されたり破壊されたりしたのでは困るが、ここではそうした憂いはない。俗化されるにはあまりに風景が雄大すぎる。また密生している樹木があまりに群を抜き類を絶している。（同書）

田山花袋は船で高知まで行き、そこから自動車で室戸岬に向かった。当時、電車が手結まで延びていたが、室戸岬にいたる鉄道はなく、便利とはいい難い。しかし花袋は、「自動車がすうと馳っていく岬端がどこにあるだろう」と、室戸岬の印象を記す。どんなに優れた風景でも交通の便が整っていなければ価値がない、それが昭和初期の人々の気分を代弁する意見であろう。「高知県鳥瞰図」〈図4〉に戻り、案内文に目をやろう。

> 日本八景の随一として本邦の海岸美を代表する室戸岬は、決してありふれた、平面的な、白砂青松の寰境ではない。其処には新時代を象徴する明るさと力強さがある。奇巌乱礁潮花雪と散る岬頭一帯はもとより、いなさ取る津呂、室戸の港湾に至るまで、いかにも土佐の古武士を思はせる豪宕雄壮な気がみちみちてゐるのである。

奇岩や荒々しい岩礁に砕け散る波の勇壮な風景、そこに明るさと力強さを感じ取り、到来した昭和という時代の息吹を重ね合わせる。また南東の強風（イナサ）が吹き寄せる風土に立ち向かう津呂や室戸（室津）の漁村のたたずまいを、土佐の古武士に喩えるのも面白い。古武士とは、長曾我部遺臣の郷士を指すのだろう。室戸岬周辺の台風に備えてうず高く積み上げた石垣の集落は、自然に立ち向かう豪放雄大な気が満ちている。

> 是れは今まで優美な、女性的な海岸をのみ讃めたたえた日本人にとって、正に一つの驚異でなくてはならない。

白砂青松の優美な海岸を愛でた日本人にとって、室戸岬の風景は驚き以外の何物でもない、と語る。従来の美意識を覆したところに、室戸岬の真価を認めた、と捉えてよいだろう。

殊に室戸岬の面貌は、其の巌骨を蔽ふて群落する亜熱帯性植物林によって更らに一層の特異さをましてゐる。西遥るかに足摺岬と相対して、内に九十九洋を抱いた土佐大湾の真面目は茲に遺憾なく発揮され、毅然として南国土佐を永遠に代表してゐるのである。

室戸岬は、亜熱帯性の植生により特異さを増す。そして土佐湾の真価が充分に発揮され、断固として南国土佐を代表する、と述べる。九十九洋とは、土佐湾の別称である。まさに黒潮踊る南国の風土が、奇岩怪石の海岸風景を引き立てているのである。

四、高知と土佐遊覧

（一）城下町高知

高知平野の西方、鏡川に沿って高知の街がひらける。南は土佐湾から浦戸湾が切れ込み、鏡川の南に筆山が横たわる。高知城は、長曾我部元親が拠った大高坂山城のあった地に、山内一豊が築き直したものである。そして二代忠義が三の丸を完成させ、街の骨格が形づくられた。大手門を潜って本丸に登ると、御殿の隣に千鳥破風・唐破風をそなえた古風な天守が建つ。昭和初期の旅行案内書は、高知の廻覧順路をこのように紹介する。

駅―播磨屋橋―高知公園―山内神社―筆山―桟橋―桂浜―千松公園―竹林寺―五台山―駅（『日本案内記』中国四国篇、昭和九年）

高知は、見所の多い街である。播磨屋橋は「よさこい節」で有名な橋、高知公園は高知城址を公園としたもの、山内神社は初代藩主山内一豊・妻の千代（見性院）をはじめ歴代藩主を祀った神社、筆山・桂浜・種崎の千松公園はいずれも景勝地、名刹竹林寺のある五台山も見晴らしのよい公園になっていた。

「高知市案内」（昭和五年四月、吉田初三郎画、高知市役所発行）〈図5〉は、市街地の姿をより詳しく伝える。表紙は大手門から仰ぎ見る高知城天守、裏表紙は満月の桂浜の絵柄である。鳥瞰図は桂浜から浦戸湾を隔てて北に高知城と市街地を望む構図で、左に仁淀川と伊野、右に物部川と御免の街をおく。右端に高知市街から遠く離れた室戸岬を添えるのは、ご愛嬌だろう。

江口川と鏡川に挟まれた街の中央に高知城があり、堀に囲まれた石垣の上に三層の天守が聳える。天守右下に描かれた大手門を潜ると、板垣退助銅像・山内一豊銅像が立ち、石段を上り詰めた本丸跡に山内容堂銅像もある。城址の西斜面は梅林・桃林となる。高知城の堀内に高知県庁舎・公会堂があり、堀を隔てて高知市役所が建つ。県庁舎・市役所は、今も同じ場所にある。高知城から江口川を隔てて北に旧制高知高等学校、西に師範学校が校地を構えるが、いずれも高知大学の前身校である。市役所から鏡川に向けて往くと、塀に囲まれた広い屋敷があり、山内侯爵邸と示す。現在、三翠園ホテルが建ち、屋敷跡に巨大な長屋門が残る。その向かい側は山内神社である。高知の城下は、高知城を中心とした郭中（かちゅう）、枡形以西の上町、堀詰以東の下町にわかれ、郭中に武家屋敷、上町に下級武士や職人の家、下町に町家が並んでいた。

（二）土佐遊覧

土佐遊覧には、「土佐電気沿線御案内」（昭和六年、吉田初三郎画、土佐電気発行）〈図6〉が参考になる。土佐電気は、旧土佐電気鉄道と土佐水力電気が合併（大正一一年）して設立された。やがて土佐電気は高知鉄道などと合併（昭和一六年）して土佐交通となり、戦後、土佐電気鉄道（土佐電鉄、廃止後とさでん交通が事業継承）と商号変更（昭和二三年）した。表紙は「よさこい節」に歌われた純信とお馬の絵柄、鳥瞰図は初三郎描く前掲「高知市案内」〈図5〉と同一である。

遊覧案内を見よう。当時、阪神から高知への一番の近道は土佐商船の直通線（所要一二時間）であった。

ちぬの海にわかれ、由良の戸をわたり黒潮に乗って南へ南へとあこがれ進む、暗黒の大海には夜目にも白く潮花がみだれ、サロンではコーヒーの香がたぎる。かくて一睡の夢やいづこ、暁近く早くも室戸岬を一廻転する。やがて地平線上静かに太陽は昇り来り、南海特有の香り高い海風がサット吹き入る。ふりさけ見れば四国山脈さながら臥龍（がりょう）の如く横たはり（中略）静かな朝景色に入ってゐる。

〈図6〉「「土佐電気沿線御案内」
（昭和6年、吉田初三郎画、土佐電気）

夜、阪神を出航して高知に向かう船旅から遊覧案内がはじまる。茅渟海（ちぬのうみ）（大阪湾の古称）から、淡路由良の紀淡海峡をわたり、南下して室戸岬を旋回、やがて朝陽が昇る。地平線とあるが、水平線の誤記かは定かでない。竜が伏したように四国山脈が横たわる景色を見ながら、船は浦戸湾に入る。

> 左が月の名所桂浜、巌頭松樹の中、万里の波濤に面して屹立せるはこれぞ維新回天の俊傑阪（ママ）本龍馬の像である。右は種崎浜千松公園にして松幹矗立又横斜、春は紅桃点彩し一段の風趣を添へ、夏は県下第一の海水浴場である。やがて港口を入れば静かなること恰も湖の如く明浄極りなき水の面に両岸の風致影を宿し旅情漸く酣ならんとする。かくして船は潮江桟橋に迎へられるのである。

桂浜にせり出した断崖の突端の松林に立つのは、世の情勢を一変させた坂本龍馬の像である。景勝地の種崎海岸の千松公園を右に見ながら、船は鏡のような海を進み桟橋に着岸する。

> 土佐の地は往昔交通不便なりしため広く世に知られなかった。（中略）山川自然の感化と藩侯文武の奨励により偉人傑士多く輩出し名実共に南海の雄藩として薩長に伍したものである。従って史上名ある遺蹟にも富み之をわが土佐電鉄沿線に探るも到底数日にして尽す能はず、……

土佐は不便な土地であるものの、偉人や際立って優れた人材を送り出し、薩長と張り合う雄藩であった。そのため史跡は多く、電車沿線での探勝も数日では尽くしきれない、と述べる。とりわけ、五台山付近にある土佐勤王党の首領で獄死した武市半平太（瑞山）の墓は香華が絶えないことや、坂本龍馬・中岡慎太郎・山内容堂・後藤象二郎などの事跡を書き留める。注目すべきは、浦戸湾の風物である。

> 風景真に絵の如く、一葦の小舟を泛べて釣魚を試みんか鱸鯔その他魚族あまた大（ママ）公望を悦ばしめ絶好の遊漁場と称せらる。釣舟常に数百、或物は傘を用ひて帆となし以て軽舟を操縦す。若し夫れ夕陽西山に舂く時漁舟皆纜を巻き碇を抜き煙波江上三々五々傘帆を南風に孕ませて帰るの景趣に至りては所謂画もまた及ばざるものがある。

これは、戦前、浦戸湾で見られた「帆傘船」の情景である。それは竹の先に大きな蛇の目傘を取り付けた舟で、風の力によって舟を移動させ、傘は日除けにもなった。また浦戸湾では「廻し打ち」という投網漁もおこなわれていた。

> 漁舟六隻乃至十隻を以て一団をなし舟ごとに網手と船頭あり、初め東西若くは南北二列に別れ、順次舟を進めて円陣を縮め、漁族の囲中に集るを待って甲列先ず順次に網を投じ終れば乙列相次で亦網を投ず、既にして網を引けば銀鱗溌溂として舟に躍り一挙にして獲る所実に数十尾遊客は別に屋形舟を賃し、酒を載せて傍に在り、獲る所の鮮魚を取りて湯鰡となし或は鱠となして之を食す、新鮮甘脆其味いふべからず。

「廻し打ち」とは、二列に並んだ投網船が間隔を詰めて互いに網を打ち合う漁法である。これを観賞する屋形船が出ていて、獲物のボラは三枚におろして湯がき、あるいはナマスにして酒を酌み交わした。肴は新鮮でおいしく歯切れがよいとあるが、土佐人は酒好きである。

「♪孕(はらみ)の廻し打ち　日暮れに帰る帆傘船　年に二度とる米もある」(よさこい節)と、唄われた帆傘船漁法は浦戸湾の風物詩であった。黒潮踊る土佐は温暖で、米の二期作がおこなわれていた。土佐は僻陬な地ではあったが、魚や穀物に困ることはなく、人々の気風もおおらかであった。

第六章　博多・北九州・唐津

一、福岡と博多

(一)　筑前の風景

日本海の響灘と玄界灘に臨む福岡県は、西部は筑前、南部は筑後、東部は豊前の一部である。なかでも筑前は九州第一の都市福岡市を擁し、周辺に大宰府をはじめ豊富な史跡がある。加えて玄界灘沿岸には荒波が削った海岸美を誇る景勝地が多く、玄海国定公園に指定(昭和三一年)されている。

福岡平野にひろがる福岡市は、博多湾に注ぐ那珂川を境に西は武家屋敷がおかれた福岡、東が町人居住地の博多にわかれる。福岡は関ケ原の戦いで功績があった黒田長政が福崎と呼ばれていた地に築城、そこに黒田氏ゆかりの備前(岡山県)福岡の名をあてた。

一方博多は、古くは那の津(那大津)と呼ばれ、大宰府の外港としての役割を帯びるとともに大陸への窓口となった。難波津を船出した遣唐使は、瀬戸内海を経て那の津から大海に旅立っていた。那の津には唐・新羅・渤海からの使節を迎える筑紫館(つくしのむろつみ)があり、やがて鴻臚館(こうろかん)となった。博多は、平安後期に日宋貿易、室町期には日明貿易の要港となり、のちに日朝貿易、琉球経由の東南アジア貿易に進出した商人が活躍する港町として繁栄した。

戦国期の博多は、有力商人による自治的都市として発展するが、鎖国以降、海外との交易は途絶えた。近世、町人居住地の博多には、武士が住む福岡とは違う自由闊達な気風があったという。博多総鎮守である櫛田神社の祇園例大祭に奉納する博多祇園山笠に博多町人が血を沸かすのも、その空気ゆえであろう。

「筑前名所図絵」(大正一三年一二月、金子常光画、後藤常吉発行)〈図1〉から筑前の風景を探ろう。表紙は筥崎宮(はこざきぐう)を眼下に、博多湾に浮かぶ志賀島(しかのしま)と海の中道を望む絵柄である。鳥瞰図は博多市街地南の丘陵から北に博多湾を望む構図で、左に糸島半島、中央に福岡と博多の市街地、右に宇美(うみ)八幡宮をおく。

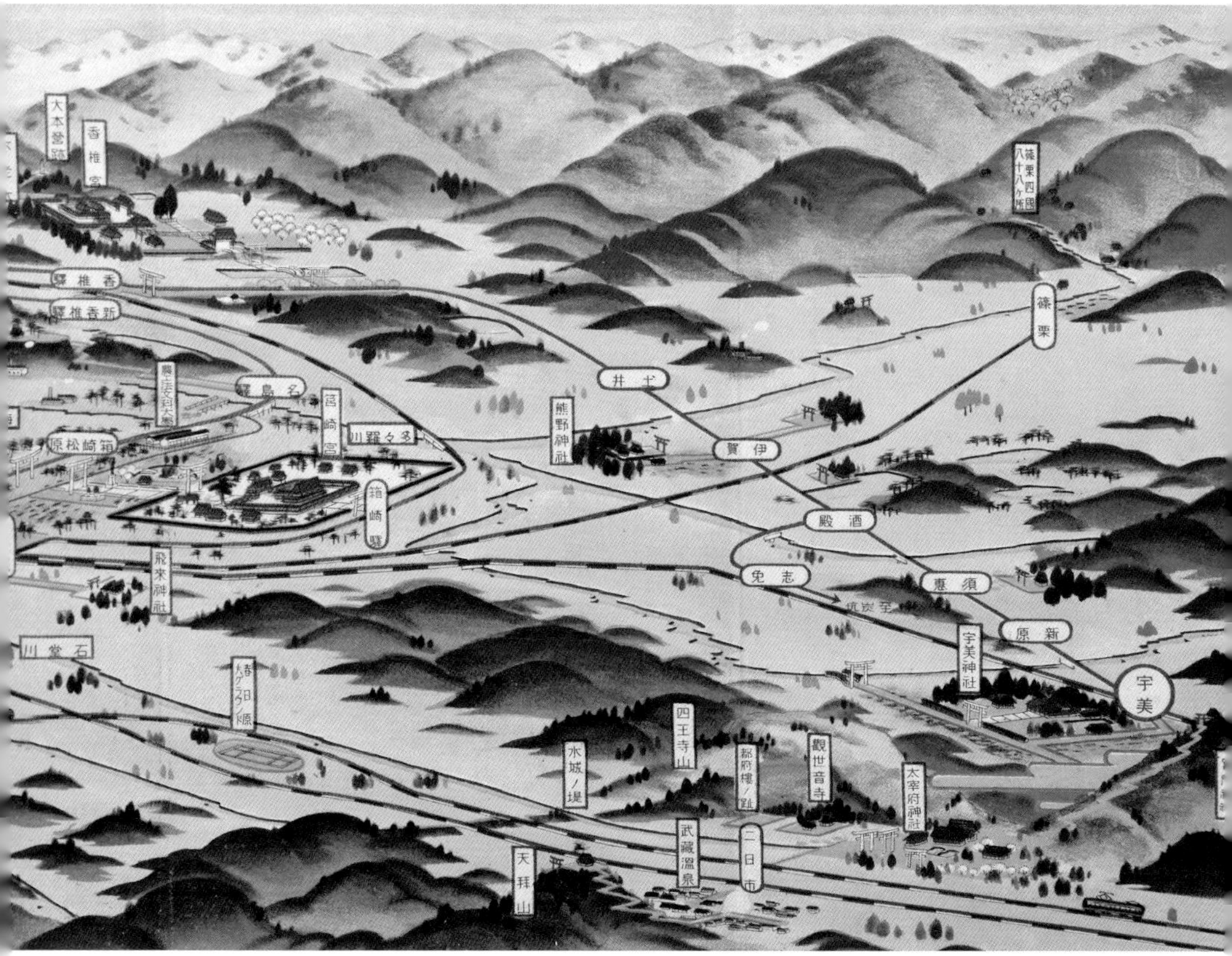

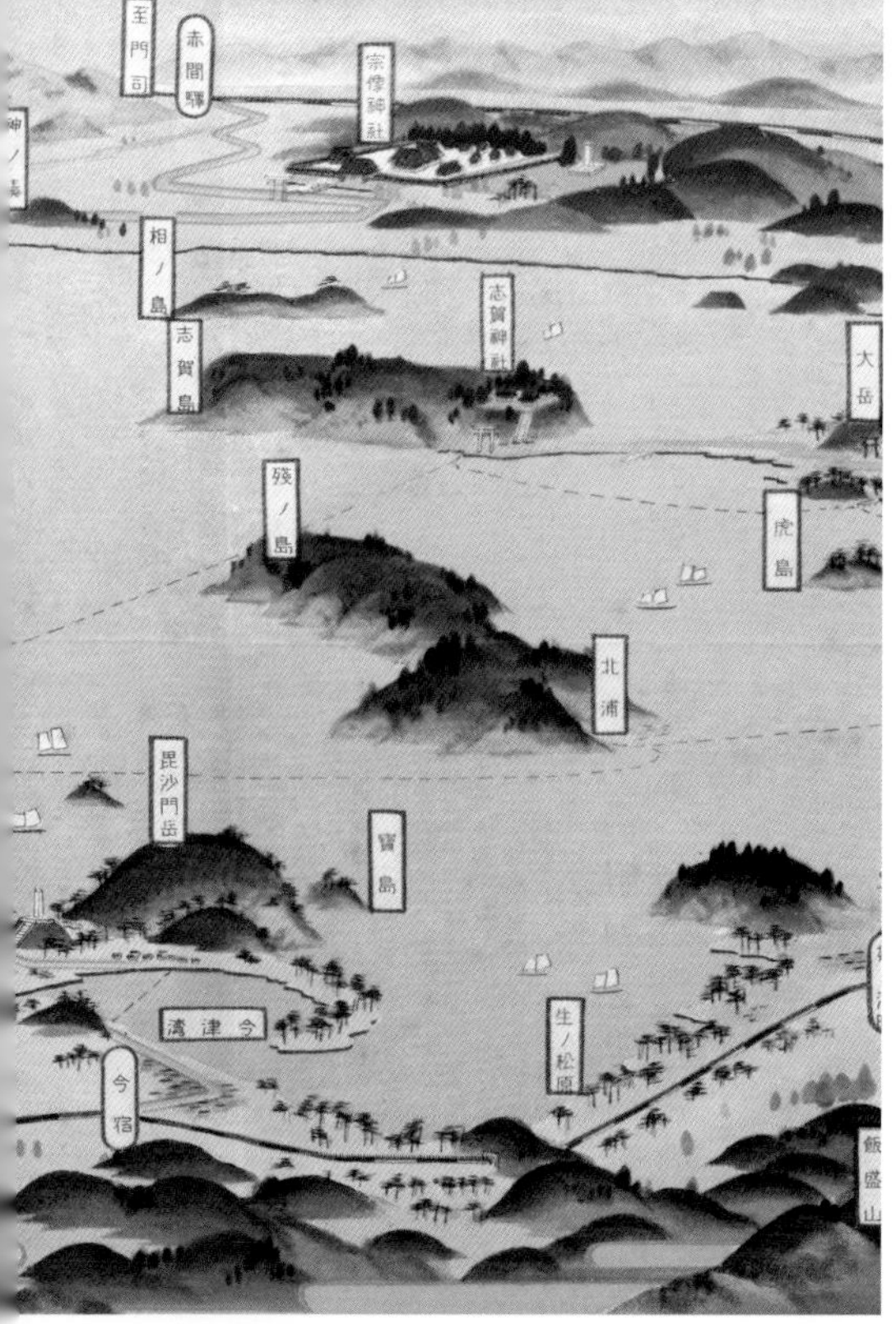

〈図1〉「筑前名所図絵」
(大正13年12月、金子常光画、後藤常吉)

宮地岳神社
津屋崎町
療養院
海水浴場
福間驛
福間
立花山
和白驛
大岳
西戸崎驛
石油會社
湾鐵本社
奈多
海水浴場
帆柱石
妙見島
虎島
博多灣
鵜來島
醫科大學
新博多驛
崇福寺
西公園
光雲神社
東邦電力福岡支社
物産陳列館
聖福寺
櫛田神社
縣廳
承天寺
博多驛
愛宕神社
海水浴場
姪ノ濱町
久留米銀行
郵便局
市役所
高等學校
市立博物館
住吉神社
望東尼山荘
室見川
飯盛山

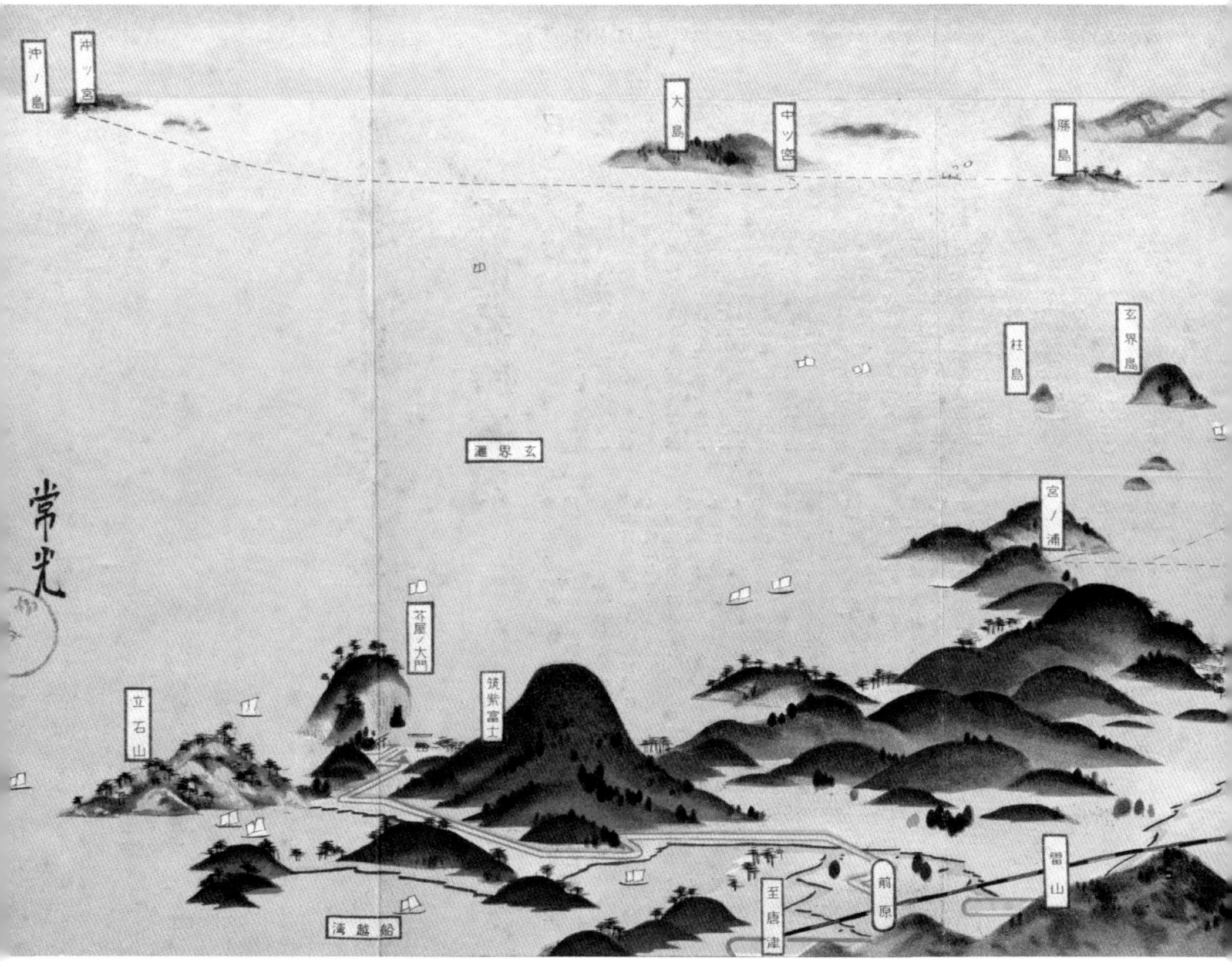

沖ノ島
沖ツ宮
大島
中ツ宮
勝島
玄界島
柱島
玄界灘
宮ノ浦
芥屋ノ大門
筑紫富士
立石山
船越灣
至唐津
前原
雷山
常光

和白から西戸崎を経て志賀島に延びる陸繋砂州「海の中道」が玄界灘から博多湾を遮る。博多湾に能古島、玄界島・相島などが浮かび、博多港と西戸崎・志賀島・能古島、糸島半島の宮浦を結ぶ航路も示す。

福岡・博多市街地の西方の海に荒津崎が突出し、小山の上に西公園がある。市街地は樋井川で途切れ、それより西はのどかな田園である。元寇防塁のある百道松原は、海水浴場として利用されている。姪浜から生の松原にかけて松林が続き、糸島半島毘沙門岳麓の海辺にも元寇防塁が見える。糸島半島に可也山（筑紫富士）が秀麗な姿を見せる。また半島西端に芥屋の大門が玄界灘に切り立ち、玄武岩の柱状節理の洞穴は天然記念物（昭和四一年指定）として知られる。

市街地北東に目を転じると、石堂川（御笠川）を越えた東公園あたりで市街地が途切れる。近くに筥崎宮が鎮座し、箱崎松原が続く海辺は海水浴場である。箱崎北の海に突出する台地状の小島は、一六世紀半ばに立花氏が築き、後に小早川隆景が拠った名島城址である。さらに北に香椎宮・宮地嶽神社・宗像大社が鎮座し、市街地東に宇美八幡宮、南に太宰府天満宮と由緒ある神社が鎮まる。

街を歩いてみよう。箱崎浜から一筋に延びる樟並木の参道を往くと、筥崎宮が鎮座する。一の鳥居は、太い石柱が古格を帯び、「豊臣黒田筑前守長政建立」と刻む。豊臣家の家臣であった黒田筑前守長政（初代福岡藩主）が入封八年後の慶長一四年（一六〇九）に建立した鳥居が、今も街の中に溶け込んでいる。

延長元年（九二三）創建の筥崎宮は、応神天皇・神功皇后・玉依姫命の三神を祀り、鎌倉期以降、武神としての信仰を集めた。拝殿・本殿は天文一五年（一五四六）に大内義隆、楼門は文禄三年（一五九四）に小早川隆景により再建された。楼門に掲げた「敵国降伏」と大書した扁額が目を引く。これは、蒙古襲来により炎上した社殿の再興にあたり、亀山上皇の宸翰を書き写したものを隆景が掲げたという。境内には、蒙古軍船碇石が据えられている。博多湾付近には蒙古軍の碇石と称するものが十数本、肥前から壱岐にかけても五本あり、その一つである。

境内を散策すると、「お潮井」と呼ぶ真砂を入れ、竹の匙を添えた石鉢が目に入る。博多には、箱崎浜のお潮井をテボ（籠）に入れて玄関に備え、外出の時に身に振りかけて災厄を逃れる習俗がある。また家普請の際にお潮井で敷地を祓い清め、農家ではこれを田畑に撒いて虫よけとして豊作を祈願する。筥崎宮では春秋二度お潮井取りをおこない、厄除祈願をした砂を人々が持ち帰る。その砂が石鉢に常備されており、前に賽銭箱があるから、必要な人が随時持ち帰るのだろう。

香椎宮は、樟、杉、イチイガシが生い茂る広々とした境内に御神木の綾杉が天に聳え、享和元年（一八〇一）再建の本殿が建つ。本殿左右に車寄せを設け、入母屋屋根を複雑にかける香椎造は、他に類を見ない建築様式である。香椎宮の起源は、仲哀天皇・神功皇后の神霊を祀った香椎廟で、平安中期から神社としての性格を帯びたという。

宗像大社は、辺津宮に市杵島姫神、筑前大島の中津宮に湍津姫神、海上六〇kmにある沖ノ島の沖津宮に田心姫神の宗像三神を祀り、古来、海上安全の神として信仰された。戦後、沖ノ島の発掘調査がおこなわれ、古代祭祀遺構・遺物が出土した。その自然崇拝を基にする信仰の価値は高く、世界遺産「『神宿る島』宗像・沖ノ島と関連遺産群」に登録（平成二九年）された。

（二）福岡と博多

「福岡市」（昭和一一年三月、吉田初三郎画、博多商工会議所発行）〈図2〉は、市街地の姿をより詳しく伝える。表紙は駒を曳く童の博多人形の絵柄である。鳥瞰図は北九州鉄道の新柳町駅（のちに筑肥線肥前高宮駅、廃駅）付近から北西に繁華街の天神町を望む構図で、左に姪浜の愛宕山、中央に天神町、右に箱崎をおき、海の中道が玄界灘から博多湾を遮る。

街の姿を西から見ていこう。室見川右岸海岸は、生の松原が続く海水浴場である。荒津崎の丘は西公園となり、東に船溜を配し、南麓に師範学校（現・福岡教育大学）と九州高等女学校が建つ。内堀と丘陵に挟まれた福岡城址にわずかに多聞櫓が残り、歩兵第二十四連隊が配置され、城址西に大濠公園がひろがる。

那珂川左岸、水鏡天満宮周辺に発達する天神町に、県庁舎・市役所・産業奨励館などのビルが建ち並ぶ。西大橋を渡った西中洲には、商工会議所・公会堂が見える。河口に水産試験場・赤十字社支部などがあり、埋め立てられた海岸に埠頭や貯木場を設け、荒津崎から東に長い防波堤が延びる。

那珂川の東が博多の街で、石堂川河口にかけて博多港の船溜や埠頭が整備されている。港内に汽船が往き来し、埠頭に横付けする船も見える。中大橋から東大橋にかけての土居町・西町・呉服町・東町の電車通りにビルが建ち並び、天神町と並ぶ繁華街をなす。那珂川右岸に博多総鎮守の櫛田神社、市街地南に住吉神社が鎮座し、石堂川左岸に宋から帰国した栄西が創建した古刹聖福寺（臨済宗）が伽藍を構える。

石堂川を越えると東公園があり、亀山上皇や日蓮聖人の銅像が立つ。園内の一画に動植物園があり、近くに筥崎宮が鎮座す

〈図2〉「福岡市」
(昭和11年3月、吉田初三郎画、博多商工会議所)

壹岐
對馬
釜山
海ノ中道
大岳
博多港
石堂川
那珂川
千歳町
對馬小路
石城町
公會堂
東中洲
川端町
西町
呉服町
櫛田神社

室見川
海水浴場
百道松原
姪ノ濱
愛宕神社
東山
紅葉八幡宮
西新町
藤崎
金龍寺
今川橋
地行濱
地行西町
地行東町
唐人町
黒門
鳥飼
プール
六本松
高等學校
茶園町
北九州鐵道
油山
油山觀音
菊池神社

る。公園海側には九州帝国大学医学部、隣接して黒田家菩提寺の崇福寺（臨済宗）が建つ。同大学法文学部・工学部・農学部は、筥崎宮の北東に位置する。箱崎松原が続く海岸は埋立地となり、大正期にあった海水浴場は消滅した。多々良川を渡ると名島城址があり、海の中道に福岡第一飛行場（雁ノ巣飛行場）が開港（昭和一一年）し、新時代の息吹を感じる。案内文を見よう。

福岡市及其の近郊には神功皇后の征韓太宰府の興亡、元寇の襲来、仏教の東漸其の他古き歴史を語る幾多の旧蹟あり遺物あり、又、海に山に秀麗明媚の風光を賞すべき名勝地多く四時観光の客絶ゆることなし。

大都市ながらも福岡市は、豊富な史跡や自然美を誇り、四季、観光客の絶えることがなかった。名産品として、博多人形・博多織・博多絞などを挙げる。

博多港は釜山、壱岐、対馬間の日発航路を始め北鮮及西鮮の各港、大連、台湾、横浜、阪神、関門並九州西南各港との間に定期連絡航路を有し便船に依る旅客、貨物は日に月に激増の趨勢を示せり。

博多港は朝鮮半島や満州に近く、中国や南洋にも遠からずして、貿易港として優位を占めていた。図が描かれた昭和一一年には博多港修築第一期工事が竣工しており、海岸線の姿が大正期とは異なる。同年、飛行場も開港した。

航空路は東は大阪、名古屋、東京に西は蔚山、京城、平壌、新義州、大連に南は那覇、台北に連絡航空路あり（中略）雁之巣福岡飛行場は国際的飛行場として設備完整せること東洋第一と称せらる……

これは、戦前、逓信省航空局が設置した雁ノ巣飛行場の記述で、戦時中は海軍航空隊がおかれたが、戦後は米軍に接収された。その後、板付飛行場に航空路線が開始（昭和二六年）され、やがて雁ノ巣飛行場はその役目を終えた（昭和四〇年）。

案内文に福岡・博多の見所として東西の公園が挙がる。まず市街地東方、千代の松原にある東公園である。

白砂青松遠く連り清浄の別天地で又散策に好適の地である。現在園内には亀山上皇及日蓮上人銅像、元寇記念館、維新殉難志士の墓簇忠祠招魂場及武徳殿並に動植物園等がある。

東公園は、明治九年、景勝地千代の松原の一部を利用して「東松原公園」として開園した近代的公園である。県庁前という地の利もよく、緑豊かな都市のオアシスとなっている。

東公園中央の巨大な石組み台座の上に、蒙古襲来の際に敵国の降伏を祈願した亀山上皇銅像（明治三七年）が立つ。この像は、明治二一年に福岡県警察部長らが発願、一七年間にわたる「元寇記念碑建設運動」により資金を集めて建立された。その背景に、長崎に来航した清国北洋艦隊水兵が起こした暴動、長崎事件（明治一九年）による国防意識の高揚があった、とされる。台座の石材は、元寇防塁の石を福岡城石垣に転用したものを再度利用したともいう。なお、銅像の原型木彫像は筥崎宮に安置されている。公園に隣接する一画に、元寇を予言した日蓮上人銅像（明治三七年）も立つが、同運動に共鳴した日蓮宗僧侶佐野日菅上人の発願で完成したものである。

東公園の一画に動植物園（昭和八年開園）も描かれている。昭和天皇御大典記念事業として開園した動植物園には、筥崎宮参拝かたがた遠来の見物客が訪れたという。戦争が激しくなり閉園（昭和一九年）を余儀なくされたが、跡地の馬出小学校地に象の顔を取り付けた愉快な正門が残る。またオットセイ園にあった建物は、大濠公園に浮御堂として移築された。

次いで市街地西方の荒津崎にある西公園である。

> 東、西、北、三面は博多湾を俯瞰して遥に翠緑の一線をなす、海の中道を望み其の間残、志賀両島の間に出没する白帆点々として恰も一幅の絵画を見るが如く東南は全市の街衢を一眸の内に収めて遠く肥筑の連峰と相対し眺望の快濶言はん方なし……

「残」は島名の「能古」で、古くはそのようにも表記した。西公園は、景勝地として知られた荒津山（標高四八m）に「荒津山公園」として開園（明治一四年）、のちに西公園と改称された。

園内の高台に、中央展望広場・多目的広場・西側展望広場がある。高台の広場から博多湾を望むと、海の中道が横一文字に線を引き、その先端に志賀島、北西に能古島が浮かぶ風景がひらける。西側展望広場には、遣新羅使の土師稲足が詠んだ万葉歌碑も立つ。

> 神さぶる　荒津の崎に　寄する波
> 間無くや妹に　恋渡りなむ

波のように絶え間なく妻を恋い続ける、と歌にあるように、荒津崎は遣新羅使や遣唐使の見送りの場所、ともいわれる。

> 園内には数百株の桜樹ありて青松に交り陽春四月、花笑ふて爛漫たるの時は此地全く市民の歓楽場と化し近郷近在よりの遊人麕集して甚だ雑踏を極むるのである。

桜の季節に西公園に人々が群がるとあるが、明治二二年に桜四二五株などが植栽され、公園が整備された。西公園は、今日も桜の名所として名高い。

西公園南の大濠公園は、歴史の新しい公園である。

大濠は往古草ヶ江と称せらるる入江が漂砂によって口を塞がれ沼となったもので昭和二年春此の地に於て東亜勧業博覧会が開催せらるるに当り沼を改修して周囲に埋立地を築造し堀の中には柳島、松島、菖蒲島の三島を築成したるが博覧会終了後県に於て此地一帯に樹木を植え尚ほ周囲には水泳場、庭球場及児童遊園等の施設をもなし名づけて大濠公園と称するに至った。

大濠公園は春から秋にかけて人出が絶えず、ことに夏季には納涼客が大勢訪れていた。昭和四年開園の大濠公園は、周囲約二kmの楕円形の池に柳島・松島・菖蒲島を配し、これらを観月橋・松月橋・茶村橋・さつき橋で結ぶ。爽やかな空気が流れる公園を逍遥すると、ジョギングや野鳥観察などを楽しむ人たちに出会う。観月橋などの親柱に「昭和二年三月竣工」と記すが、東亜勧業博覧会（昭和二年開催）を機に造園工事がおこなわれたことを物語る。

昔、この地は、博多湾沿いの「草ヶ江」という入江の沼地であったが、福岡城築城に伴い入江の北側を埋め立てて城濠とした。図に見えるプールのあった場所は日本庭園に変わったが、池のほとりの旧福岡地方簡易保険局（昭和九年建築）が現存する。

大濠公園の東は、福岡城址である。

一名鶴舞城とも称してゐる。当時福崎の地は北は一面海で西の方も草ヶ江といふ入江に臨み、南は背振の峻嶺より派出された連峰に続いた岬であったのを山を削りて之を平にし北の海浜は新地を築て之を市街地となし西の入江は埋め残し（今の大濠）更に三方に濠を穿ち周回約一里要害極めて堅固に楼閣参差として亜壁日に耀き壮麗比稀なる名城であった……

関ヶ原の戦いの功績により名島城に入城した黒田孝高・長政は、慶長六年（一六〇一）、福崎の地に築城を開始、七年の歳月をかけて福岡城を完成させた。山を削って低湿地を埋め立てての築城工事であった。海から見た城の姿が空を舞う鶴に似ているため、別名舞鶴城ともいった。

維新後、廃城となり、爾来時勢の変遷につれて旧態次第に失はれ近年まで存在した花見、月見の両櫓も遂に空しくなって今は松風天に吼へ茅草離々として昼猶ほ虫の喞くのみとなった。

時の流れとともに滅びゆく城の姿を記す。明治通り沿いの堀に面する下之橋御門を潜り、伝・潮見櫓を右に見て松の木坂を往くと二の丸となる。それより表御門跡の石段を登ると本丸で、石垣を高く築いた天守台が残る。二の丸は梅園、本丸は桜園となり、市民の行楽の場として親しまれている。昔は城門一〇棟、櫓四七基を数えたというが、現在、図に描かれた本丸南西の多聞櫓が唯一江戸末期の建物を残す。

福岡城址三の丸東方の重臣の侍屋敷のあった地に、歩兵第二十四連隊および歩兵第十二旅団司令部がおかれたことも図から確かめられる。戦後、第三回国民体育大会開催（昭和二三年）に伴い、跡地に平和台総合運動場が建設された。間もなく平和台野球場に改造され、西鉄ライオンズの本拠地として市民に親しまれた。

昭和六二年、球場外野席改修工事中に遺跡が発見された。一〇年後の平成九年、野球場は約半世紀にわたる歴史に幕を閉じ、歴史公園として整備されることとなった。その後の発掘調査（平成一一～二五年）の結果、そこは筑紫の鴻臚館の遺跡であることが確認された。鴻臚館は外交のための施設で、平安京・難波・筑紫の三か所におかれた。発掘によりその姿が明らかになった唯一の鴻臚館が、ここ筑紫にある。

七世紀後半、「筑紫館」として記録に現われる施設は、平安期に鴻臚館という名に改められた。そして九世紀前半まで迎賓館として唐や新羅の使節を接待するとともに、遣唐使や遣新羅使の宿泊施設として利用された。やがて商人も使用するようになり、中国・朝鮮貿易の舞台となるが、一一世紀後半、貿易の拠点は鴻臚館東方の博多に移った。跡地に設置された鴻臚館跡展示館では、遺構の出土状態を目の当たりにする。中国や朝鮮の陶磁器・イスラム陶器・西アジアのガラス器などの出土品から、広域にわたる交流の跡を知ることができる。福岡は、このように歴史が積み重なった地である。

当時の福岡市内の遊覧は、「博多と太宰府」（昭和一二年三月、門司鉄道局発行）〈図3〉が参考になる。ここには、遊覧貸切自動車利用の市内の見物順序を三つ示すが、一例として三時間半かけて市内を遊覧するものを挙げる。

博多駅―東公園―筥崎宮―香椎宮―名島飛行場―西公園―大濠公園―太宰府神社―博多駅

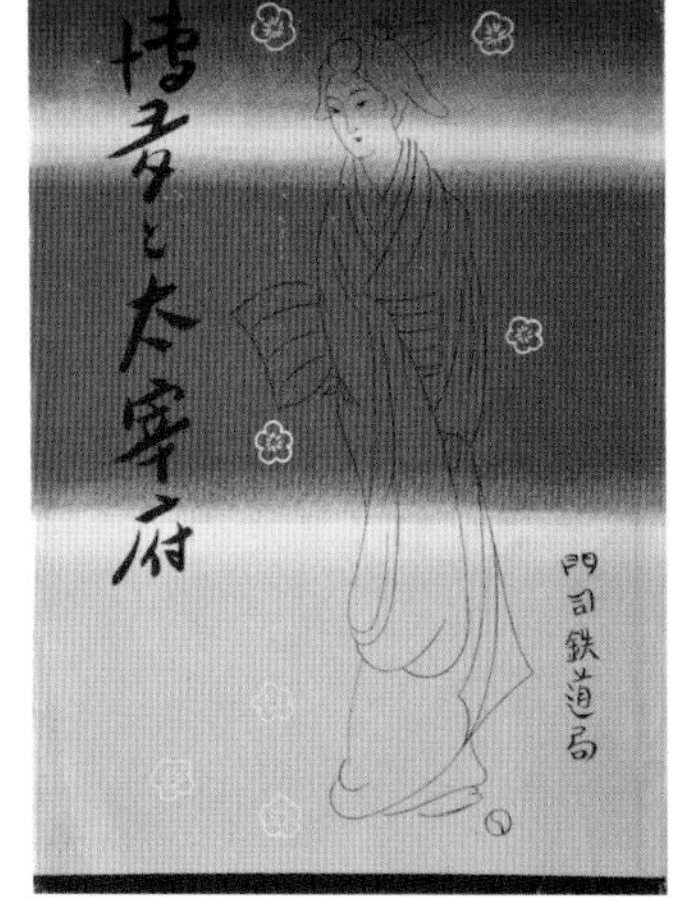

〈図3〉「博多と太宰府」
（昭和12年3月、門司鉄道局）＊

ここに福岡市内の主だった見所が現われる。博多駅から東西北へ行く三つの電車があり、電車利用の遊覧が便利であった。

先ず福博電車に乗って東公園に行き筥崎宮に参拝し、引返して西公園を見物し帰路、県庁前に電車を降りて商品陳列所を視察し、此処（ここ）から市中の一番繁華な通りを歩き、空腹を満たすに博多特有の『みづたき』に舌鼓を打ちて、更に太宰府神社に参拝しやう。

福博電車は、西鉄福岡市内線の前身である。博多名物の水炊きは、若鶏を骨共にブツ切りにして、これを水で煮ながら橙（だいだい）のつけだれで食べる、と紹介する。そして下関の河豚料理、長崎のシッポク料理と共に有名である、と誇る。繁華街についても触れる。

商品陳列所から、電車通に沿ひ、西大橋を渡ると、西中洲、そこには劇場・活動写真館などが櫛比（しっぴ）し、夜は市内第一の歓楽郷である。更に商品陳列所から河に沿うて下り、やがて右に折れると中島町・掛町・綱場町などの通りに出る。この付近が一番繁華な通りで、大阪に於ける心斎橋筋である。

県庁舎北に「産業奨励館」として図に示すのが、商品陳列所である。中島町は中洲の歓楽街、掛町は戦後の町名整理で下川端町となった。

（三）博多湾鉄道汽船沿線

「博多湾鉄道汽船御案内」（昭和九～一〇年、吉田初三郎画、博多湾鉄道汽船発行）〈図4〉に博多湾周辺の名所が見える。発行年はないが、新香椎湾鉄球場が設置（昭和七年）され、名島水上飛行場（昭和五～九年）を描く。昭和一〇年に雁ノ巣に着工する福岡第一飛行場はなく、付近は海水浴場になっている。

博多湾鉄道汽船は、博多東部の志免（しめ）・須恵・宇美に分布する糟屋炭田の石炭を、積出港である西戸崎に運ぶ目的で博多湾鉄道として設立された。まず西戸崎―須恵間が開業（明治三七年）、翌年、宇美まで延伸全通し、ほどなく支線が海軍の炭鉱があった志免まで開通（明治四二年）する。同社は大正九年に博多湾鉄道汽船と改称、戦時中に九州電気軌道に吸収されて西日本鉄道となるが、昭和一九年に国有化されて香椎線となった。沿線に香椎宮、終点に宇美八幡宮が鎮座する。

表紙は博多どんたくの絵柄で、着物姿の女性三名が鼓・三味線を奏で、方被りの男性が鉦をならす。鳥瞰図は海の中道北の玄界灘から南に博多湾を望む構図で、左に宮地嶽神社、中央左に香椎宮、右に博多・福岡市街地をおく。和白から西戸崎を経て志賀島に海の中道が一筋に延び、西戸崎港に船が浮かぶ。この砂州に抱かれたのが博多湾で、海の青さが画面いっぱいにひろがる明快な鳥瞰図である。名所を案内文から見ていこう。まず海の中道である。

和白浜に起った一条の白砂翠松は蜿蜒三里、西、志賀島につづき、碧潮を南北に二分する北は玄海灘(ママ)に瀕して景観真に雄大、南は博多湾に臨んで風光甚だ明媚、恰も玄海灘(ママ)に一大長橋を架した感がある。彼の天の橋立の更に大なるもの、古来著名の勝区である。

玄界灘に架した一大長橋とは、風光明媚な海の中道である。そこに設置された雁ノ巣飛行場は、戦時中に海軍基地、戦後は米空軍博多基地として使われ、返還後に雁の巣レクリエーションセンター公園となった。石炭積出港であった西戸崎はその役割を終え、一帯は巨大な国営海の中道海浜公園として整備された。図に描かれた清楚な砂州は、時代の変遷の中でその姿を大きく変えたのである。金印発見の島として名高い志賀島の東端、勝山南麓に海神綿津見神を祀る志賀神社が鬱蒼たる杜に鎮まる。

次いで宇美八幡宮である。社伝によると、神功皇后が応神天皇を出産した地に創始したとされるお社である。「宇美」は「産み」に由来するともいい、古来、安産の神として信仰された。

安産祈願の参詣者絶ゆる期なく、御降誕祭（一月五日）は境の内外立錐の余地なき参詣客である。子安の樹、産湯の水、湯蓋の森、衣掛の森は悉く御降誕に由緒ある霊泉神樹。

三十数本の老樟に覆われて檜皮葺の社殿が鎮まる境内は、森厳な空気が漂う。とりわけ本殿南に「湯蓋の森」、北に「衣笠の森」と呼ばれる大樟が天を覆い、大地に根を張る巨大な幹が圧巻である。「湯蓋の森」は産湯の湯釜の上に蓋のように生い茂っていたという老木、「衣笠の森」は産着を掛けたといわれる古木で、往古、一帯は森になっていたという。本殿脇に「子安の木」という槐があるが、槐の枝に取りすがって出産したところ安産となり、その枝を逆さに地にさして根付いたものという。これら三つがご神木となっている。

ほかにも境内北に産湯に用いたという産湯水、本殿背後の湯方社前に積み上げた安産と小児成長を祈る子安石、宇美川を隔てた境内北の神苑にある胞衣を納めた「胞衣が浦」などがあり、宇美八幡宮には、安産にかかわる民間信仰が息づいている。

（四）太宰府

太宰府は、古代の律令制下、地方官衙である大宰府がおかれた地である。加えて太宰府天満宮が名高く、福岡・博多から手軽な遊覧地となっていた。太宰府天満宮は、大宰府に左遷されて同地で亡くなった菅原道真の御霊を鎮めるために創建された。

〈図5〉「筑前太宰府案内」
（昭和3年3月、大宰府商工会）

〈図4〉「博多湾鉄道汽船御案内」
（昭和9〜10年、吉田初三郎画、
博多湾鉄道汽船）

ところが、御霊信仰よりもむしろ学問の神としての性格を強めた。今日では合格祈願に霊験あらたかな神社としての信仰が篤く、修学旅行の生徒などが後を絶たない。

「筑前太宰府案内」（昭和三年三月、五十川画、太宰府商工会発行）〈図5〉を見よう。表紙は太宰府天満宮境内の反橋から楼門・拝殿を眺める絵柄である。鳥瞰図は二日市駅付近から北北東に太宰府天満宮と太宰府の街を望む構図で、左に水城駅、中央に天満宮、右に石穴神社をおく。天満宮背後に宝満山、御笠川を隔てて西に大野城跡のある四王子山が聳える。その麓に都府楼跡・観世音寺・戒壇院・国分寺が点在し、国分寺背後に瓦窯も見える。国分寺の西は水城跡である。

太宰府駅から東に進み、左に折れると天満宮境内である。心字池に架かる反橋を渡ると、楼門・回廊に囲まれて本殿が建つ。本殿背後は北梅園、反橋東の池の周囲が東梅園である。天満宮の西に人家が集まり町並みをなすが、大野城跡山麓の都府楼跡一帯はいたってのどかな田園である。案内文を要約・補足しよう。

太宰府天満宮は、道真の柩が動かなくなった安楽寺の地に葬って廟所としたのが起源という。やがてそこに祠を建て、のちに神殿を造営して天満宮が創始された。御神木の「飛梅」は、道真の「東風吹かば　にほひおこせよ　梅の花　主なしとて春を忘るな」の歌に感じ入った梅が京都から飛来した、という故事を紹介する。境内の梅園が名所である。

菅公の愛し給ふ梅樹多く春二月の頃より三月に亘り満園凡て皆之れ白花玉林と化し一郷其清包香（ママ）にまる春の桜秋の紅葉是又あかぬ眺めなり樹間休憩茶店あり名物梅ヶ枝餅を売る。

春を迎えると、一帯は梅園に咲き誇る白い梅の清らかな香りに包まれる。梅ヶ枝餅とは、小豆餡を餅生地で包み、梅の印をつけた焼餅である。不遇の日々を送っていた道真に、老婆が梅の枝を添えて贈ったとの由来がある。

梅ヶ枝餅を商う茶店・土産物屋が建ち並ぶ門前を通り抜けて、朱塗りの反橋を渡って天満宮に参る。大樟などが茂る清々しい境内に檜皮葺の本殿が鎮座する。本殿は、天正一九年（一五九一）に小早川隆景が再建したものである。

本殿向かって右手に「飛梅」が見事な枝振りを見せる。五月下旬、その伝説に因み「飛梅」の実を集めて神前に奉納する「飛梅神事」がおこなわれる。その後に神職・巫女・近隣の幼稚園児が参加して境内約六千本の梅の実ちぎりがおこなわれ、「天神様の梅」として梅干しに加工して一一月から授与される。また「飛梅」の実は、「飛梅御守」として参詣者に頒布される。

大宰府では、その昔、唐からもたらされた梅花を愛で、和歌を披露しあう「梅花宴」がおこなわれた。その後、道真の「飛梅」の伝説と結びついた梅は、太宰府の地のイメージを膨らませるとともに、日本各地の天神様のシンボルとしても親しまれるようになった。

一方、大宰府政庁跡の「都府楼古跡」の案内文はそっけない。

太宰府官庁の大廈（たいか）ありし跡なり。今名残りとして多くの礎石をとどむ。

大宰府は、九州一帯に当たる西海道九国三島を治める官衙で、外交や防衛の役割を担った。大宰府がおかれたのは七世紀後半で、政庁前の朱雀大路を基軸に条坊の街区が形づくられたという。飛鳥・奈良・平安時代に官衙としての役割を担っていた大宰府は一一世紀半ばに衰退、一二世紀前半には諸施設は廃絶した、と考えられている。

大宰府政庁跡（特別史跡）に立つと、南門・中門・東西脇殿・正殿・後殿の礎石が整然と並ぶ。北に大野城が築かれた四王子山をひかえ、東は漏刻（水時計）があったという月山、西は物品を収納管理する役所の蔵司がおかれたという小丘が横たわる。

背後の大野城跡（特別史跡）は、尾根と谷を土塁・石塁で繋いだ朝鮮式の古代山城であり、白村江の戦い（六六三年）の敗北を機に、唐・新羅の侵攻に備えるために築かれた。同時に、大宰府の博多湾側の城壁として、長さ一・二kmにわたる土塁と内外に濠を備えた水城（特別史跡）も築造された。

大宰府は、廃絶した中世以降は荒廃が進み、江戸期には礎石が抜き取られて跡地は耕地となった。政庁正殿跡に三基の石碑が立っている。「都督府古趾碑」（明治四年）、「太宰府址碑」（明治一三年）、「太宰府碑」（大正三年）で、明治に入って遺跡を顕彰しようとする動きが表れたことがうかがえる。大正一〇年、大宰府跡は史跡（昭和二八年に特別史跡）に指定されたが、昭和四〇年代初頭まで政庁跡一帯は田畑に化していた。

高度経済成長期に入った昭和三八年、政庁跡背後の四王子山南麓に住宅開発計画がおこった。これを阻止すべく史跡指定地を一〇倍に拡大する方針が打ち出され（昭和四一年）、政庁跡での発掘調査が開始（昭和四三年）された。遺跡の姿が明らかになっていくにつれて、地元では「古都大宰府を守る会」（現・古都大宰府保存協会）が設立（昭和四九年）され、保存活動が展開されて史跡が今日に持ち伝えられた。鳥瞰図には、今日のように整備された史跡ではなく、のどかな田園風景が描かれている。

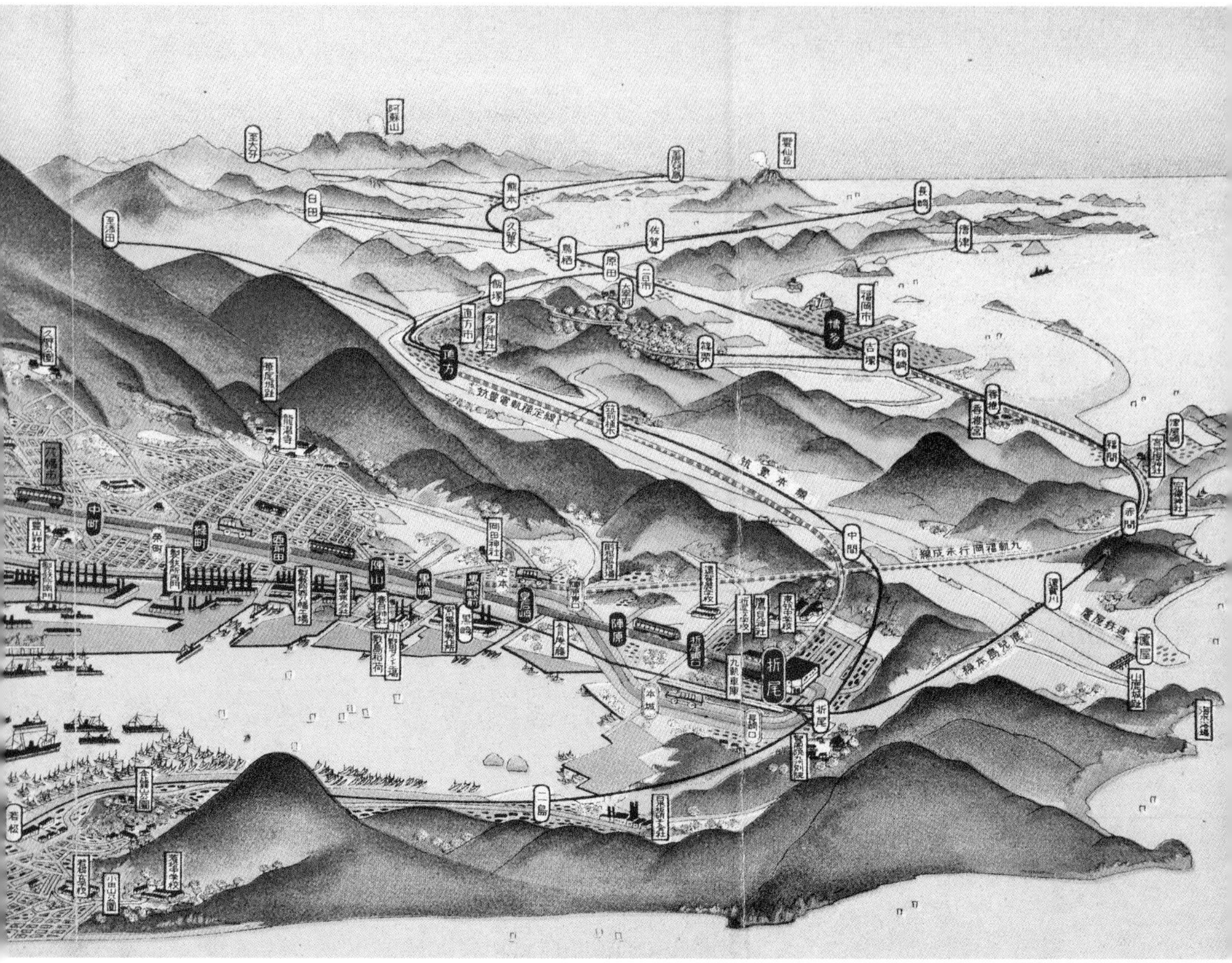

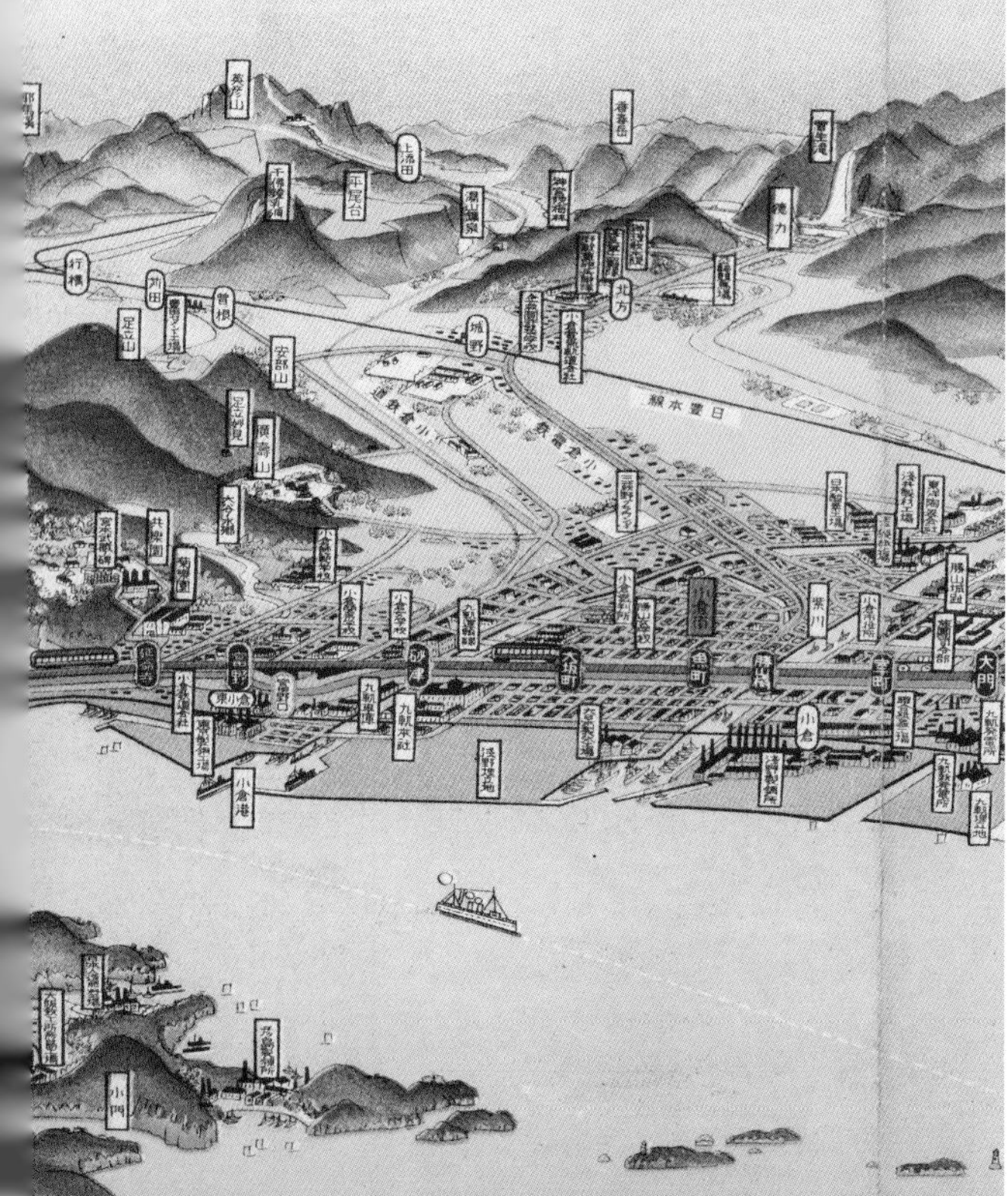

〈図6〉「九軌電車」
（昭和6年、吉田初三郎画、
九州電気軌道）

福智山
魚釣
帆柱山
製鉄所水道水路
見晴園
白鶴公園
大蔵
上本町
中本町
製鉄所
製鉄所専用電鉄
大門
日明
中井口
中原
三六
牧山
八坂神社
東京
名古屋
京都
大阪
神戸
宇野
岡山
廣島
嚴島
高松
高浜
大分
別府
中津
戸上山
風師山
田浦
片上
大里
門司
下関

二、北九州の街

（一）九軌電車沿線

日本を代表する工業地帯が北九州市である。煤けた街、灰色の工場に林立する煙突、それが昭和の高度経済成長期までの日本の工業地帯の風景であり、北九州はその典型であった。ところが、昭和五〇年代半ば以降、北九州市は公害防止技術の国際的向上に貢献する取り組みをはじめ、環境保全に力を注ぐようになった。また平成に入ると、近代化遺産や産業遺産が注目を集め、官営八幡製鐵所関連施設が世界遺産「明治日本の産業革命遺産」の構成資産として登録（平成二七年）された。それは、これまでの文化遺産に対する価値観の変容ともいえる。

門司・小倉・戸畑・八幡・若松の五市が合併（昭和三八年）してひとつの自治体となったのが北九州市である。本州と九州を隔てる関門海峡に門司・小倉の街が発達し、洞海湾沿岸を埋めつくすように戸畑・八幡・若松の市街地がひろがる。西部の戸畑・八幡・若松が筑前、東部の小倉・門司が豊前であった。

この五つの街はいずれも性格が異なる。東部の小倉は豊前の城下町、門司は九州の鉄道の起点・国際港湾都市として発達した。西部の八幡は官営製鐵所設置以来の工業都市、洞海湾口にある若松は筑豊炭田の積出港、対岸の戸畑は若松の繁栄に伴い小漁村が商工業地となった地である。

それらの工業都市が昭和初期にどのような状況を呈していたのかが気にかかる。遠方から訪れる旅行者の目を引く観光対象は多くなかったが、地域の人々の遊覧地はいくつか存在した。北九州では、そこに注目したい。

門司から八幡にかけての北九州の光景は、「九軌電車」（昭和六年、吉田初三郎画、九州電気軌道発行）〈図6〉所収の鳥瞰図にありありと描かれている。表紙は黒煙を吐く煙突が林立する工業地帯の風景、それを繁栄の象徴とした絵柄であろう。鳥瞰図は戸畑幸町の沖から南に陸地を望む構図で、左に関門海峡、右に洞海湾をおく。

東の門司から西の八幡にかけて町並みが延び、門司の背後に企救半島の風師山・戸ノ上山・足立山が連なる。福智山から流れ出る紫川流域に小倉城下がひろがる。福智山の東にカルスト台地の平尾台も見える。八幡の背後に聳える山を帆柱山と示すが、皿倉山・権現山・帆柱山・花尾山一帯が帆柱連山である。戦後、風師山・皿倉山・福智山・平尾台一帯は、北九州国定公園に指定（昭和四七年）された。都市周辺の自然を保護し、北九州工業地帯に暮らす人々に憩いの場を提供する意味合いが強かったという。

小倉港付近から西に浅野埋立地・九軌埋立地が戸畑中原に続き、埋立地の一部に浅野製鋼所や九軌新発電所が立地する。中原から幸町にかけての砂浜は、海水浴場である。中原沖は今日広大な埋め立て地となり、今となっては信じがたい、のどかな光景である。洞海湾南岸は埋め立てられ、官営製鐵所工場群の煙突が林立する。一方、若松側の岸には小舟が輻輳する。若松北岸の響灘は洞海湾口が一部埋め立てられているが、ほかは地形の改変は見られない。現在、若松北の響灘は埋め立てが進み、北九州港として整備されて姿を大きく変えた。

鳥瞰図には九州電気軌道（九州電軌、現・西日本鉄道）の路線を朱で示す。門司と折尾を結ぶ北九州本線（明治四四年一部開通、大正三年全通）、小倉の大門から戸畑に分岐する戸畑線（明治四五年全通）、さらに八幡の中央区と戸畑の幸町を連絡する枝光線（昭和四年全通）である。昭和六〇年に戸畑線・枝光線・本線の一部が廃線、やがて本線も全廃（平成一二年）された。なお後に九州電軌に吸収合併される小倉電気軌道が小倉の魚町から郊外の北方に延びるが、合併前のためか路線は目立たぬ表示である。門司駅から鹿児島本線、小倉駅から大分方面に日豊本線、若松駅から遠賀川流域に筑豊本線も走る。日本海の響灘から見た北九州一帯の風景が目の前に迫る鳥瞰図である。

（二）門司

引き続き「九軌電車」〈図6〉から門司の風景を見よう。関門海峡早鞆の瀬戸に臨み和布刈（めかり）神社が鎮座し、背後の古城山が和布刈遊園となっている。風師山北麓に清滝公園があり、公園を下ると門司駅（現・門司港駅）・門司港である。付近に門司鉄道局・税関・日本郵船支店・大阪商船支店などが見える。

門司港は朝鮮・台湾・大連・上海・欧州航路の船が寄港・発着するばかりか、瀬戸内海や対岸の下関に向けて船が往来する。下関駅西方の小森江と下関を結ぶのは、関門連絡船鉄道車両航路の貨物便航路（明治四四年開設）である。関門鉄道トンネル開通（昭和一七年）により連絡船による貨物輸送は廃止、やがて関門連絡船航路も廃止（昭和三九年）となった。

昭和初期の旅行案内書は、門司の廻覧順路をこのように示す。

門司駅―門司港―和布刈神社、早鞆瀬戸―和布刈公園―甲宗八幡宮―老松公園―栄町筋―清滝公園、風師山―門司駅

（『日本案内記』九州篇、昭和一〇年）

和布刈神社は、神官がワカメを刈り取る和布刈神事で名高い。古城山麓の甲宗八幡宮は、門司六郷の総氏神である。市街地にある老松（おいまつ）公園（大正一一年開園）は市街地の小公園、栄町筋は門司の中心商店街である。

「関門案内」（昭和一二年三月、門司鉄道局発行）〈図7〉から街の様子を知ろう。船舶と鷗の表紙に昭和初期のモダニズムが漂うパンフレットは、このような案内文からはじまる。

門司市は元『文字ヶ関』と呼ばれ、太宰府に往来する行旅の警戒に備へた所であって、その港としての起源も極めて遠く、現今市内の地名に白木崎（新羅崎）、小森江（高麗江）、葛葉（百済浜）の名が残り、往時三韓朝貢船の碇泊所であった。

地名に見るように、門司は古い歴史をもつ港であった。ところが、明治初年の頃は寂漠とした一漁村に化していた。

明治廿一年九州鉄道株式会社が此処を起点として長崎へ工事を起し、それから俄然発展の機運に向ひ、翌二十二年には筑豊炭の特別輸出港となり、（中略）門司が国際海港都市として、活躍を始めたのは大正四年北九州の工業が勃興してからのことで、（中略）東西両洋に通ずる外国貿易港として愈々世界的地位を占むるに至ったのである……

門司の発展は、明治二〇年代初頭、九州の鉄道の起点になるとともに、筑豊からの石炭の積出港の役割を帯びたことによる。大正八年から昭和六年までの一三年をかけて門司港の港湾整備がおこなわれた。そして一万トン級の巨船が横付けできるようになり、国際貿易港に躍り出たのである。

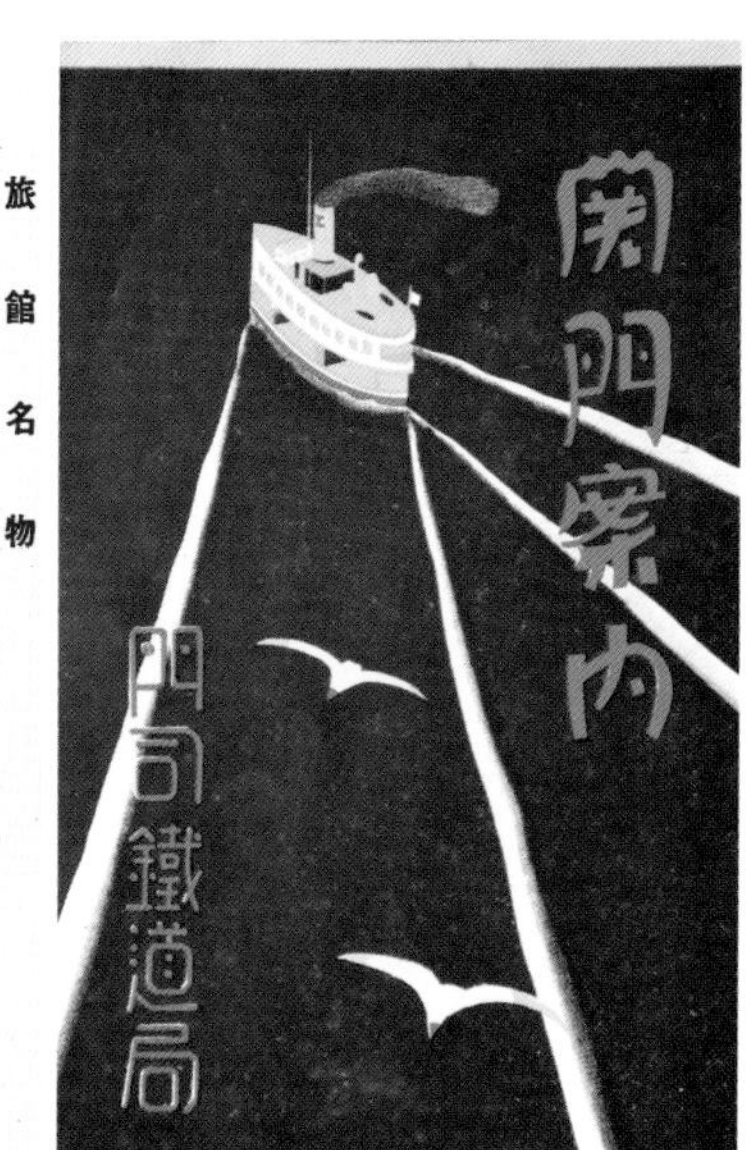

旅館名物

▲旅館……肥後又旅館（港町二丁目）丸山旅館（丸山町）宿泊料―三圓以上

▲名産……雲丹、わかめ、龜甲煎餅、バナナ羊羹、バナナ其の他果物、硯河豚料理などである。

▲關門發着主要船舶航路表

日本郵船株式會社

航路	回数	船名
横濱ロンドン間（歐洲線）	（往）二週一回	照國丸・靖國丸・伏見丸・諏訪丸・榛名丸・香取丸・鹿島丸・箱崎丸
香港パライソ間（南米西岸線）	（往復）月一回	墨洋丸・樂洋丸・平洋丸
神戸ボンベイ間（ボンベイ線）	（往）月一回	安洋丸・丹後丸・銀洋丸
横濱―上海間	（往）月六回	筑波丸・六甲丸・阿蘇丸
神戸―門司―上海間	（往復）月八回	生駒丸・三笠丸・笠置丸・摩耶丸
神戸―青島間	（往復）月六回	日光丸・泰山丸（商船）・原田丸（原田）
神戸ヤルート間（裏南洋線）	（往）隔月一回	近江丸・天城丸・筑後丸・横濱丸
神戸メナード間（裏南洋線）	（往）隔月二回	山城丸・パラオ丸・筑後丸

近海郵船株式會社

航路	回数	船名
神戸―基隆間	（往復）二週三回	大和丸・朝日丸・吉野丸
神戸―天津（塘沽）間	（往復）二週三回	南嶺丸・景山丸・北嶺丸

大阪商船株式會社

航路	回数	船名
横濱・神戸・ブエノスアイレス間（南米線及アフリカ線）	（往復）月一回	ぶえのすあいれす丸・りおでじやねいろ丸・はわい丸・ありぞな丸等
横濱―カルカッタ間（カルカッタ線）	（往復）月二回	はんぶるぐ丸・へいぐ丸・せれべす丸・ひまらや丸
大阪スラバヤ間（南洋線）	（往復）月二回	びるま丸・まどらす丸・かなだ丸
神戸―大連間	（往復）月廿三回	ばいかる丸・亞米利加丸・はるびん丸・うらる丸・たこま丸・吉林丸・うすりい丸・しあさる丸・扶桑丸・熱河丸
神戸―天津（塘沽）間	（往復）二週三回	長江丸・長安丸・長城丸
神戸―基隆間	（往復）二週三回	瑞穗丸・蓬萊丸・高千穗丸
大阪―若松間（攝陽商船）	（往復）毎日一回	天龍川丸・群山丸等
大阪―關門―小倉間（攝陽商船 尼崎汽船 共同經營）	（往復）毎日二回	早鞆丸・音戸丸等

其他鐵道省の關釜連絡船は下關釜山間に毎日二往復、川崎汽船會社の下關麗水間航路（毎日一往復）宇和島運輸會社の下關宇和島間航路（毎日一往復）がある。

〈図7〉「関門案内」（昭和12年3月、門司鉄道局）＊

「関門案内」〈図7〉案内文に「関門発着主要船舶航路表」が掲載されているので紹介する。当時、門司港に日本郵船・近海郵船・大阪商船をはじめ内外航路の船舶が多数寄港し、港町の賑わいを彷彿とさせる。神戸―大連間は月二三回の往復便と、頻繁な往来である。日露戦争後、遼東半島先端部の租借権を得た日本が大連を貿易の拠点としたことがその背景で、門司港には昭和四年建築の旧門司税関一号上屋（旧大連航路上屋）が現存する。神戸―基隆（キールン）間の台湾航路や、門司の名産にバナナやバナナ羊羹があることも注目される。門司港駅前に「バナナ叩き売り発祥の地」と刻んだ石柱が立つが、台湾から神戸に輸送途中の熟れ過ぎたバナナを門司で売り捌いたのが起源という。バナナ羊羹に加工して売り出すほどのバナナが門司に陸揚げされたのだろう（現在、復刻品を販売）。次の記述も目を引く。

門司は、僅々（きんきん）三、四十年間に一寒村から大都会に躍進したので、主として中国・九州・四国の寄合世帯、言語風習ともに中心的カラーがない。テニヲハ脱けた広島弁、一つ、二つの島根訛りなど混合して、九州にしても中国真に九州の北端であるといふ意識がはっきりする。

出身地を違える人々が寄り集まり、急激に都市化した地域社会の姿がこの一文にあらわれている。

もう一つのパンフレット「門司観光案内」（昭和一二年頃、門司市観光協会発行）〈図8〉は、歓楽街の様子に触れる。発行年はないが、「昭和十二年七月十四日下関要塞司令部許可済」と印刷され、それに先立つ観光記念の日付入りスタンプ「12・7・3」を押す。許可を見込んでそれ以前に頒布していたのだろうか。以下、門司の歓楽街である。

栄町通り　中心商店街で、スズラン燈、ネオン燈の交錯する下、栄ブラは殷盛を極めて居ります。

内本町通りと其付近一帯　夜の門司歓楽境、カフェー、喫茶店が軒を列（なら）べ、ネオンにジャズに不夜城を現出して居ります。

〈図8〉「門司観光案内」
（昭和12年頃、門司市観光協会）＊

清滝付近　高等料理屋がこの一帯に緑の色を漂へて居ります。いきな妓さん達の艶（えん）な姿もここを中心に動きます。

馬場遊廓　内本町の歓楽境の街続き、百数十人の美形が歓待大いに努めます、付近に劇場稲荷座や映画館などがあります。

不夜城のごとき門司の賑わいを「関門の夜景は文字通り天下の景観、マドロス達もこの壮観には驚嘆」とも記す。港町門司は、歓楽的要素が少なくなかったことが見て取れる。

門司の街を歩くと、旧九州鉄道本社（明治二四年）・旧門司税関（明治四五年）・門司港駅（大正三年）・旧大阪商船ビル（大正六年）・旧門司三井クラブ（大正一〇年・移築）などの昔の建物が目白押しである。昭和四八年の関門橋開通以来、経済成長から取り残されていた門司市は「門司港レトロ構想」に着手（昭和六二年）、門司港に残る歴史的建造物を活かした観光客誘致のまちづくりをはじめた。街を歩いて目にするのは、懐古的に演出し、造りこまれた街の表情である。

(三)　八幡

北九州市の工業地帯を代表するのが八幡である。筑豊炭田から大量の石炭を調達できる地に立地した八幡は、官営製鐵所の操業開始（明治三四年）以降、目覚ましい発展を遂げた。第一次大戦後の合理化により官民合同で日本製鐵（昭和九年一月）を設立、官営製鐵所の名は八幡製鐵所に変更された。戦後は財閥解体により八幡製鐵が発足（昭和二五年）、さらに新日本製鐵（昭和四五年）となって今日にいたった。

昭和初年に生まれたという「八幡市歌」（八波則吉作曲）二番を紹介しよう。

焰炎々　波濤を焦（こ）がし　煙濛々（もうもう）　天に漲（みなぎ）る
天下の壮観　我が製鐵所
八幡　八幡　吾等の八幡市　市の進展は　吾等の責務

ここには、昭和初年の時代の気分がよく現れている。天に漲る焰や煙こそ、躍進する八幡市の象徴であった。

「八幡市」（昭和九年四月、吉田初三郎画、八幡市役所発行）〈図9〉所収の鳥瞰図もまた躍動的である。表紙は八幡製鐵所の高炉と、市歌のとおり、あふれんばかりの煙を吐く煙突・工場群である。図は洞海湾から南に八幡製鐵所および市街地を望み、左に枝光駅、中央に八幡駅、右に黒崎駅をおく。背後に緑の帆柱連山を負い、西前田から湾内に細い砂州が延びる。今日、砂州周辺に埋立地がひろがり、この細長い地形は改変されている。湾岸に工場群、線路を隔てて住宅地が山麓にかけて密集する。

八幡製鐵所諸施設の名称を示していないため、その機能を読み取ることができないことが惜しまれる。ほかにも枝光に旭硝子・三菱骸炭・安田製釘・九州化学、黒崎には小野田セメント・安川電機の工場もあって、工業都市の姿がよくわかる。建ち並ぶ工場群の描写は精緻を極め、躍進を続ける八幡への初三郎の思い入れの強さが伝わる。

帆柱連山背後に水を湛えるのは、河内貯水池である。ほかに黒崎駅南方に養福寺貯水池があり、いずれも製鐵所へ工業用水を供給するために築造された。鉄道と山に挟まれた市街地の中心は九州電軌の中央区駅周辺で、八幡市役所・図書館・郵便局・警察署・職業紹介所・労働紹介所の公官署が建つ。その西に大谷グラウンド（昭和三年開場、現・北九州市立大谷球場）・大谷会館（昭和二年開業、令和三年解体）・製鉄所病院（明治三三年発足、現・製鉄記念八幡病院）など八幡製鐵所の福利厚生施設が並ぶ。

製鉄所病院の西に豊山八幡宮が鎮座し、街には製鉄所官舎・市営住宅が配置され、託児所・小学校・小遊園地などが点在する。よく見ると、生活困窮者の無料宿泊所（昭和八年開設）や、貧困家庭婦女子の授産事業をおこなう興産所（昭和五年開設）、二か所の公益質屋（昭和二、五年開設）も描く。ほかにも市営火葬場や市営墓地（大正一〇年、昭和八年設置）が見えるが、他所から移り住み、この地に骨をうずめる人々も増えたのだろう。索漠とした工業都市かもしれないが、生活感あふれる鳥瞰図である。

案内文は、名勝旧跡として帆柱山・豊山公園・河内貯水池などに触れる。まず帆柱山である。

> 山容富士の如く秀麗を極め、洞海湾上に其の英姿を投げて居る。山上展望宏濶にして風光雄大、北九州一帯を一眸の下に俯瞰し遠く玄海の眩波を望む、春秋の登山者の杖を曳くもの絶ゆることなし。

言い伝えによると、帆柱山は神功皇后朝鮮出兵の際に船材の帆柱を伐り出したのが名前の由来という。帆柱連山の主峰・皿倉山に登ると、北に洞海湾を埋め立てて設置された旧官営製鐵所や、八幡の町並みが一望できる。洞海湾に架かる若戸大橋（昭和三七年）は、建設当時は東洋一を誇った高度経済成長のシンボルともいえる吊橋である。若戸大橋を挟んで西側が若松、東側が戸畑、その背後に響灘がかすむ。山頂から東の小倉方面を望むと、町並み背後に足立山が横たわる。南には深山に囲まれて河内貯水池が碧い水を湛え、背後の山なみにカルスト地形の平尾台や福智山も見える。山頂から見る風景の立ち位置は鳥瞰図とは正反対であるが、それでも北九州一帯の街の姿がよくわかる。

街中の憩いの場は、豊山八幡宮とその境内を利用して設置

八幡市
鳥瞰圖
昭和八年
初

〈図9〉「八幡市」
(昭和9年4月、吉田初三郎画、八幡市役所)

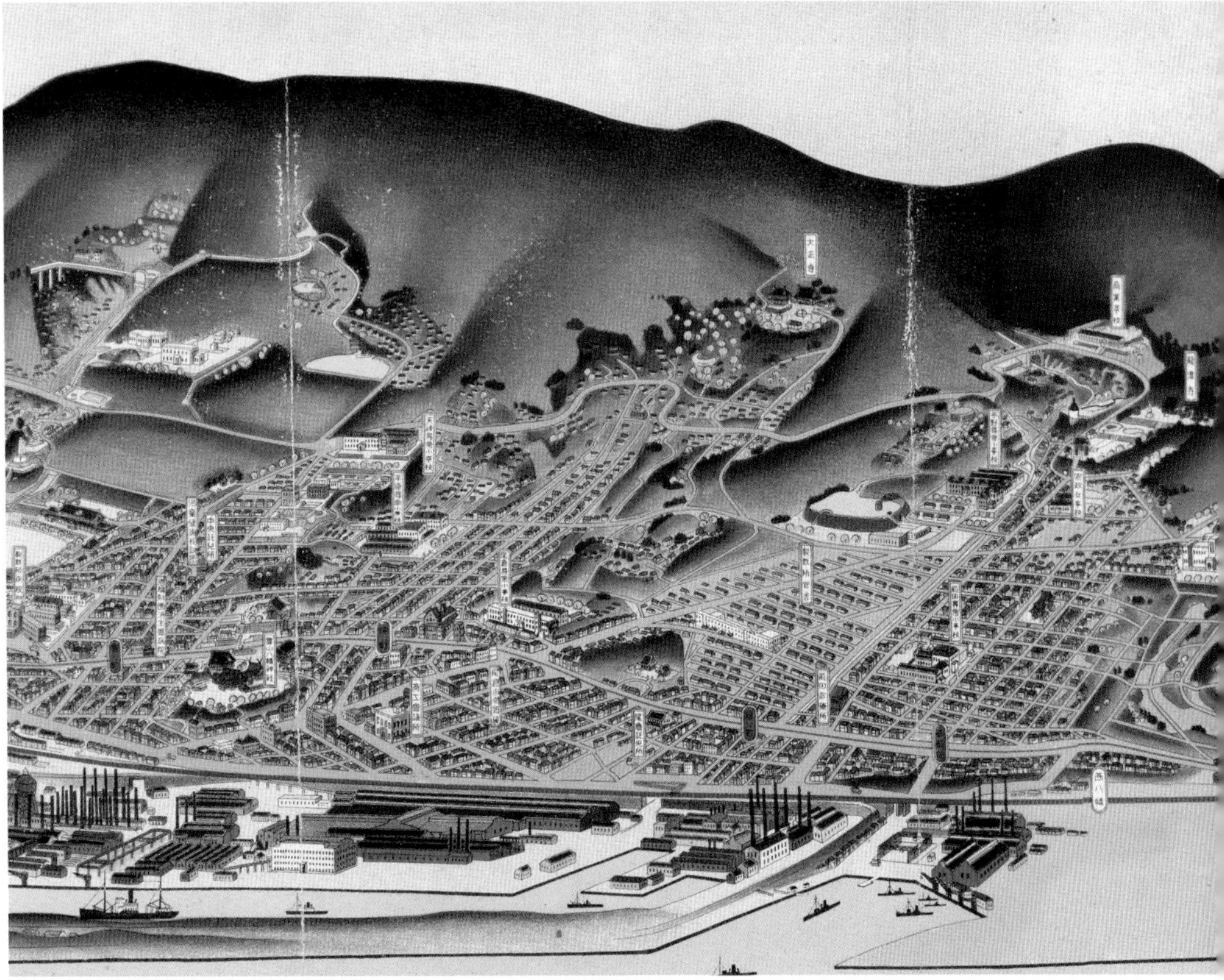

商業学校
西八幡

（昭和八年）された豊山公園である。

元大樹鬱蒼として幽邃（ゆうすい）であったが、諸工業の中心地帯で煙害の為枯死（こし）し緑化に恵まれざるも、三千坪の地域、眺望佳絶、煙都唯一の大衆遊覧場である。

豊山八幡宮は、小倉庄六か村（尾倉・前田・大蔵・枝光・鳥旗・中原）の総鎮守である。明治二三年に尾倉・大蔵・枝光三か村が合併した際、氏神の名を取って村名を「八幡」としたのが地名の起こりという。狛犬の台座に「第一回国勢調査記念」（大正九年）と刻むが、市制施行（大正四年）した八幡市の人口増加を感慨深げに思う人々の顔が目に浮かぶ。官営製鐵所とともに街が繁栄を遂げた昭和五年、総檜造りの社殿が再建された。

うっそうと茂っていた神社の社叢は煙害で枯れてしまった、とこともなげに言うが、思えば壮絶な一文である。どのような気持ちで八幡を「煙都」と表現したのだろうか。

第一次大戦後の鉄鋼増産に伴い、大量の工業用水の確保が課題となった。大蔵川上流の渓谷に一大堰堤を築き、昭和二年に河内貯水池が完成した。

町端（はず）れから桜の名所景勝園を過ぎ大蔵川の清流を辿（たど）り行くと、眺望は一変して渓谷に見る懸崖（けんがい）百尺の下、銀蛇の如き奔流を見せ、一株の老松は雅致な枝振りを水面に翳（かざ）し、小瀑布あり、水道橋あり、渓谷の美、忘我の裡に大堰堤に至る。周囲二里余、湖畔の逍遥自動車によし、徒歩によし、四山環翠、一水澄碧自ら爽快にして興趣更に深きものがある。

河内貯水池湖畔は、市民の散策路として親しまれていた。「煙都」といえども、少し足を延ばせば身も心も安らぐ場所があり、そこに暮らす人々に潤いを与えていた。

三、唐津と呼子

（一）唐津

玄界灘の糸島半島（福岡県）と東松浦半島（佐賀県）に囲まれた唐津湾沿岸は、風光明媚な地が続く。「北九州第一の絶勝唐津名所御案内」（昭和二年、吉田初三郎画、観光社発行）〈図10〉から、唐津湾沿岸を見ていこう。所収の鳥瞰図は「北九州鉄道沿線名所遊覧図絵」（内題）とあるように、唐津湾などの北九州鉄道沿線風景を鮮やかに描く。福岡市姪浜から唐津にいたる北九州鉄道（現・筑肥線）は、大正一二年に前原―虹の松原間が開通、翌年に南博多―東唐津間が繋がった。これにより唐津は、福岡に住む都市住民の行楽・遊覧地としての性格を強めた。

表紙は太い幹のクロマツ林の絵柄で、虹の松原と思われる。鳥瞰図は玄界灘から南に陸地を望む構図で、左に糸島半島、中央に虹の松原、右に東松浦半島をおく。起点の博多から今宿を過ぎると糸島半島で、今津海岸に元寇防塁があり、半島西方に芥屋の大門が海に切り立つ。

玉島川を渡ると、虹の松原が続く。浜辺は海水浴場となり、松原の中に遊園地もある。松原背後に領巾振山が横たわり、山上に衣掛松や股覗石が見える。当時、天橋立のように股覗きで虹の松原を見ることが流行ったのだろうか。終点の東唐津に北九州鉄道本社があり、東唐津―伊万里間は計画路線となっている。

松浦川の松浦橋を渡ると、唐津の街である。海に突出した小山を利用した舞鶴公園は、唐津（舞鶴）城址である。当時、城址は石垣のみであったが、昭和四一年に模擬天守が建設された。舞鶴公園の下に西の浜海水浴場がひろがる。長崎本線久保田駅から唐津港付近の西唐津に唐津線が延びるが、明治三〇年代初頭、石炭搬出を主目的に敷設された唐津興業鉄道が前身である。唐津港に汽船が停泊し、呼子方面に航路が延びる。

唐津から北に東松浦半島が玄界灘に突き出し、景勝地の七ツ釜や立神岩が見える。半島西の深い入江が呼子港で、入江の北に浮かぶ加部島が風波を遮る。加部島に田島神社が鎮座し、境内に松浦佐用姫伝説の「望夫石」がある。呼子の西に文禄・慶長の役の前線基地となった名護屋城址も見える。玄界灘沿いの数多の名所が目の前に展開する鳥瞰図である。

次に、「唐津案内」（昭和一一年一一月、門司鉄道局発行）〈図11〉から唐津とその周辺を見よう。表紙は松の枝越しに望む玄界灘に白帆の船が浮かぶ絵柄である。このような冒頭文がある。

> 唐津市街は此の松浦潟に沿うて横に長く、松浦川を隔て万松一路、白波の岸を走る虹の松原に続く風光明媚の地、殊に海水浴の好適地として有名なところである。（中略）此の地は単に風光の明媚、海水浴の好適地なるのみならず、舞鶴公園・虹の松原・近松寺・立神岩・七ツ釜・領巾振山・佐用姫神社・名護屋城阯等見るべく又探るべき名勝史蹟が多い。

松浦潟とは唐津湾、佐用姫神社は田島神社境内社である。唐津は、松浦川を隔てて虹の松原が続く風光明媚な地で、海水浴に適するばかりか名勝史跡が多く、豊かな歴史は優美な風光と相まって唐津を詩のような趣にしている、と説く。唐津城址の舞鶴公園から眺望がひらける。

> 石段を廻り廻りて登ると、そこからは山も海も街も村も一眸の裡に見渡され、眼下に流るる松浦川を静かに上下する白帆や、其の河口に架けた六〇〇米余の長橋を走る自動車が豆自動車の如く丁度飛行機の上からでも見る様な眺めである。

〈図10〉「九州第一の絶勝　唐津名所御案内」
(昭和２年、吉田初三郎画、観光社)

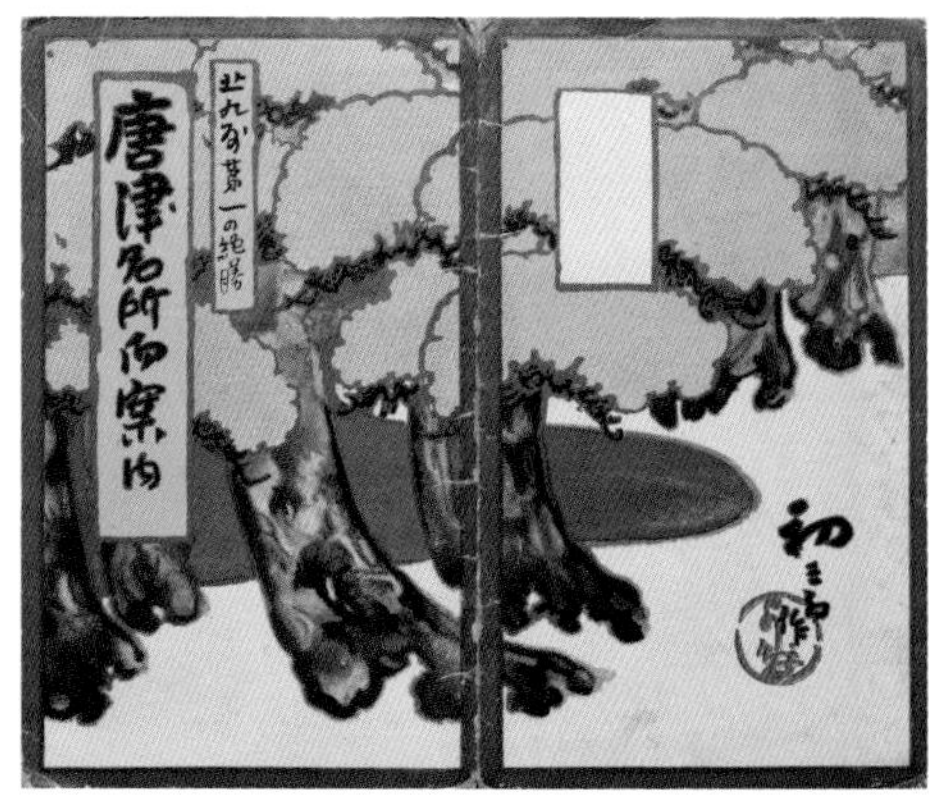

白糸滝
浮岳
十坊山
大村神社
日田
甘木
小郡
鳥栖
黒木
羽犬塚
南関
矢部川
古湯温泉
領巾振山
衣掛松
恵日寺
一ノ宮
浜崎
虹ノ松原
東唐津
乗船場
松浦川
舞鶴公園
渡船場
高島

函館
青森
大社
廣島
岡山
姫路
神戸
大阪
京都
名古屋
東京
小郡
下関
門司
小倉
若松
折尾
津屋崎
東郷
和白
香椎
飯塚
中津
立花山
八木山
別府
大分
由布院
野矢
長崎
志賀島
海ノ中道
残島
西戸崎
博多港
博多
吉塚
新柳町
天神町
福岡港
鳥飼
西新町
長垂寺
姪浜
生ノ松原
今宿
周船寺
前原
加布里
一貴山
筑前深江
宇美
篠栗
太宰府
二日市
怡土城趾
金龍寺
高祖神社
深井
今津
大泉坊
万人塚
千人塚
火山観音
桜井
桜井神社
天ノ岩戸
大神宮
二見ケ浦
芥屋
船越湾

唐津城は、慶長一三年（一六〇八）に寺沢広高が築城を完成、以後、城主はめまぐるしく変わり明治を迎えた。廃城後、建物は取り壊され、明治一〇年に舞鶴公園として整備された。長橋とは松浦橋のことで、小山に築かれた城址からの風景を、橋の上を行き来する自動車が豆自動車のように見えるほど、と表現する。

松浦川河口の唐津城址に登ると、北に唐津湾の青海原がひろがり、南に松浦川流域の村々が点在する田園景色も楽しめる。次いで鶴舞の呼称の由来である。

虹の松原が鶴の右翼に、西の松原が其の左翼に、湾内の鳥島が頭となり、市街がその腹に髣髴（ほうふつ）して居るので、ここを舞鶴城又は舞鶴公園と称するのである。

唐津の地形をうまく表現した一文で、鶴舞城の別称もこの景観による。鳥島は、今は陸続きとなった大島と、沖の高島の間に浮かぶ小島である。

（二）虹の松原

松浦川右岸東の海辺に虹の松原が延びる。クロマツ林が長さ四・五km、幅〇・五kmにわたって続く、わが国有数の松原である（大正一五年名勝、昭和三〇年特別名勝）。「唐津案内」〈図11〉は、その名の由来をこのように紹介する。

松原の翠緑に渚の白砂それに海面の水色（すいしょく）を加へて、虹を地上に描いた様に、虹の松原の名亦（また）之に因るのである。

緩く湾曲する唐津湾に連なる白砂青松と海の色を三色の虹に見立てている。海面の水色とは、夕陽に映える海の紅色を指す。

虹の松原は唐津の生命で、仮りにこの松原を取り去るならば松浦潟の風光は、竜を画いて眼を点ぜぬ死画の類である。満島から浜崎まで八粁の間は数百年を経たる老松が、翠を連ねて幾万株となく続いて居る。

虹の松原あっての唐津である、と説く。この松原は、江戸初期に防風林として植えたもので、歴代藩主により手厚く保護されてきた。当時、松林の中に海浜ホテル・東屋ホテル・松屋ホテルなどがあって、夏季、海水浴客で賑わった。松原の中の二軒茶屋に数軒の茶店もあって、名物「松原おこし」を商っていた。今もその一軒が黒砂糖をまぶした昔ながらのおこしを製造販売する。

虹の松原海岸、および唐津城址西方の西の浜は、砂浜のひろがる海水浴場で、脱衣場・淡水井戸・売店の設備や、ホテルの他に二軒の旅館もあった。夏は自炊客に貸間をする素人家が多く、市役所では貸家貸間の斡旋をするほどであった。とりわけ遠浅の西の浜は、数百メートル沖に出ても危険がなく、眺めもよかった。西の浜には、夏季に鉄道省直営の海の家が開設された。

海の家には休憩所・脱衣所を浴場は勿論のこと、娯楽機関としてラヂオ・蓄音器などを備付け其の他水泳用具、広場には、運動用具等一切を整へ、又食堂ではなるべく簡易なものを安価に提供する等、総てが利用者本位、大衆本位になってゐるから、経済的理想的銷夏場として、近郷都市から家族件(ママ)れで一日の清遊には恰好の所である。

五百名収容できる規模を誇る海の家は、水泳用具や運動用具をそろえ、安価な食堂も設置されていた。ラジオや蓄音器の設備を売りにした賑やかな夏の海辺が目に浮かぶ。

「唐津案内」が発行された昭和一一年、虹の松原に唐津シーサイドホテルが営業を開始した。これは鉄道省国際観光局が肝入で設置した「国策ホテル」の一つで、「KARATSU SEASIDE HOTEL」(昭和一一年頃)〈図12〉を発行する。表紙は、唐津湾を一望する虹の松原に、赤い屋根の清楚なホテルを描く。

当ホテルは、夏季に於て来唐する外人の逐年激増するに鑑み(昭和十年夏季中、一日最大滞在外人数、四百五十人延人員二万余人)更に一層外客を誘致して我国国際観光事業の助長を計り且つ一般観光客の便に資せんが為め唐津市が鉄道省国際観光局の協力に依りて建設……

昭和一〇年に延べ二万人余りの外国人観光客が唐津を訪れた、とパンフレットにあり、さらなる誘致を目論んだホテル建設であった。総客室数は三五室(洋室三二、和室三)、社交室・酒場・小食堂・舞踏室兼大食堂をそなえたリゾートホテルで、経営は博多の共進亭ホテルに委託した。ホテル開業五年余りして第二次大戦が勃発、外国人観光客誘致の夢は消え去った。経営者は戦中戦後に何度か変わり、戦後しばらく米軍に接収されていた。時代に翻弄された「国策ホテル」は、昭和三八年に解体された。

虹の松原背後に聳える領巾振山は、松浦佐用姫の伝説で名高い。再び「唐津案内」〈図11〉から引こう。

大件(ママ)狭手彦、新羅征討の途次此処に滞留し、篠原長者の娘佐用姫と果敢なき恋を結び復の逢瀬の記念に太刀と、鏡と巻物とを残して船出したのである。姫は想夫の念に堪へかねてこの山に登り、行く船しばし君待てと領巾うち振りて呼び止めたのであるが、船は止る由もないので山より飛び降りて其の跡を追ひ二〇粁の彼方、加部島に来て遂に力及ばず、やる瀬ない儚い恋に悶え死んで、其の身は石と化したと伝へられて居る。

大伴狭手彦は任那を侵攻した新羅を討つため朝鮮に派遣され

た豪族で、六世紀前半の話である。何とも熱情あふれる姫である。領巾（ひれ）とは、古代の女性が身に着けた細長い布で、これを振って波風をおこす呪力があると信じられていた。悲しさのあまり石と化した佐用姫を祀るのが、加部島の田島神社境内の佐用姫神社で、ご神体が「望夫石」である。その頃、唐津や東松浦半島は朝鮮への渡海口であったことが、この悲しい伝説の背後にあるのだろう。当時、領巾振山の頂上まで自動車道がついていた。

山頂にある鏡山展望台に立つと、脚下に虹の松原が緑の帯を引き、松浦川左岸に唐津の町並み、河口に唐津城址を一望する。紺碧の唐津湾に大島・鳥島・高島が浮かび、東北東に十坊山・浮嶽などの山なみが稜線を引く素晴らしい風景が展開する。

〈図11〉「唐津案内」
（昭和11年11月、門司鉄道局）＊

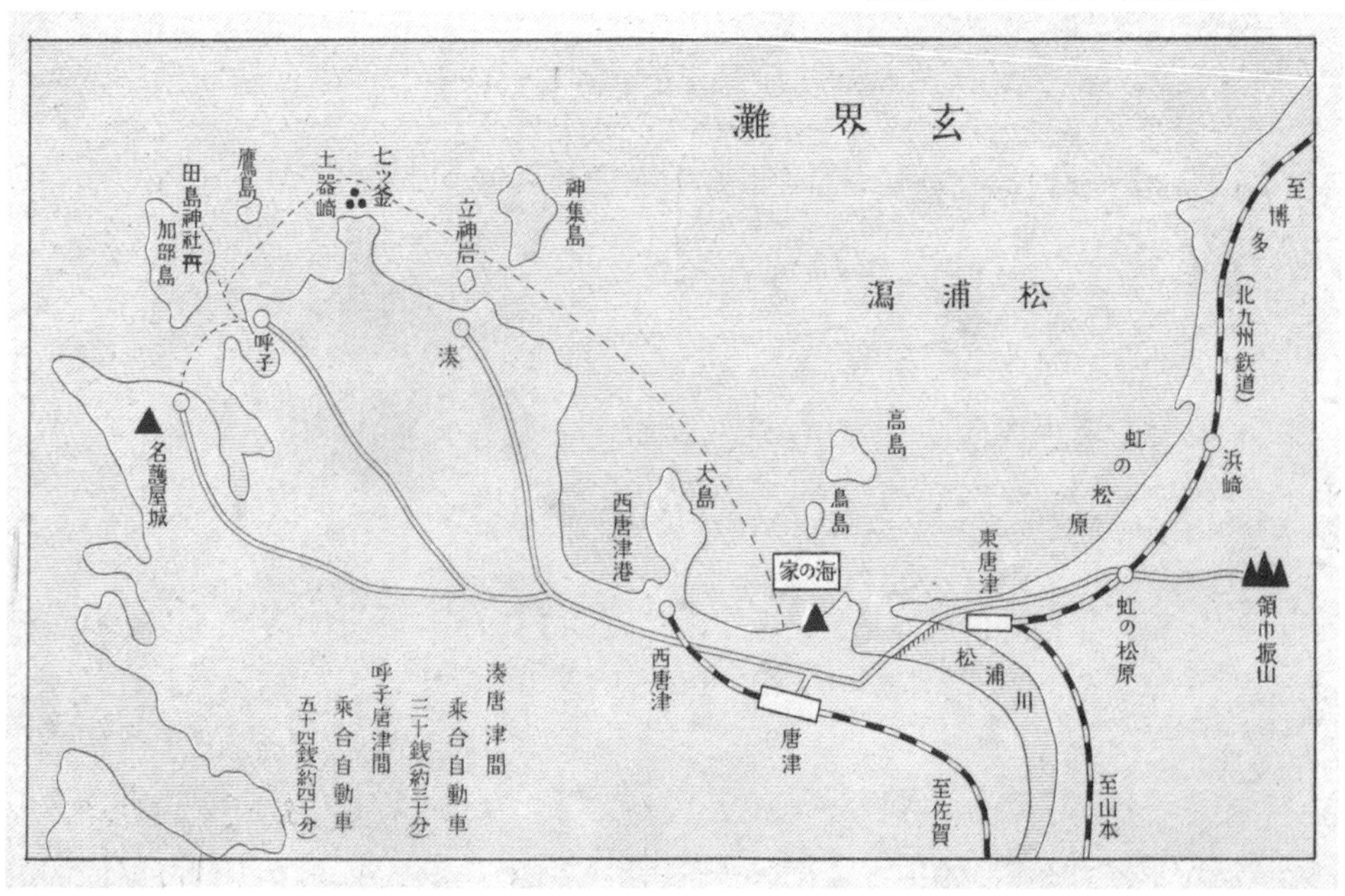

〈図12〉「KARATSU SEASIDE HOTEL」
（昭和11年頃、同ホテル）＊

（三）呼子とその周辺

東松浦半島北端、袋のような奥深い入江をなす呼子湾は、海辺に山が迫った地形である。湾東側の海辺に沿った細い街路に、木造二階建ての古風な町家が軒を連ねる。古くは、大陸への渡海口であったという呼子は、漁村、そして小廻船の寄港する港町として発達し、海の幸が並ぶ朝市が有名である。

> 呼子湾の長く湾入せる処に在る。箱庭のやうな美しい港で、前に加部島横たはり、名護屋と相対して居る。今、人口七千余、漁業の盛んな処で又秋冬の季は捕鯨が盛んである。（中略）夏季は避暑を兼ねて史蹟を探る人、又は画材を蒐むる為に滞留の客が尠くない。

箱庭のような呼子湾の風光はもとより、呼子湾北東の尾ノ下鼻の丘に立つと、加部島を目の前に、田島神社が鎮座する宮崎鼻の前に臼島・鷹島が浮かび、その背後に小川島を眺望し、玄界灘がひろがる。呼子の捕鯨は、江戸中期から明治初期まで中尾捕鯨組により営まれた。その後、小川島を拠点に捕鯨が続けられたが、昭和三〇年頃に終焉を迎えた。呼子の町並みに、白漆喰で塗りこめた中尾家旧宅が残る。なお、呼子名産に、鯨の軟骨を粕漬にした「松浦漬け」がある。呼子東方の景勝地が七ツ釜である。

全岬悉く玄武岩より成りて断崖絶壁を為し、角形の石柱千幾万となく恰も薪を束ねて積み上げた様に累々として白波砕くる其の巌脚に、洞窟が七つ、竈を並べた如く、列んで居る。因て之を七ツ釜と称するのである。

屋形石の七ツ釜（大正一四年、天然記念物）は、玄界灘の荒波が削った七つの海蝕崖が竈に似るためその名が起こったという。薪を束ねたような角形の石柱とは、玄武岩の柱状節理である。唐津北方の港や呼子から小舟を雇って探勝し、凪のない日には七ツ釜の洞窟内に舟を漕ぎ入れることもできた。当時、夏季に、唐津―七ツ釜―田島神社―名護屋城址を約五時間かけてめぐる遊覧汽船もあった。今日、断崖上に七ツ釜展望台が整備されており、ここから入江を隔てて洞窟を眺めることができる。ほかに、岩が緩やかに傾斜しつつ海に落ち込む「象の鼻」の柱状節理が見事である。

豊臣秀吉が文禄の役に際して波戸岬にいたる丘陵に築かせた前線基地が、名護屋城址（大正一五年、史跡）である。

今石壁残り礎石散在して、天下の大軍を集めた当時の偉大な勢力と規模の雄大な俤を偲ばしむる。更に眼を放てば筑紫の島山を控へ、左に平戸半島を指し前面渺波の裡に壱岐・対島（ママ）を望むのである。

「荊棘長く延びるところに佇むと、秀吉が陣営をこの地に定めたことがうなずける」とも記すが、当時、松林の中に「豊太閤征韓陣営之跡」と示した木標が立つ程度で、名護屋城址は荒れ果てていた。対馬も望むとあるが、その先は朝鮮半島である。

名護屋城址一帯は、今は整備がゆきとどき、草に埋もれた姿は一変した。大手口から石垣に沿って登城坂を上り、東出丸・三ノ丸を経て本丸跡に立つと、馬渡島・松島・加唐島などが点々と浮かぶ雄大な玄界灘の風景が眼下にひろがり、海の彼方で起こった歴史の一コマが瞼に浮かぶ。呼子から名護屋大橋を渡って波戸岬にいたる道路沿いには、名護屋城を中心に名だたる大名の陣跡が点在し、その数一三〇余りともいう。前線基地に立つと、権力を握った人間の欲望の果ての愚かさ、それに従わざるを得ない運命におかれた人々の悲しみなどが脳裏をよぎる。

第七章　長崎・熊本・大分

一、港町長崎

（一）長崎の風景

九州西端、西彼杵（にしそのぎ）半島付け根の天然の良港長崎は、一六世紀半ば過ぎ、キリスト教布教やポルトガル船来航により異文化に接した。やがて江戸幕府の直轄地となって出島を築造、国を鎖した日本がオランダと中国にわずかに開いた窓口であった。時を経て安政六年（一八五九）、長崎は神奈川・箱館とともに開港、居留地がおかれて再び外来文化の取り入れ口となった。

「景勝の長崎」（昭和九年一月、吉田初三郎画、長崎市観光誘致協会発行）〈図1〉から長崎の風景を探ろう。表紙は長崎湾に浮かぶ唐船の絵柄で、鷹を描いた艫（とも）に「金全勝」とある。中国と長崎を往来した貿易船金全勝号を、長崎版画などを参考に描いたものだろう。鳥瞰図は稲佐山付近から東に長崎湾と街を望む構図で、左に浦上、中央に長崎港駅、右下に湾口の神ノ島をおく。東シナ海には香焼島（こうやぎしま）・伊王島が浮かび、右上に野母（のも）半島が延びる。稲佐山麓の長崎湾西海岸に三菱造船所の諸施設が建ち並ぶ。

長崎湾に浦上川・中島川・銅座川・松枝川が注ぎ、浦上川河口に長崎駅（明治三八年現在地に開業）がある。長崎駅から出島岸壁の長崎港駅（昭和五年開業、同六二年廃止）まで長崎本線が延び、駅前の日華連絡船発着所に税関が建つ。中島川河口右岸は大波止で、当時、中国をはじめオーストラリア・香港・カナダ・大連・台湾に定期航路をもち、南洋へも船が出ていた。また国内の五島列島・佐世保・平戸方面や、島原・天草諸島、鹿児島県甑（こしき）島にも船が発着していた。

税関東に「オランダ屋敷趾」と示すのは、出島跡である。出島跡から緩やかに弧を描く中島川を渡ると県庁舎が建つが、ここが江戸時代に長崎奉行所がおかれた長崎の中心地である。

中島川には、眼鏡橋をはじめ多くの石橋が架かる。中島川に沿って電車通りを北に向かうと山麓に諏訪神社が鎮座し、隣接する諏訪公園に商工奨励館や図書館が建つ。西の山麓に聖福寺・

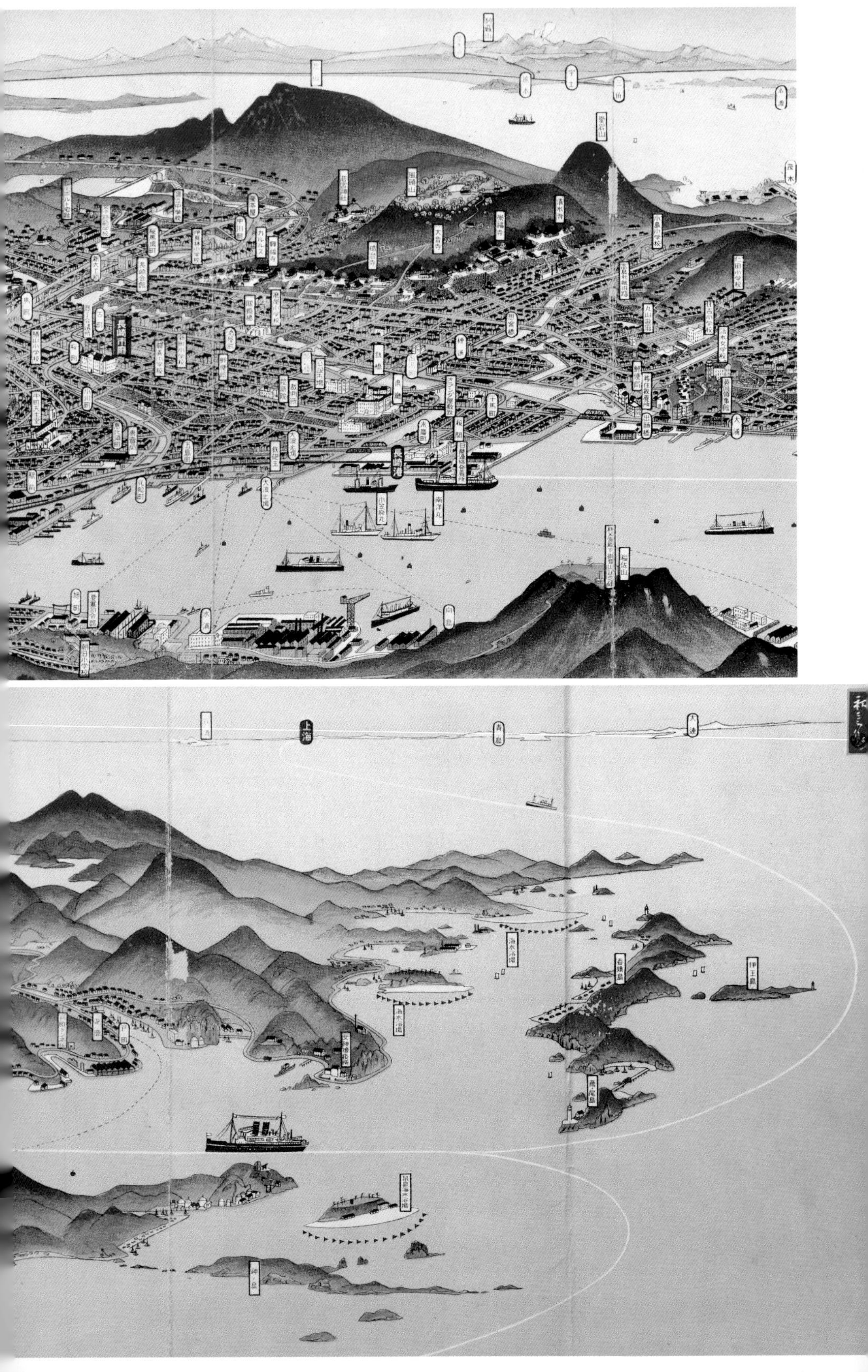

長崎港
小笠原丸
南洋丸
大波止場
鉄砲玉
日本郵船長崎支店
税関
オランダ屋敷跡
県庁
裁判所
十善寺
稲佐山
愛宕山
風頭山
清水寺
大音寺
皓台寺
茂木
大浦
上海
青島
大連
海水浴場
香焼島
伊王島
高鉾島
鼠島海水浴場
神ノ島

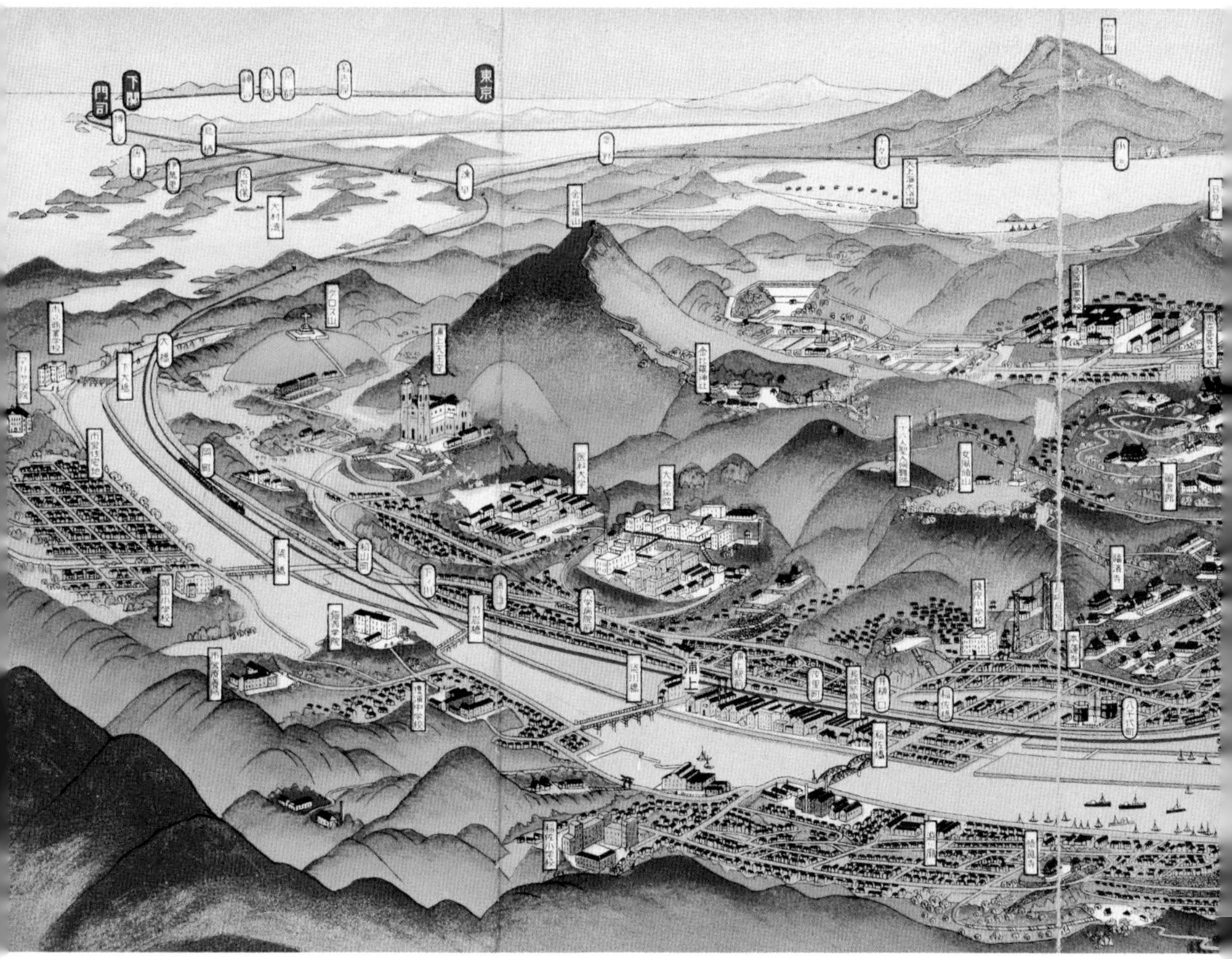

〈図1〉「景勝の長崎」
（昭和9年1月、吉田初三郎画、長崎市観光誘致協会）

福済寺が見え、付近の西坂は二十六聖人殉難跡である。中島川と銅座川に囲まれた風頭山の麓は寺町で、崇福寺・興福寺などの寺々が並ぶ。銅座川の思案橋を渡ると、丸山遊廓が見える。

銅座川と松枝川に挟まれた東山手の丘に活水女学校や海星中学校のミッションスクール、海岸に英国領事館が建つ。松枝川を隔てた南山手の丘には大浦天主堂があり、羅天神学校と煉瓦造りの長崎大司教館が隣接する。浦上方面に目を転じると、浦上天主堂・旧制長崎医科大学（現・長崎大学）・大学病院が見えるが、浦上天主堂は米軍による原爆投下の爆心地に近い。

（二）長崎をめぐる

長崎は、独特な行事が多い街である。「景勝の長崎」〈図1〉に長崎の諸行事が紹介されているので抜粋しよう。

四月　月を通して有名な凧(はた)揚げに全市業を忘れて熱狂する。
六月　一日「おくんち」の先触れ「小屋入」が行はれる。
旧暦五月五日剗龍（ペーロン）競漕。南支那の習俗を伝へた類例のない一種のボートレースで、その勇壮快絶さは筆にも口にも尽されぬ。
七月　孟蘭盆(うらぼん)、精霊流しの豪華さは旅人の魂を奪ふに足るものがある。
八月　旧暦七月十四日には興福寺で、新暦八月二十三日には崇福寺で、在留支那人の特異な盆祭りが行はれる。
十月　諏訪大祭。

凧揚げ・ペーロン・精霊流し・「くんち」は、長崎特有な行事である。なかでも諏訪神社大祭の「くんち」は、龍踊(じゃおど)りをはじめ数々の演し物があり、「財を散じ産を傾けることをも意としない」、と長崎人の心意気も記す。

昭和初期の旅行案内書は、長崎の廻覧順路をこのように示す。

長崎駅—商工奨励館—諏訪公園—諏訪神社—崇福寺—大浦天主堂—出島蘭館址—出島岸壁—長崎駅（『日本案内記』九州篇、昭和一〇年）

当時の長崎廻覧は、史跡めぐりが中心であった。諏訪公園は、明治七年に諏訪神社境内を公園にしたもので、商工奨励館などが建っていた。崇福寺は「唐三か寺」のひとつ、大浦天主堂は二十六聖人に捧げた長崎を代表する教会堂である。

おもな名所を、再び「景勝の長崎」〈図1〉から見ていこう。

長崎の史跡として名高いのが、出島蘭館跡である。

幕府は異教禁圧と混血児撲滅のため内外人の雑居を禁じたので、当時市内に在住した葡萄牙(ぽるとがる)人のため江戸町海面を埋立て、扇形の小島を築いてこれに移した。（中略）寛永十四年島原の切支丹一揆後葡人入国を禁じたので十八年、平戸の和蘭商館を廃してこれに移した。明治三十三年埋築工事の結果由緒ある扇形の出島はその原型を失った。

ここでは出島築造の目的として、キリシタン禁止とともに混血児撲滅を強調する。そのため、出島への女性の出入りは、傾城（遊女）以外禁じられていた。幕末の日蘭和親条約によりオランダ人の長崎市街への出入りが許され、出島の役割は終わった。またオランダ商館も閉鎖となった。明治期の二度にわたる港湾改修工事で出島は陸続きとなり、扇形の島は失われて市街地と化したが、緩やかに曲がる中島川にその跡をしのぶことができる。大正一一年、シーボルト宅跡・高島秋帆旧宅とともに史跡に指定された出島は、わずかに石塀と倉庫を残すのみであった。

長崎で目を引くのは、一七世紀初期に建立された興福寺・崇福寺・福済寺の「唐三か寺」で、中国との深いつながりを物語る。興福寺は江蘇省・浙江省の華僑の菩提寺、崇福寺・福済寺は福建省出身者の拠り所となった寺院である。寛永元年（一六二四）、最初に建立されたのが興福寺である。

眼鏡橋の建設者名僧如定の建立になる黄檗禅寺で俗に南京寺と呼ばれてゐる。三代逸然禅師は漢画の始祖として有名で、隠元禅師も逸然の請聘によって承応三年入山された。本堂「大雄殿」の扁額は隠元禅師の筆蹟である。

興福寺開山の真円、黙子如定（二代）・逸然性融（三代）はいずれも中国僧で、逸然は黄檗宗大本山宇治萬福寺開山の隠元を福建省から招いた。丹塗りの山門を潜ると大雄宝殿と媽祖堂が並び、境内に旧唐人屋敷門や中島聖堂遺構大学門が移築されている。二年後の寛永三年（一六二六）には崇福寺が創建された。

開基は明僧超然。隠元禅師は明暦元年から三年間此の寺に法を説き、即非禅師その後を継ぎ堂宇を明風に改築した。

寺内楼門の傍に鉄の大釜がある。天和二年の飢饉に際し住職千獃が書籍什器を売り払って、一時に四石二斗を炊き得る径五尺五寸、高さ六尺五寸、重量三百十四貫余の大釜を造り日々千余の窮民に炊き出しを行ったものである。

崇福寺の楼門を潜り石段を登ると、軒裏に精緻な組み物を施した彩色鮮やかな第一峰門が建つ。寧波で材を加工して日本で組み立てたという門である。右に折れると護法堂・大雄宝殿・開山堂が奥一列に並び、開山堂の隣に媽祖堂が建つ。

媽祖は、航海安全を司る女神である。長崎に入港した唐船は、船上に祀った媽祖像を「菩薩上げ」といって陸地に安置するが、それが媽祖堂の起こりとされる。また媽祖像を船に戻す「菩薩乗せ」があり、それらの行列はラッパ・ドラ・爆竹の鳴り響く中

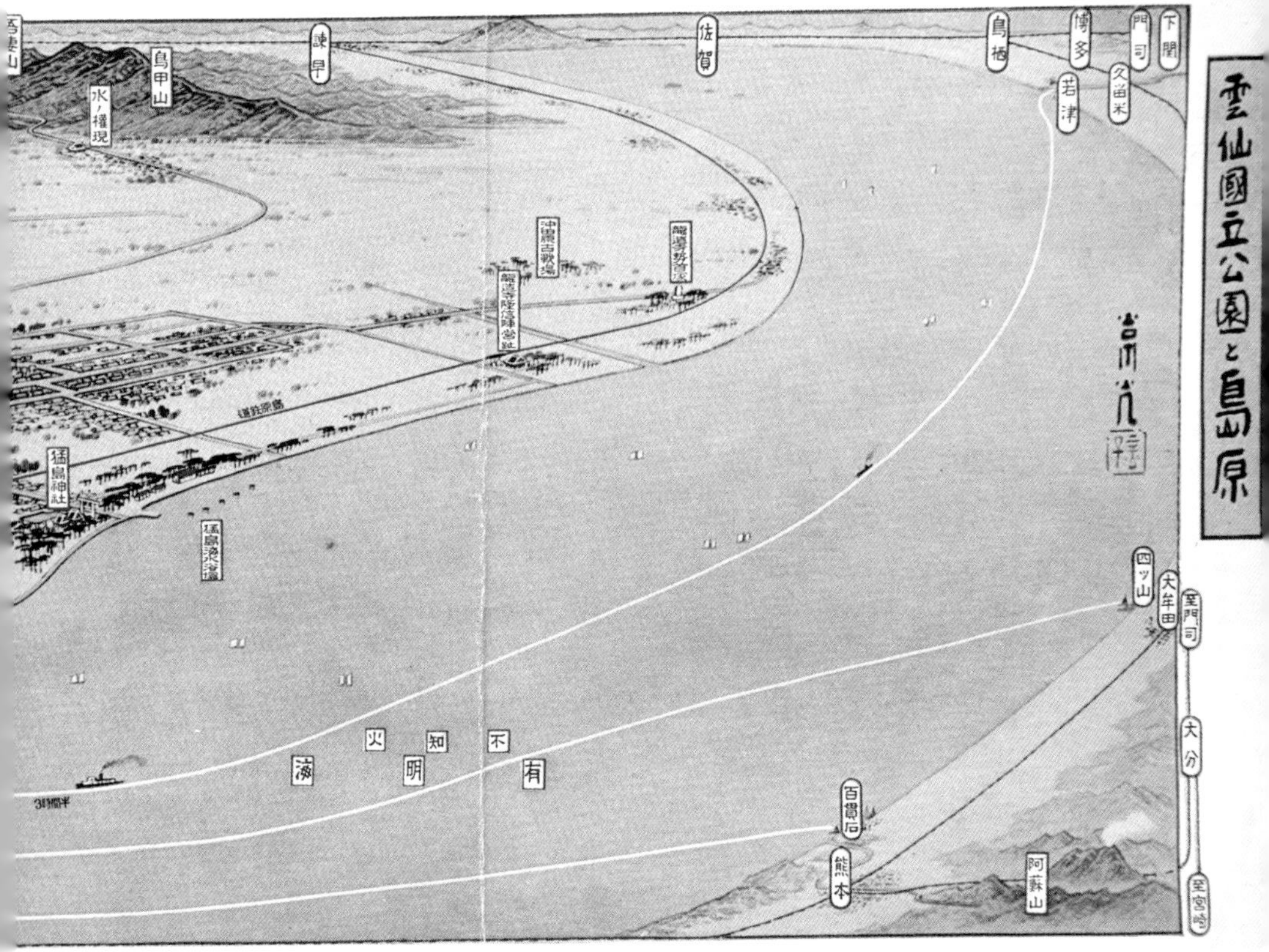

〈図2〉「観光の島原」
（昭和9年3月、金子常光画、島原町役場）

で賑やかにおこなわれた。明治に入ると、この習俗が諏訪神社祭礼「くんち」の龍踊りや唐人船・龍船（じゃぶね）に取り入れられたという。媽祖堂門と鐘鼓楼の間に今も大釜が据えられている。「崇福寺施粥巨鍋」と釜に鋳造された文字は、粥を炊いて空腹の人々に施した中国僧の篤志を伝える。崇福寺背後の墓地に隠元の寿塔が立ち、向かって右に弟子即非の舎利塔、左に大釜をつくって窮民に施した千獃の寿塔が寄添う。「唐三か寺」とともに長崎の宗教上特筆されるのは、大浦天主堂である。

禁教三百年の間ひそかに信仰を守り通したカトリック教徒にも喜びの春が廻って来、安政の開港とともに入り込んだ多数の外人のため元治元年に建てられた日本最古の天

小浜温泉
絹笠山
雲仙
仁田峠
妙見岳
普賢岳
國見岳
焼山
稲荷神社
体育場
射撃場
薬園跡
本光寺
湖水公園
三十番神
護國寺
八幡神社
白山
島原港
島原湊
大師堂
第二小学校
警察署
裁判所
武徳殿
森岳城趾
町役場
瓦斯会社
税務署
霊丘公園
霊丘神社
焼酎会社
島原
第一小学校
高等女学校
島原燈台
1時間半
2時間半
長崎 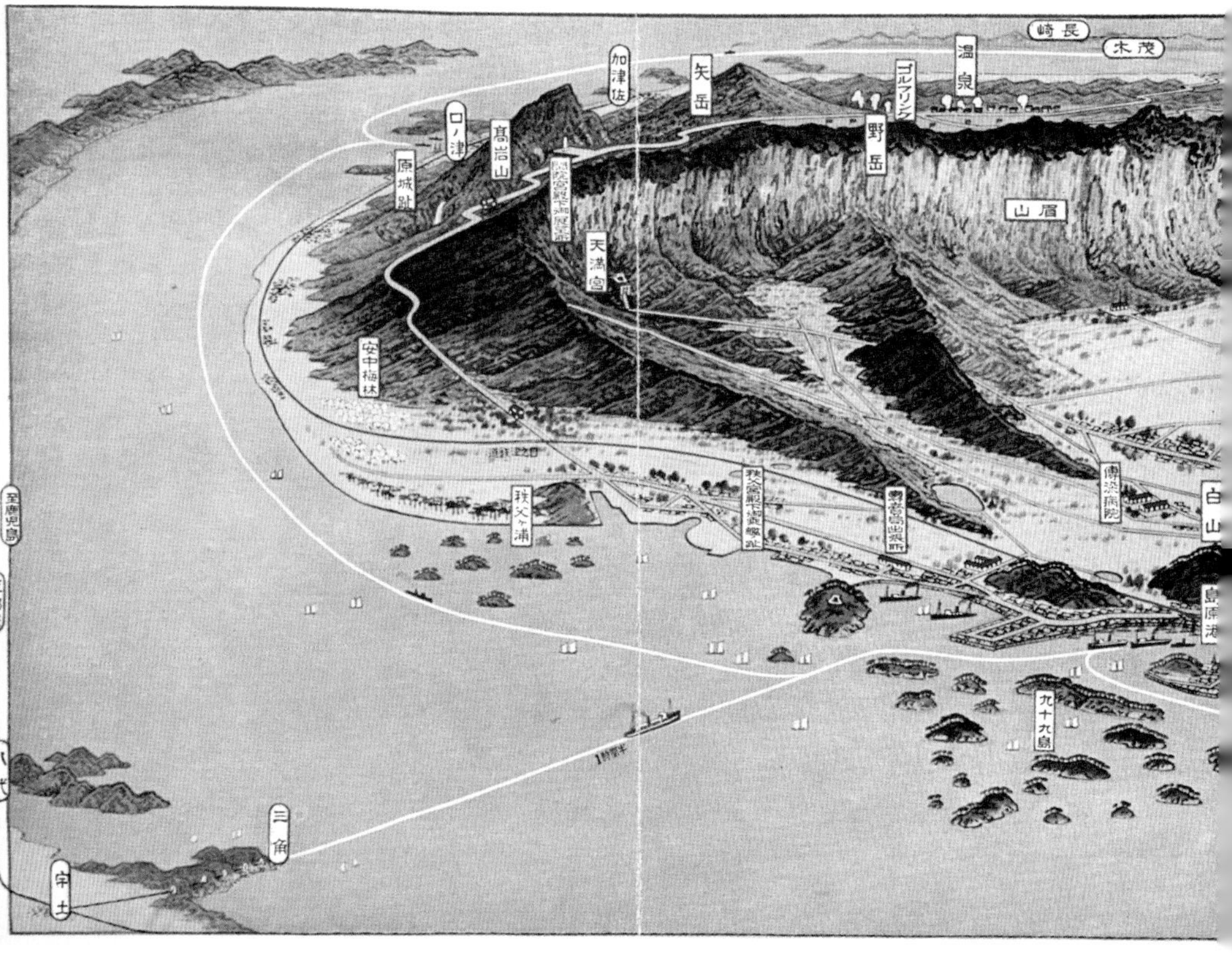
茂木
温泉
ゴルフリンク
矢岳
野岳
加津佐
口ノ津
高岩山
原城趾
山眉
天満宮
安中梅林
秩父ヶ浦
白山
島原港
九十九島
1時間半
三角
宇土
八代
至鹿児島

主堂で、（中略）史的価値最も大なるものである。

開港後の元治元年（一八六四）、パリ外国宣教会の神父がフランス人礼拝堂として南山手に建立した大浦天主堂は、「仏蘭西寺」とも呼ばれた。切支丹禁制の高札が掲げられていた幕末、浦上から建立間もない天主堂を訪ねた一行がいた。献堂式二週間前のことである。そのうち一人の女性がプチジャン神父に近づき、信仰を告白したという。いわゆる「信徒発見」であり、このことは驚きをもって海外に伝えられたという。

案内文では、いわゆる「潜伏キリシタン」を、信仰を守り通した「カトリック教徒」と明記するが、当時は、そのような解釈が一般的であったのだろう。今日では、その捉え方がやや異なる。幕府の禁教政策の中で表向きは仏教徒などを装いながら信仰をもち続けた人びとを「潜伏キリシタン」と呼ぶが、カトリック教徒とは言い難い。すなわち、禁教三百年の間に土着的な信仰と融合して、本来のキリスト教とはかけ離れた特異な礼拝形式と習慣が形づくられ、それを受け継いでいった人々がいたのである。

潜伏キリシタンが住み続けた平戸島の春日集落や根獅子集落などの信仰の在り方を見ると、キリスト教が元の姿をとどめぬほど変容して、固有の土着信仰になっている。長崎県西彼杵半島や五島列島には、明治以降、パリ外国宣教会の布教により次々にキリスト教会堂が建てられていくが、それを短絡的に信仰の復活と捉えていいのだろうか。

大浦天主堂は世界遺産「長崎と天草地方の潜伏キリシタン関連遺産」（平成三〇年登録）の構成資産の一つであり、プチジャン神父による「信徒発見」は潜伏キリシタン一連の出来事の最終章に位置づけられている。

港町長崎には、わが国最初の洋式造船所が設置された。

東洋一の三菱長崎造船所がある。安政二年の幕議により、四年、蘭人ハルデスを技師長に小工場を創立して熔鐵所と名付け、文久元年、長崎製鐵所と改名、明治四年工部省の所管に帰し、十七年、三菱の経営に移った、日本最初の又最大の洋式造船所である。

現在、長崎湾に面して、日本初の洋式ドックである小菅修船場跡（明治元年）、煉瓦造の旧木型場（明治三一年）、迎賓館の占勝閣（明治三七年）、今なお現役の第三船渠（明治三八年）およびジャイアント・カンチレバークレーン（明治四二年）の諸施設・設備が残る。それらは東シナ海に浮かぶ端島（軍艦島）とともに世界遺産「明治日本の産業革命遺産」（平成二七年登録）の構成資産となっている。鳥瞰図には、このクレーンも描く。

長崎が今日のような観光地を形づくるのは、戦後のことである。昭和三二年、長崎造船所創立百年記念として同社所有の旧グラバー邸が長崎市に寄贈された。翌年、長崎市はこれを市営観光施設「グラバー邸」として開園する。昭和四九年には隣接する旧リンガー・旧オルト邸を加え、市内の洋風建築を移築して「グラバー園」と改称して観光に供した。これが契機となって長崎湾を見下ろす丘は長崎を代表する観光地になった。鳥瞰図からは、観光地化される以前の長崎を知ることができる。

二、湧水あふれる島原

有明海に臨む島原は、西に眉山、その背後に雲仙三峰五岳を背負う城下町である。街中に島原城（森岳城）が聳え、鉄砲町に石垣に囲まれた昔ながらの武家屋敷が続く。

「観光の島原」（昭和九年三月、金子常光画、島原町役場発行）〈図2〉を見よう。これは封緘葉書として制作されたもので、表紙は島原湾九十九島と背後に聳える眉山・雲仙の連山の絵柄で、島原湾に白帆の小舟が何艘も浮かぶ。鳥瞰図は霊丘公園の沖から西に市街地と雲仙三峰五岳を望む構図で、左に島原・天草一揆の舞台となった原城址、中央に島原城址、右に島原半島北端をおく。普賢岳・妙見岳・国見岳の雲仙三峰左手の山は眉山で、崩落跡を生々しく描く。

市街地中央に森岳城趾と示すのは島原城本丸・二の丸跡で、建物はない。北側の三の丸跡に高等女学校・旧制中学校（現・島原高等学校）が建つが、江戸期はそこに御茶屋常磐御殿があった。城址南の大手門跡に町役場・裁判所・警察署が並ぶ。島原城址西側に整然と区画されたのが鉄砲町の旧武家屋敷地である。島原城址南に大手川・音無川の小河川が海に注ぐ。川を渡って南に行くと、海辺に霊丘公園がある。その南が島原港で、沖に小岩がいくつも浮かび「九十九島」と示す。市街地南の小さな湖は白土湖で、周囲が湖水公園になっている。

島原半島海岸の諫早—島原湊（現・島原船津）間を島原鉄道（大正二年全通）が結び、島原湊—加津佐間に口之津鉄道（昭和三年全通、同一八年島原鉄道に合併）が延びる。島原港からの航路は、宇土半島三角港をはじめ、有明海不知火対岸の百貫石港（熊本に連絡）・四ツ山港（大牟田に連絡）・若津港（久留米に連絡）、長崎の茂木港、天草方面へと多様である。案内文を見よう。

至る所清冽なる湧水あり、地味肥沃気候好適人気温和空気清澄、住むに安く遊ぶに快し。若しそれ自然の風光に至りては町背近く眉山の翠巒に接し、西方遠く普賢の秀峰を望み、前は蒼波静かなる有明海を距てて肥筑の連山を一眸の

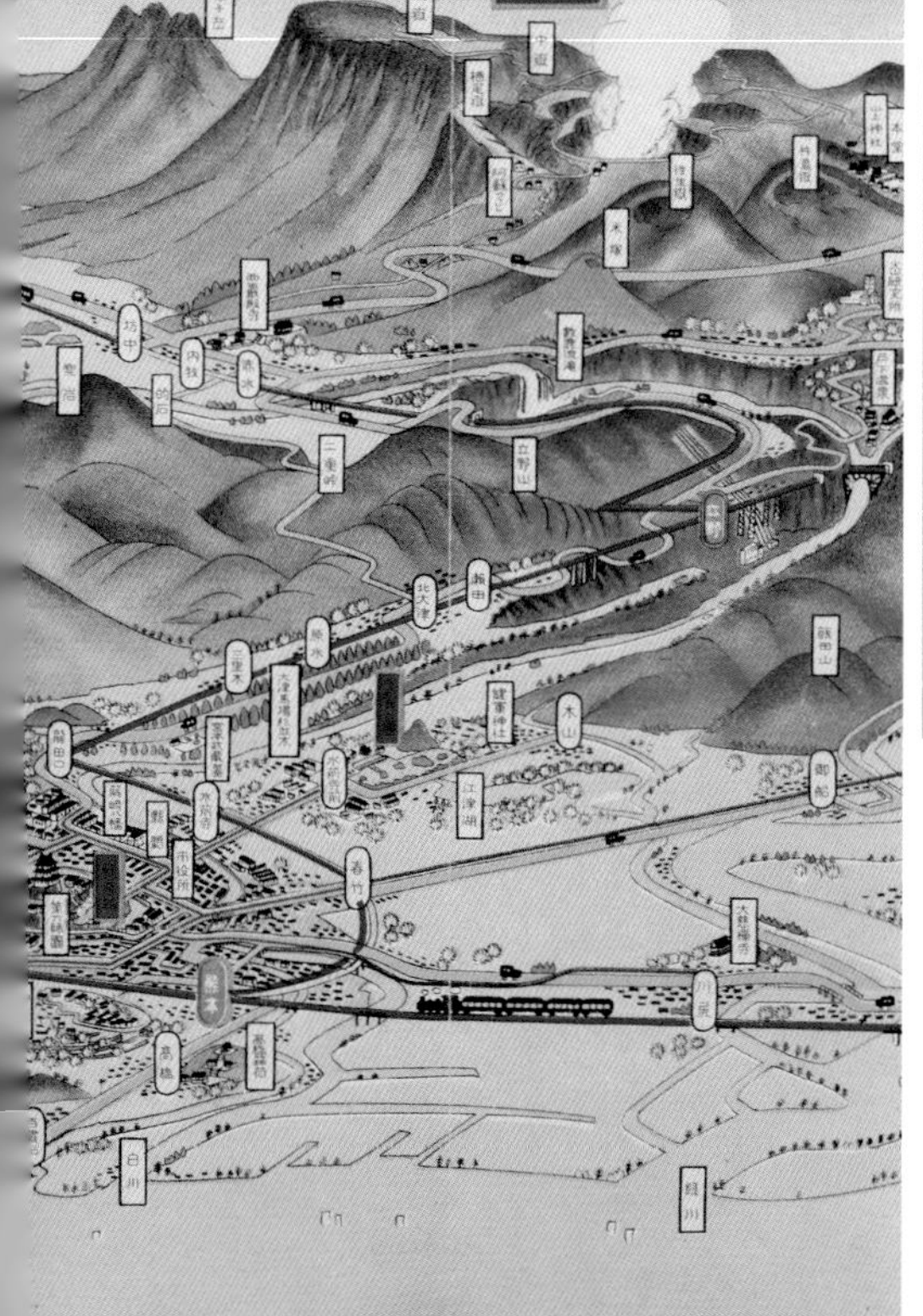

〈図3〉「熊本県」
(昭和6年11月、吉田初三郎画、熊本県)

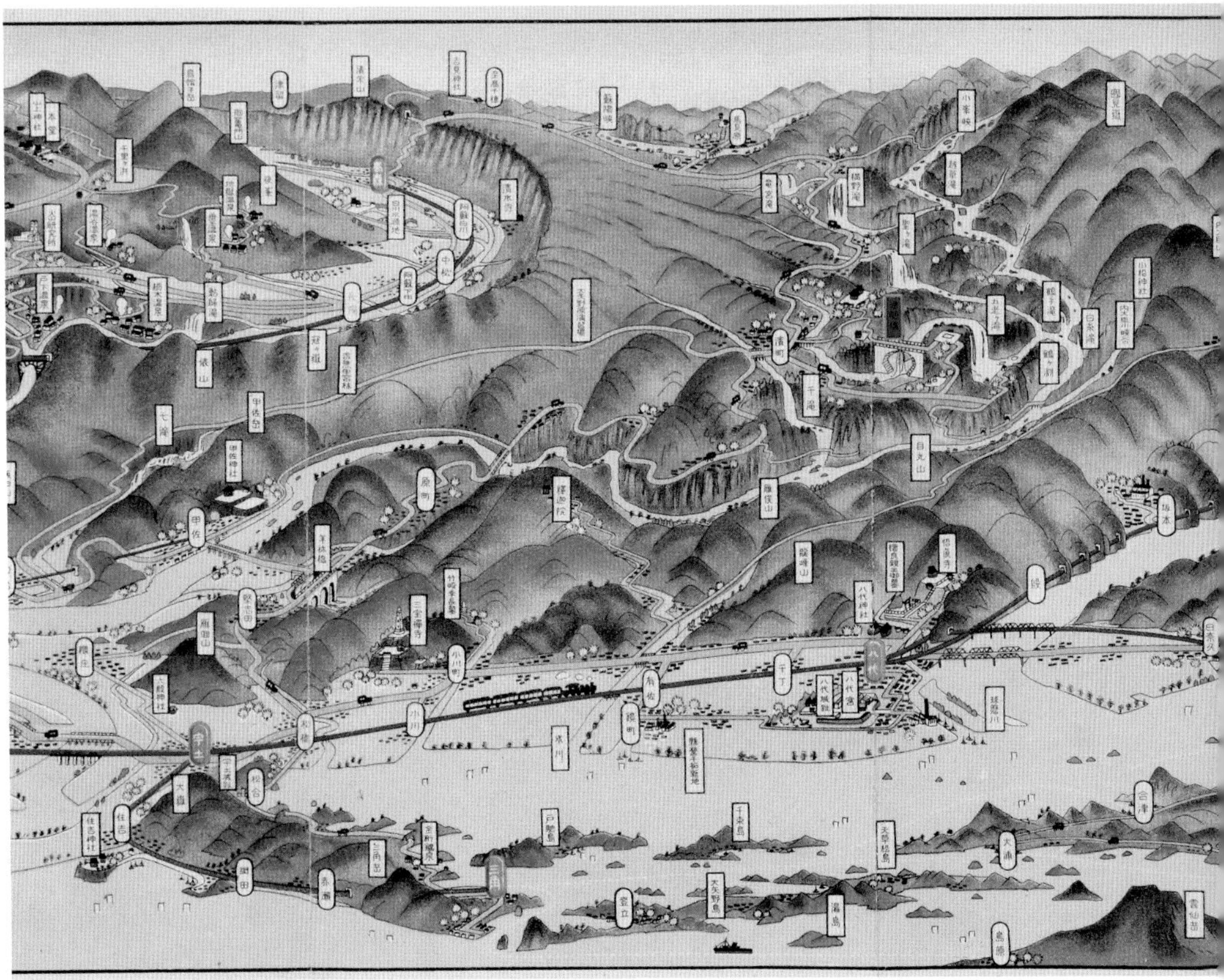

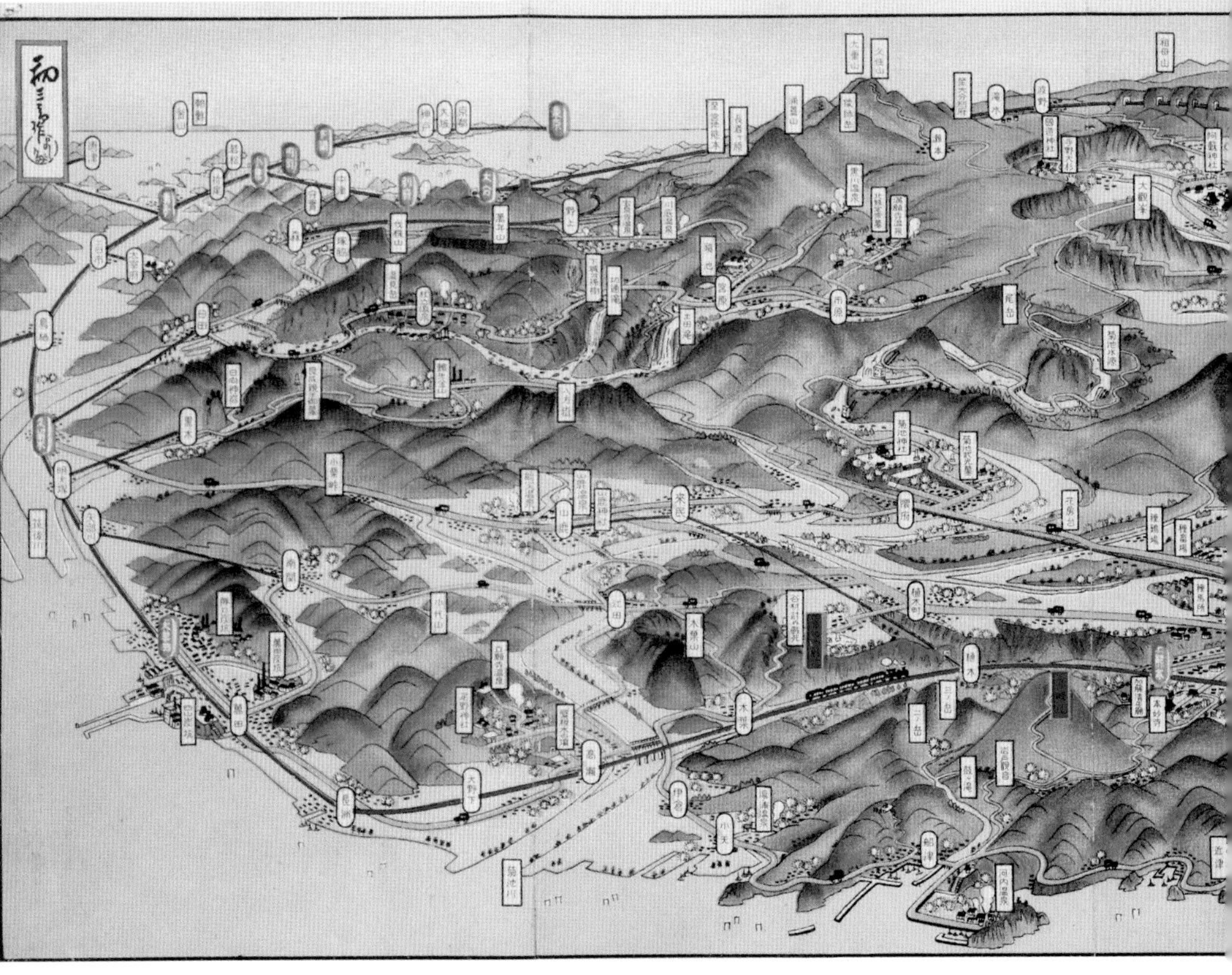

本堂
清水山
志貝神社
清水寺
阿蘇白川
中松
立野
数鹿流滝
栃木温泉
戸下温泉
垂玉温泉
地獄温泉
俵山
七滝
甲佐神社
甲佐
原町
釈迦院
竹崎季長墓
三宝禅寺
小川町
小川
松橋
宇土
宇土城
大嶽
住吉
住吉神社
網田
赤瀬
三角岳
戸馳島
氷川
鏡町
有佐
千丁
八代城趾
八代宮
八代神社
球磨川
坂本
小峯峡
鶴ヶ滝
白糸滝
千滝
目丸山
雁俣山
八代
日奈久
千束島
天草松島
大矢野島
湯島
登立
合津
大浦
島原
雲仙岳
京都
大阪
神戸
野上
大分
耶馬渓
長者原
九重山
扇ヶ鼻
久住山
鉢窪山
竹田
滝水
波野
宮地
阿蘇神社
大観峯
内牧温泉
湯の谷温泉
菊池水源
尾岳
菊池神社
隈府
来民
山鹿
山鹿温泉
小岱山
南関
大牟田
長洲
大野下
高瀬
江田
菊池川
木葉山
木葉
植木
植木町
三ノ岳
二ノ岳
伊倉
玉名温泉
小天
鼓ヶ滝
岩戸観音
船津
河内温泉
本妙寺
近津

> 裡に斂め、時に阿蘇の噴烟を仰ぎ、時に鹿児島本線を往復する汽車の煤烟を見る。晴好雨奇、四季の眺望変幻窮まりなく全町殆んど遊覧都市の観あり。

島原は湧水に恵まれた街である。市内に六〇か所以上の湧水群があり、「名水百選」に選定されている。街を歩くと、透き通った湧水が流れる水路に鯉が悠々と泳ぐ姿を目にする。聞くと、町内会が子供たちのために放流し、「鯉の泳ぐまち」の地域づくりがはじまったという。街中に「しまばら湧水館」や、湧水庭園を有する四明荘など見所が多く、大地の底から湧き上がる泉に地球の息遣いを体感する思いがする。市街地南、浜の川湧水には水を使い分ける工夫を施す昔ながらの洗い場があり、水の恵みに感謝する生活文化が息づいている。

島原の湧水群は、寛政四年（一七九二）の雲仙岳の噴火・大地震による地殻変動により生まれたという。この噴火の際にできたのが白土湖である。

> 寛政四年滄桑の変に現出したるものにして付近各所より湧出する清泉は滾々として尽くるところを知らず。清澄透徹泉底の砂礫尚ほ数ふべく此等の水集まりて面積約一町歩の本湖となる。

激しい異変で陥没した地面に湧き出した泉がたまって白土湖が出現したのである。湖畔に湧水を利用した米や野菜の洗い場があり、明治末にはラムネ工場もできた。白土湖からは今も豊富な水が湧き出ている。

> 釣を垂るれば銀鱗溌溂として躍り扁舟を浮べて月を賞すべく。加ふるに四辺の風物相照応して一幅の画図をなす。今上御大典の記念として町営公園となし、樹を植ゑ幅六間の直通道路休憩所等を設け遊覧客の清遊に便す。

天地を揺るがす噴火・地震の際にできた湖も、のんびり釣りや観月を楽しむ場に変わり、湖畔は町営公園として清遊の場となった。噴火により生まれた特異な景観が、九十九島である。

> 大小数十の島嶼松を頂きて東南海岸に近く棊布散在、水の清きこと遥に陸前の松島に超ゆ寛政四年眉山爆破の破片が海中に押し出して生じたるもの、涼を樹蔭に納るるによく、釣を垂るるに好し、若しそれ夏秋月冴ゆるの夜、舟を島嶼の間に棹さんか、襟を開いて海風に吹かれ、口を開いて海気を吸ひ、眼を開いて海月を見、人間極致の快を縦にするを得ん。

九十九島は、寛政四年の噴火・大地震により眉山が崩落、有明海に流れ込んだ土砂が小島群をなしたものである。その恐ろしい災害の跡もまた、風流を楽しむ清遊地となっていた。

三、肥後熊本

（一）肥後の風景

肥後の熊本県は有明海・八代海に臨み、北から菊池・熊本・八代の平野が続き、八代海の西に天草諸島が浮かぶ。熊本平野に県都熊本市があり、八代平野に注ぐ球磨川上流の人吉盆地に人吉の城下が静かなたたずまいをみせる。市街地の東には阿蘇五岳が聳え、外輪山が広大なカルデラを取巻く。

「熊本県」（昭和六年一一月、吉田初三郎画、熊本県発行）〈図3〉から肥後の風景を探ろう。表紙は石垣の隅に建つ三層の熊本城宇土櫓、背後に囲みで阿蘇中岳火口の噴煙を描き入れる。いずれも熊本県を象徴するものであるが、熊本城天守はまだ再建されていない。鳥瞰図は宇土半島三角沖の天草灘から東に陸地を望む構図で、左に大牟田、中央左寄りに熊本市街地、右に水俣をおく。宇土半島右手に天草諸島の大矢野島・天草上島・天草下島を横一列に配置するが、これは島原半島雲仙岳から南を望む構図である。二地点から違う方向を眺めたものを一枚に描き込んだ苦肉の策といえる。

阿蘇の湧水を集めた白川が熊本平野に注ぎ、白川右岸に熊本城を中心に市街地がひろがる。郊外に熊本藩主細川家が築庭した水前寺成趣園（水前寺公園）ほか、江津湖・八景水谷・花岡山・金峰山などを描き込む。

鳥瞰図で真っ先に目に入るのは、熊本の東に聳える阿蘇五岳である。ギザギザの山頂の根子岳、台地状の高岳、噴煙を上げる中岳、杵島岳・烏帽子岳が五岳である。山上に阿蘇山上神社と西巌殿寺奥之院がある。中岳火口湯溜まりが阿蘇神のご神体とされ、山上神社はこの遥拝所にあたる。西巌殿寺は山岳修験の寺院で、古くは山上付近に三六坊を構えて勢力を誇った。ところが一六世紀後半に島津と大友の戦乱で焼き払われ、わずかに往時の石塔と古坊中の地名を残すに過ぎない。西巌殿寺は明治の神仏分離によって廃寺となったが、ほどなく麓に本堂が再建された。杵島岳と烏帽子岳の間に草千里ヶ浜、やや下って米塚も見え、山上に豊肥本線坊中駅から自動車道が通じる。

阿蘇山中腹に湯谷温泉・垂玉温泉・地獄温泉、山麓には戸下温泉・栃木温泉・内牧温泉が点在する。内牧温泉背後の大観峰は阿蘇五岳の眺望に優れ、自動車道が通じる。宮地に鎮座するのは、阿蘇氏が大宮司を務める肥後国一宮の阿蘇神社である。

外輪山に囲まれた阿蘇カルデラには、阿蘇五岳北麓に黒川、南麓に白川が流れ、両河川は立野で合流して白川となって熊本平野に注ぐ。カルデラ北に豊肥本線が別府・大分方面に延び、南には高森線が阿蘇の高森にいたる。

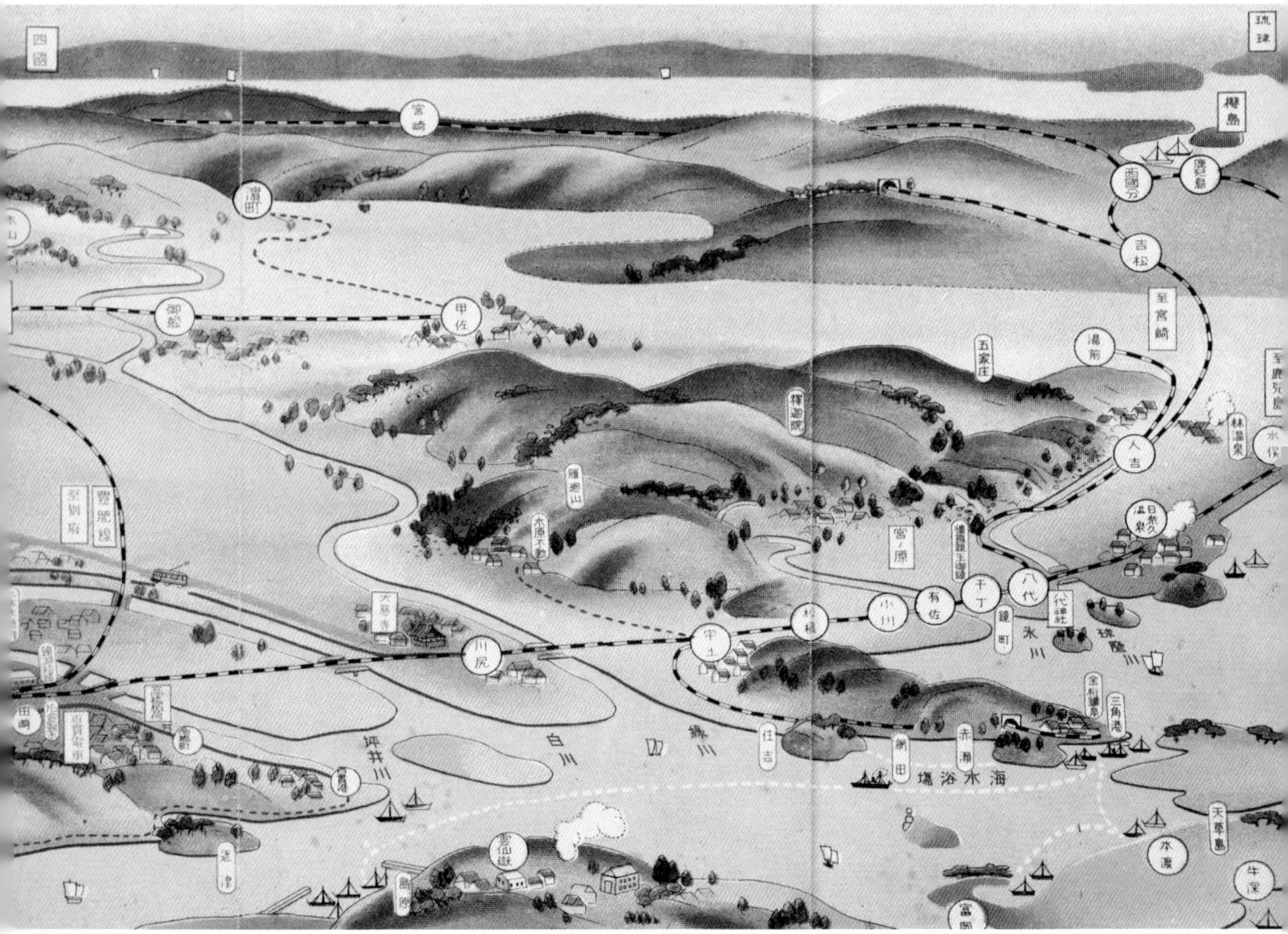

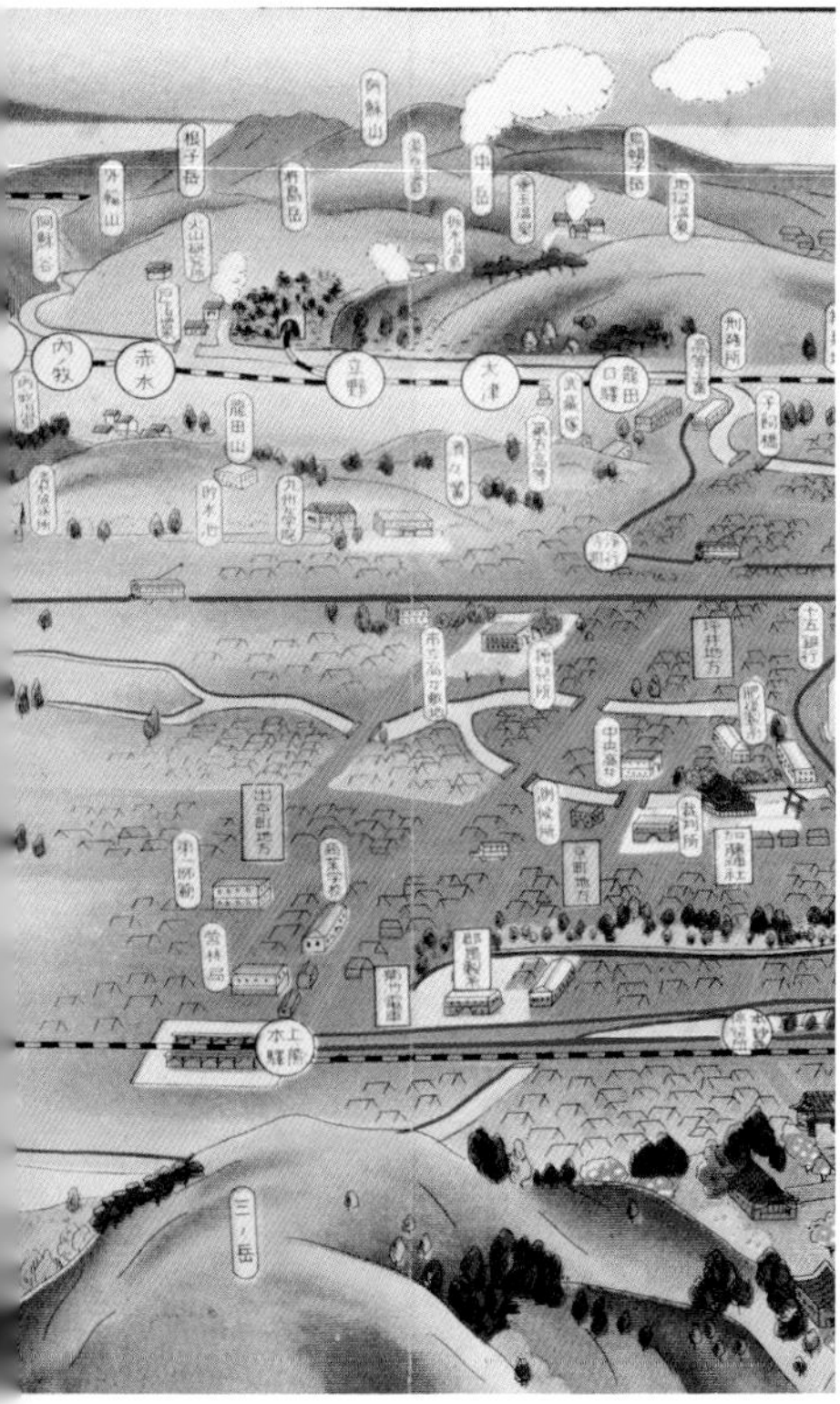

〈図4〉「熊本名勝図絵」
（昭和10年頃、大二郎画、新興熊本大博覧会）

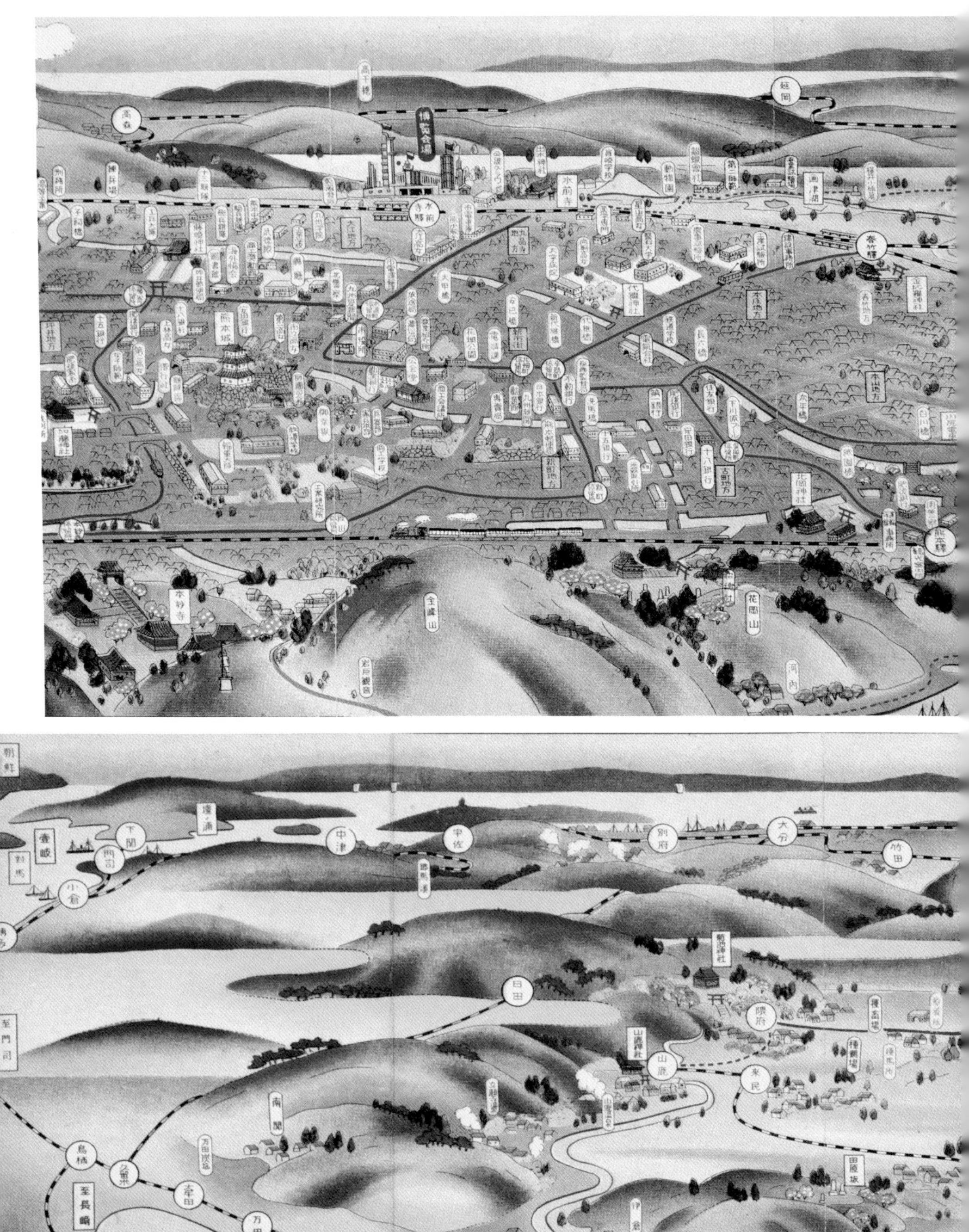

高森
高千穂
延岡
博覧会場
水前寺
熊本城
本妙寺
金峰山
花岡山
春竹驛
熊本驛
朝鮮
壹岐
對馬
下関
門司
小倉
中津
宇佐
別府
大分
竹田
日田
隈府
山鹿
至門司
鳥栖
久留米
至長崎
佐賀
万田
長洲
大野下
高瀬
南関
伊倉
田原坂
木葉
植木
有明海
菊地川
早岐
佐世保
長崎

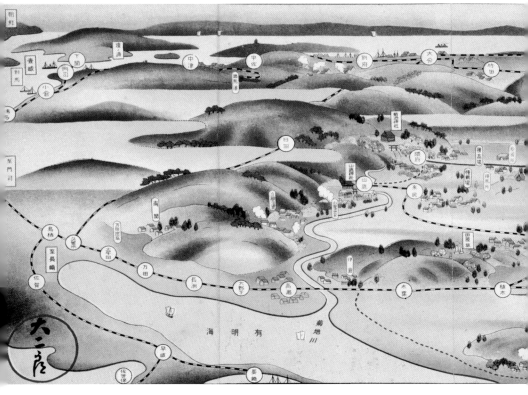

九州山地南の宮崎県境に市房山が聳え、山腹に市房神社が鎮座する。市房山麓の球磨川源流に湯山温泉が噴気をあげ、湯山温泉近くの湯前と人吉を湯前線が結ぶ。沿線は鎌倉期からの歴史をもつ相良氏の多良木荘である。川辺川が球磨川に合流するところに人吉盆地がひらけ、人吉城址と城下がある。人吉には温泉もあり、球磨川下りの舟も出ている。球磨川下流が八代城下で、八代から鹿児島本線とわかれた肥薩線が、人吉から大畑のループを経て鹿児島県吉松駅に向かう。

宇土から三角線が宇土半島先端の三角駅まで延び、天草灘に天草諸島が浮かぶ。天草諸島の描写は簡略で、天草下島の本渡（ほんど）・富岡・牛深が大きな集落である。天草は、大矢野島の大矢野氏、天草上島の上津浦（こうつうら）氏・栖本（すもと）氏、天草下島の志岐氏・天草氏の「天草五人衆」が割拠した地で、一時期、天草下島河内浦に宣教師養成の天草コレジオが設置された。キリシタンの一揆で知られる天草は風景こそよいが、暮らしを立てにくい土地であった。

（二）水都熊本

有明海に臨む熊本平野に熊本の城下がひろがる。市街地の南を阿蘇カルデラの水を集めた白川が流れる熊本は、大都市ながら豊かな水や自然に包まれた地である。

近世城下町としての歴史は、加藤清正の築城にはじまる。清正は中世に隈本城があった茶臼山一帯に城郭を築き、慶長一二年（一六〇七）に隈本を熊本と改めて、今日の街の基礎を築いた。やがて加藤家は改易、寛永九年（一六三二）に細川忠利が豊前から移封し、以来、細川家の城下として明治にいたった。

「熊本名勝図絵」（昭和一〇年頃、大二郎画、新興熊本大博覧会発行）〈図4〉は、市街地の姿を詳しく伝える。発行年はないが、表紙に「新興熊本大博覧会」と記し、水前寺駅背後に博覧会場のイラストを入れる。これは、昭和一〇年に水前寺公園を会場に開催された博覧会である。なお、同じ表題・内容のものが熊本市役所などからも発行されている。

表紙は水前寺成趣園の絵柄である。鳥瞰図は金峰山から東に市街地を望む構図で、左に隈府（わいふ）（菊池市）、中央に熊本城、右に宇土をおく。背後に噴煙を上げる阿蘇山や、右下に有明海を隔てて雲仙岳や天草諸島も少しだけ描き入れる。鳥瞰図は、市街地の家並みが青紫、平地が黄色と、独特な色づかいである。

熊本駅から市内電車に乗って公会堂前で下車、坪井川を渡り桜並木の御幸坂（行幸坂）を登ると熊本城址である。図に三層の宇土櫓や周囲の石垣を描く。熊本城址は師団司令部となり、付近に陸軍教導学校・偕行社などが建つ。城址の北から東にかけて女子師範学校、複数の高等女学校が文京地帯をなし、その南に市役所・逓信局・放送局が見える。城址東の白川右岸に県庁舎が建ち、その北に藤崎神社が鎮座する。市街地北東には旧制第五高等学校・旧制熊本工業高等学校、市街地東には旧制熊本医科大学・旧制熊本薬学専門学校と、熊本大学の前身校がある。

郊外に目をやると、市街地の東に水前寺成趣園と動物園があり、成趣園の泉水が江津湖に流れ、加勢川・緑川となって有明海に注ぐ。熊本駅の北に花岡山、北西に金峰山・三ノ岳があり、山麓に本妙寺（日蓮宗）が伽藍を構え、裏山にゆかりの加藤清正銅像（昭和一〇年建立）が立つ。案内文を見よう。

市街を繞(めぐ)るなだらかな緑の丘、八方に縫ふペーブメントに滴(した)たる快い緑蔭こそ世に謂(い)ふ森の都のプロフィルであり、市中を南流する白川、坪井川東辺に光る水前寺、画図湖の清泉こそ即ち又呼んで水の都と云ふ所以(ゆえん)である。

緑の丘がひろがる「森の都」、清泉あふれる「水の都」、それが戦前の熊本のイメージである。あちこちに延びる舗装道路（pavement）に満ちあふれる緑陰は、熊本の街の横顔でもあった。「画図湖」とは、江津湖を示す文人墨客好みの表記で、「画図橋」が現存する。熊本名所の筆頭は熊本城址である。

七層楼の天主閣を始め雲中に級々(しなじな)天を摩して聳立(しょうりつ)してゐたが、惜しむらくは明治十年の兵燹(へいせん)に一炬(いっきょ)の煙と化し唯(ただ)三の天主宇土櫓のみ炎上を免れ日本三名城の一たりし当時の俤を僅かに残して今尚城頭に屹立(きつりつ)してゐる。

七層楼と記すが、大天守は三重六階地下一階である。明治十年の兵燹とは、西南戦争を指す。熊本城は、広大な城郭に大小天守を中心に、櫓四九棟、櫓門一八棟、城門二九棟を数えたという。明治七年、城跡は陸軍用地となり、本丸跡に熊本鎮台本営が移転した。西南戦争開戦直前の火災で大小天守、御殿などが焼失、熊本城は西南戦争の戦場となった。難攻不落の堅城として知られた城郭に昭和初期まで残された江戸期の建物は、宇土櫓をはじめ東竹の丸櫓群、長塀など一三棟（七棟が現存、六棟が平成二八年の熊本地震で解体）で、旧国宝に指定されていた。

戦後、城跡一帯が特別史跡に指定され、昭和三五年に天守が再建された。その後、市制一〇〇周年（平成元年）を記念して数寄屋丸御二階広間を復元、築城四〇〇年（平成一九年）に際し本丸御殿などが復元された。今日、目にする天守・本丸御殿など威容を誇る景観は、戦後再現されたものである。戦前の熊本城のイメージは、ささやかな宇土櫓を中心とするものであったことを各種パンフレットの表紙絵が物語る。

天守に登ると、南は脚下に本丸御殿大広間の大屋根が見え、熊本市街地の町並みがひろがる。西は宇土櫓の先に二の丸広場があり、金峰山・荒尾山・二ノ岳・三ノ岳が連なる。東は町並みの彼方に阿蘇外輪山が横たわり、晴れた日には阿蘇中岳も見える。北は脚下に小天守を望む。

熊本城と並ぶ名所は、水前寺成趣園である。

細川忠利公肥後入国の際、前封地豊前の羅漢寺から僧玄宅を伴ひ来り水前寺と云ふ一伽藍を建立された。其後細川綱利公一大庭園を此処に築き、成趣園と称して自ら遊憩の所とされた。園内広潤清冽の玉泉滾々として至るところに湧出し四囲の鬱蒼たる老樹蔭を写し、春花香しく、夏月涼しく、秋楓妙に、冬雪の景亦趣がある。

豊前小倉を居城としていた細川忠利（熊本藩初代藩主）は、熊本移封後、水前寺という寺を建てたが、間もなく廃寺となった。寛文一一年（一六七一）、三代綱利がそこに一大庭園を築き、成趣園と名づけた。成趣園は清冽な泉が湧き出す庭園で、泉池の畔に御茶屋の酔月亭が建っていた。ところが西南戦争で酔月亭は焼失、大正元年に跡地に細川幽斎（忠利の祖父）が八条宮に『古今和歌集』の奥義を伝授した古跡「古今伝授の間」が移築された。

江津湖も古くからの清遊地であった。

水前寺の湧泉流れて湛えるところ、明鏡の如き一大湖が展開する。（中略）湖畔の砂取町には画津湖産の鯉、鮒、鰻などの川魚料理専門の料亭軒をならべ、ここより軽舟を滑らして下れば蘆荻茂り銀鱗踊る風光の明媚真に一幅の活画図で、文人墨客は多く画図湖の字を用ひる。夏季ごとに月明の夜遊船湖面を覆ひて水上の歓楽境を出現する。

江津湖は瓢箪の形をした加勢川（緑川水系）の河川膨張湖で、毎日約四〇万トンもの水が湧き出すという。当時、湖畔に川魚料理の料亭が軒を連ねていた。夏の月夜、多くの舟が湖上に繰り出し、舟遊びをする人々の賑わいが目に浮かぶ。

江戸時代、江津湖周辺は、藩主が鷹狩りや漁を楽しむ場であった。上流の水辺は藩主や上級武士の別荘地として利用され、明治初年には一〇代藩主斉護正室の隠居屋敷である砂取細川邸（跡地は熊本県立図書館）も建てられた。清冽な水は、幕府に献上する水前寺海苔を育み、「御海苔場」もおかれた。

明治期の江津湖は、湖畔に料亭ができ、貸し舟もあらわれ、文人たちが舟遊びを楽しんだ。明治二九年に熊本に赴任した夏目漱石は江津湖で舟遊びをするとともに、旧制第五高等学校の端艇（ボート）レースにも参加している。明治四〇年には与謝野鉄幹が新詩社の仲間とともに江津湖に遊ぶなど、湧水に育まれた江津湖の自然が文人の心をとらえた。

上江津湖の一角には簡易プールがつくられ、夏は子どもたちの水泳場として利用された。下江津湖の中ノ島一帯はヒラモが一面に生えていて、藻取舟を浮かべた農民が二本の竿で藻を巻き上げながら採取し、畑の肥料としていた。そんな暮らしの風景も見られた江津湖である。

> 市街地北部の八景水谷（はけのみや）も郊外の清遊地であった。
> 熊本市上水道の水源で、水前寺と同じく清泉滾々（こんこん）として湧出し近郊一日の好清遊地。曽（かつ）て細川綱利公此処（ここ）に茶亭を構へ清泉を愛でられ、亀井晩鐘、立田晴嵐などの八景が撰ばれ、八景水谷と称するに至った。

立田山北西麓の八景水谷は、五代藩主綱利が茶亭をつくった景勝地で、そこから眺めた景色を中国の瀟湘八景に見立てたのが地名の由来とされる。現在、木立の脇を湧水が流れる公園となり、園内に「熊本市上水道発祥地」の石碑が立つ。大正一三年、八景水谷を水源地、立田山を配水池として、熊本市内四、六一七戸へ配水を開始したのが熊本市上水道の始まりであったことを碑文に刻む。熊本市の水道水は、現在、八景水谷をはじめ市内九八本の取水井戸から汲み上げた天然地下水を一〇〇％利用しているが、うらやましい限りである。

熊本随一の盛り場が「新市街」で、その様子が「熊本附近」（昭和一二年三月、門司鉄道局発行）〈図5〉に出ている。

> 花畑町に電車を降ると、そこには活動写真館・劇場・カフェー・料亭等櫛比（しっぴ）して、夜は不夜城を呈する市内第一の歓楽郷であるが、又その一面には、碧瓦堊壁（へきがあへき）の市役所・逓信局・公会堂・専売局・貯金支局・放送局・勧業館・デパート等、近代味を多分に持つ結構壮大な建物が立ち並んで、新興街区の気分が溢れてゐる。

「新市街」とは、天神町・桜町・花畑町・辛島町・練兵町などの総称である。そこは、明治三〇年代前半まで雑草茫々たる第六師団の練兵場であった。練兵場の市街地東部への移転に伴い、明治三六年に跡地に道路ができて「新市街」が誕生、熊本を代表する歓楽境・官庁街に発展を遂げた。

〈図5〉「熊本附近」
（昭和12年3月、門司鉄道局）＊

四、人吉と球磨川下り

熊本県南部、九州山地に囲まれた人吉盆地に人吉の城下があり、球磨川が流れる。球磨地方の中心をなす人吉は、遠江（静岡県）相良（さがら）を発祥とする相良氏の城下町である。鎌倉初期の建久四年（一一九三）、人吉の地頭に任じられた相良氏が江戸期を通じて統治して明治にいたる、領主交替がなかった地である。

「人吉温泉　日本三急流球磨川下り御案内」（昭和三年一月、吉田初三郎画、人吉温泉翠嵐楼発行）〈図6〉を開こう。表紙は球磨川と人吉城址の絵柄で、球磨川に川舟が浮かぶ。鳥瞰図は人吉温泉対岸から北に球磨川を望み、左に一勝地から白石にかけての蛇行した球磨川、中央に人吉温泉翠嵐楼、右に人吉城址と人吉の町並みをおく。鳥瞰図の主題は、発行元の翠嵐楼である。

かつて鹿児島本線であった肥薩線（昭和二年線名改称）が、八代駅から人吉駅（明治四一年開業）を経て大畑のループを回り鹿児島県吉松駅へ延びる。八代―人吉間の鉄道開通以前は、球磨川を利用した筏流しや物資運搬の舟運がおこなわれていた。ところが鉄道開通後、舟運は遊覧目的の「球磨川下り」に変わった。鉄道開通後間もない明治四三年、人吉温泉の発掘に成功した人が創業した旅館が翠嵐楼である。

球磨川畔の小山に石垣を築いたのが人吉城址で、麓に相良家累代の霊を祀る人吉神社が鎮まる。人吉神社から中川原を越えて街に向けて大橋が架る。人吉駅付近に鎮座する青井阿蘇神社は阿蘇大神を勧請したもので、茅葺の楼門は国宝である。人吉の町並みや周辺社寺は主題からそれるためか、省略ぎみである。

翠嵐楼は一階が玄関と帳場、二階に四二畳敷きの大広間があり、「百人様位は一堂に宴会をして頂くことが出来ます」と、謳う。温泉に浸り、名物の鮎の生簀料理に舌鼓をうち、眼下に球磨川の風光を眺めながら宴を楽しむのであろう。ほかに客室を備えた楼閣二棟、離れ二棟が建ち、湯煙をあげる別棟の温泉もある。敷地の一角にはガラスの温室や鳥小屋があり、孔雀が羽をひろげる。敷地から川岸に下る道が球磨川下り乗船場に通じ、庭先からそのまま球磨川下りが楽しめる宿である。

弊楼の前庭を流れる球磨川は、這般（しゃはん）大阪毎日新聞社の日本廿五勝に入撰し、又、古来日本三急流の一（ひとつ）としまして、球磨川下りは天下の壮遊也との称賛を博し遊覧の雅客（がかく）は、最近陸続（りくぞく）として絶えざる盛況を呈するやうに相成りました……

昭和二年におこなわれた「日本新八景」の景勝地選定コンテストで、球磨川は「二十五勝」に選定され、その頃から風雅を愛する遊覧客が次々と訪れるようになった。

次に「球磨川下り　市房山」（昭和一一年一〇月、門司鉄道局発行）

〈図7〉から球磨川下りの様子を見ていこう。

> 人吉城下、水の手橋の下＝駅から約六〇〇米＝から船を放てば、舟は矢のやうに疾く、極意を究めた船人の揖（ママ）の面も微かに激浪を縫うて辷り、白石まで＝人吉から（約二四粁）＝を普通は、三時間、追風の時は二時間半で下るのである。

水の手橋は大橋の上流に架る人吉城址と城下を繋ぐ橋で、球磨川下りはここから約二四kmを下った。橋の下に細長い小さな舟が幾艘も並んでおり、舟の貸切賃は一艘一〇円、十二人乗りが普通で、携帯品があれば八人くらいがふさわしい、と記す。五～一〇月の土・日曜日には、午前一〇時に乗合船が出た（一人八五銭）。服装についても助言する。

> 舟の中は粗末な蓙に蓙布団を敷いたばかりで。（ママ）別に設備がないので、多くの瀬を通るとまは飛沫が頭からかかる事もある。従て服装は成るべく簡単に湯上りユカタ位が最適当である。然し危険なことは少しもない、只壮（ママ）快さを覚ゆるのみで、婦女子と雖も容易に且つ安心して下る事が出来る。

水飛沫がかかることもあるが危険はない、と念を押す。人吉から一勝地にかけていくつも瀬が続き、渡を過ぎると球磨川は峡谷をなす。一勝地を過ぎると、球磨川下りの真髄である。

> 一勝地を過ぎてから舟行は愈険に、船頭の難苦愈加り真の球磨川下りの趣味は此付近に味はれるのである。二俣、修理、網場の瀬等の風光を賞しつつ下ると、愈差し掛るのは名にし負ふ清正公岩の対岸槍倒の天険である。

とりわけ、「槍倒」の瀬が球磨川下り第一の呼び物で、船頭の腕の見せ所であった。

> 岩石巍然として川に向って聳へ、急湍雷の如く、岩に砕けて飛ぶ水煙の中を舟は疾風の如く、岩窟深く突入し、アハヤと叫ぶ遑もなく、船頭の巧妙極まる手腕と、大膽なる揖（ママ）の廻し具合に依り、舟は左に折れて奔下するのである。

早瀬は雷のような激しさであり、岩に砕けて飛び散る水しぶきの中を舟は疾走する。船頭の巧みかつ大胆な楫さばきにより、急流を下りきるのである。

> 相良乙女の川下りのガイドガールは、これ等の次ぎ次ぎに来る瀬の名や沿岸の史実等を、一々親切に説明……案内して呉れるので、一層面白く愉快に下ることが出来る。

川下りの舟に「ガイドガール」が乗り込み、途中の見所を説明していた。今日の「球磨川下り」は人吉周辺を短時間で遊覧する簡便な舟遊びが主流になり、急流においては別に、ラフティングがおこなわれている。

市房山
白髪山
大畑
矢岳
湯前
多良木
人吉
翠嵐楼
人吉町
中川原
球磨川下り乗船場
下関
門司
大阪
神戸
京都
名古屋
佐賀
鳥栖
博多
小倉
大牟田
別府
大分
阿蘇山
熊本
宇土
高千穂

〈図7〉「球磨川下り　市房山」
(昭和11年10月、門司鉄道局)＊

〈図6〉「人吉温泉　日本三急流
球磨川下り御案内」(昭和3年1月、
吉田初三郎画、人吉温泉翠嵐楼)

五、天草

東シナ海天草灘と八代海に囲まれ、天草下島・天草上島・大矢野島など大小一三〇余の島々から成る天草諸島がある。天草の歴史で特筆されるのは、一六世紀後半にキリスト教が布教されたこと、江戸前期に島原・天草の一揆が起きたことであろう。「あまくさ」（昭和七年、吉田初三郎画、天草風景協会発行）〈図8〉を開こう。表紙は小舟の上で三味線と鼓を手にする女人二人の絵柄で、「牛深ハイヤ節」を奏でている情景であろうか。鳥瞰図は下島西海岸の下田温泉付近から東を望む構図で、手前に天草下島を大きく描き、左下に富岡、右上に牛深をおく。背後の天草上島、その左の大矢野島の扱いは構図上小さい。八代海を隔てて九州本土、有明海や島原半島も見える。天草諸島へは宇土半島三角・島原半島口之津・長崎県の茂木などから航路が延び、浦々をめぐる沿岸航路も丁寧に描き込む。

大矢野島と天草上島に挟まれた瀬戸に小島が点在し、「天草松島」と示す。天草上島と天草下島を隔てる本渡瀬戸に架かる瀬戸橋は、当時、回転式の可動橋（大正一二年架橋）である。本渡瀬戸に臨む本渡は天草諸島の中心をなし、天草支庁・本渡町役場・裁判所・税務署などが集まる。

本渡から天草下島北海岸の早崎瀬戸を過ぎると、志岐から富岡に向って砂州が延び、砂州上に人家が連なる。富岡は唐津藩飛地となった時期に富岡城が築かれたところである。

志岐から西海岸を南下すると下津深江で、川沿いの家並みから湯煙が立ち上る。現在の下田温泉であるが、旧村の下津深江（昭和一一年、下田村）を温泉名とする。南の高浜にかけて断崖絶壁が続くが、海岸美が有名な妙見浦の名は現われていない。

高浜からさらに南下すると大江で、付近の断崖絶壁の海岸を「天草金剛」と示す。ここから羊角湾が奥深く入り込み、湾口に﨑津がある。大江・﨑津ともに潜伏キリシタン集落であったが、教会堂は描かれていない。現存する大江・﨑津の教会堂は、鳥瞰図が作成された直後に再建されたものである。案内文を見よう。

> 汽船は三角を起点として頻繁に天草の各港に往復し、又長崎県の茂木、島原、口ノ津、鹿児島県の阿久根からも汽船又は発動船にて容易に渡ることが出来る様になってゐる。其間郡内の島々を繋ぐには発動船の交通網があって至って便利である。

天草は島であっても交通の便に恵まれていた。ここでは天草の主な見所である天草松島・富岡・﨑津を取り上げよう。まず天草松島である。

海上波穏かにして鏡の如く、其間大小数多の島嶼碁布散点し、幾百年を経たる老松は影を碧波に浸し、白帆は座するが如く海鷗の眠長閑なるあたり、奥羽の松島を宛然茲にうつしたるが如き眺めあり、（中略）春の朝秋の夕、移り変る景色は洵に一幅の名画と言っても過言でない。

この眺めを、漁夫のみが占有するのはもったいない、ぜひ、探勝者にも味わってほしい、とも語る。下島北西端の小島に向かって延びる砂州一帯が富岡町で、富岡城址東にも細長い砂浜が海に半円を描き、砂上に松並木が続く。

湾は古来袋湾又は巴崎とも言ひ、砂洲を曲崎と称して居る。鬱蒼たる松樹碧波に映帯して風光言語に絶し古来小天橋立の称あるも宜なる哉と首肯せらるるのである。若し夫れ西浜に佇みて天草灘の漫々渺々たるを望まば頼翁たらずとも雲耶山耶の嘆声なきを得ない。

釣針のような砂州に抱かれた入江は、巴崎である。松と海が互いに映り合う素晴らしい景色は、「小天橋立」ともいわれる。また西浜に立ち、果てしなくひろがる天草灘を望むと、頼山陽でなくてもその風景に感嘆する、と記す。そして文政元年（一八一八）、天草富岡に遊んだ頼山陽の漢詩「泊天草洋」の冒頭「雲耶山耶呉耶越……」を引く。

次いで、潜伏キリシタン集落の﨑津である。

天草西海岸唯一の良港で、近県の漁船は概ね本港に寄港して海路の日和を待つといふ、遊女の起源知るべしである。（中略）此所は﨑津女と基督教で名高い。基督教は徳川幕府の厳禁ありたるにも怯まず窃かに之を奉信して居たとの事で、明治初年解禁以後は益々発展興隆し、今は仏人宣教師が﨑津港に教会堂を建て、盛に布教に従事しつつある……

﨑津は江戸期から港町の性格を帯びていた。明治期の﨑津は船宿や料亭もあって賑わいをみせ、遊女の起源云々は、妖艶な港町を暗示する。なお﨑津には「杉ようかん」という餅菓子があり、琉球の船が寄港して伝えたものという。食べ物一つにも、その土地の歴史があらわれている。

禁教令が解かれると、﨑津では諏訪神社に隣接して小さな礼拝堂が建築（明治一三年）された。現在のゴシック様式の教会堂はフランス人宣教師ハルブ神父により再建（昭和九年）されたものである。庄屋屋敷のかつて踏み絵をおこなった場所を祭壇に定めたというから、その執念は計り知れない。

諏訪神社裏山に登ると、尖塔をあげた教会堂を取り囲む海辺の集落を一望し、どこか異国風な印象を受ける。集落を歩くと、狭いトウヤ（小路）がいくつも海に延び、民家の海側はカケ（海

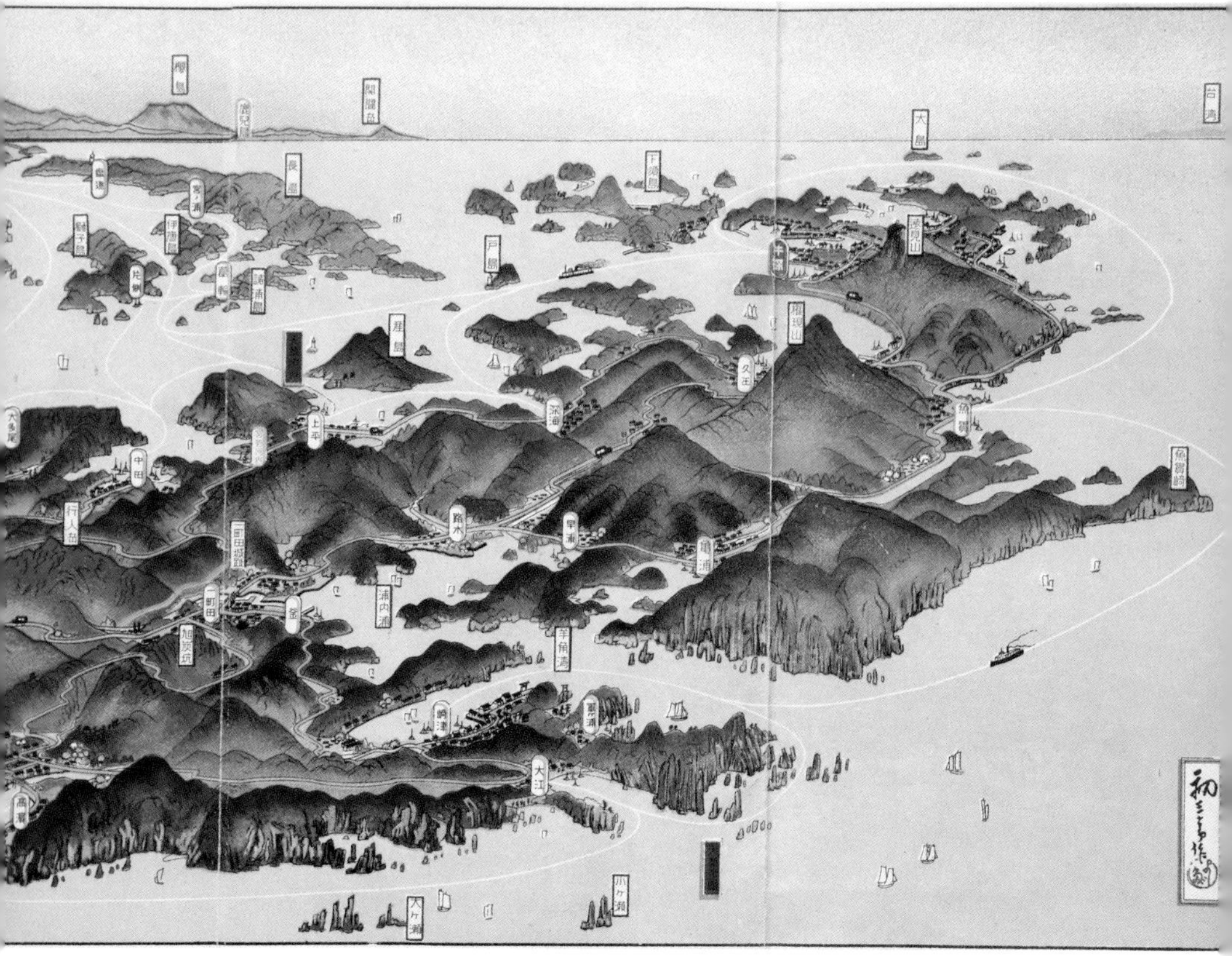

開聞岳

大島

台湾

長島

下須島

戸島

行人岳

路木

浦内浦

旭炭坑

羊角湾

大江

大ヶ瀬

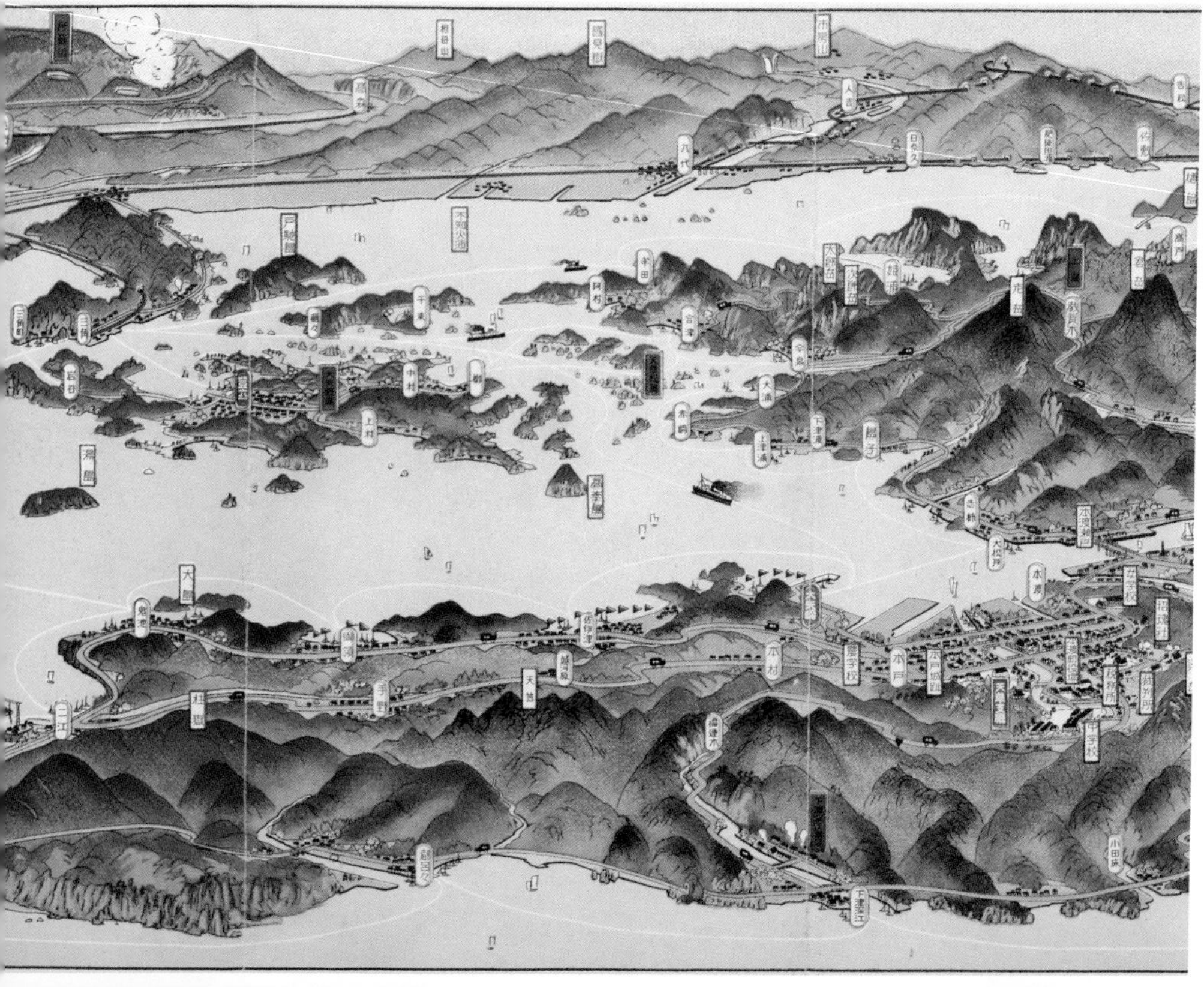

小ヶ瀬

初三郎作

大島

本渡

本村

〈図8〉「あまくさ」
（昭和7年、吉田初三郎画、天草風景協会）

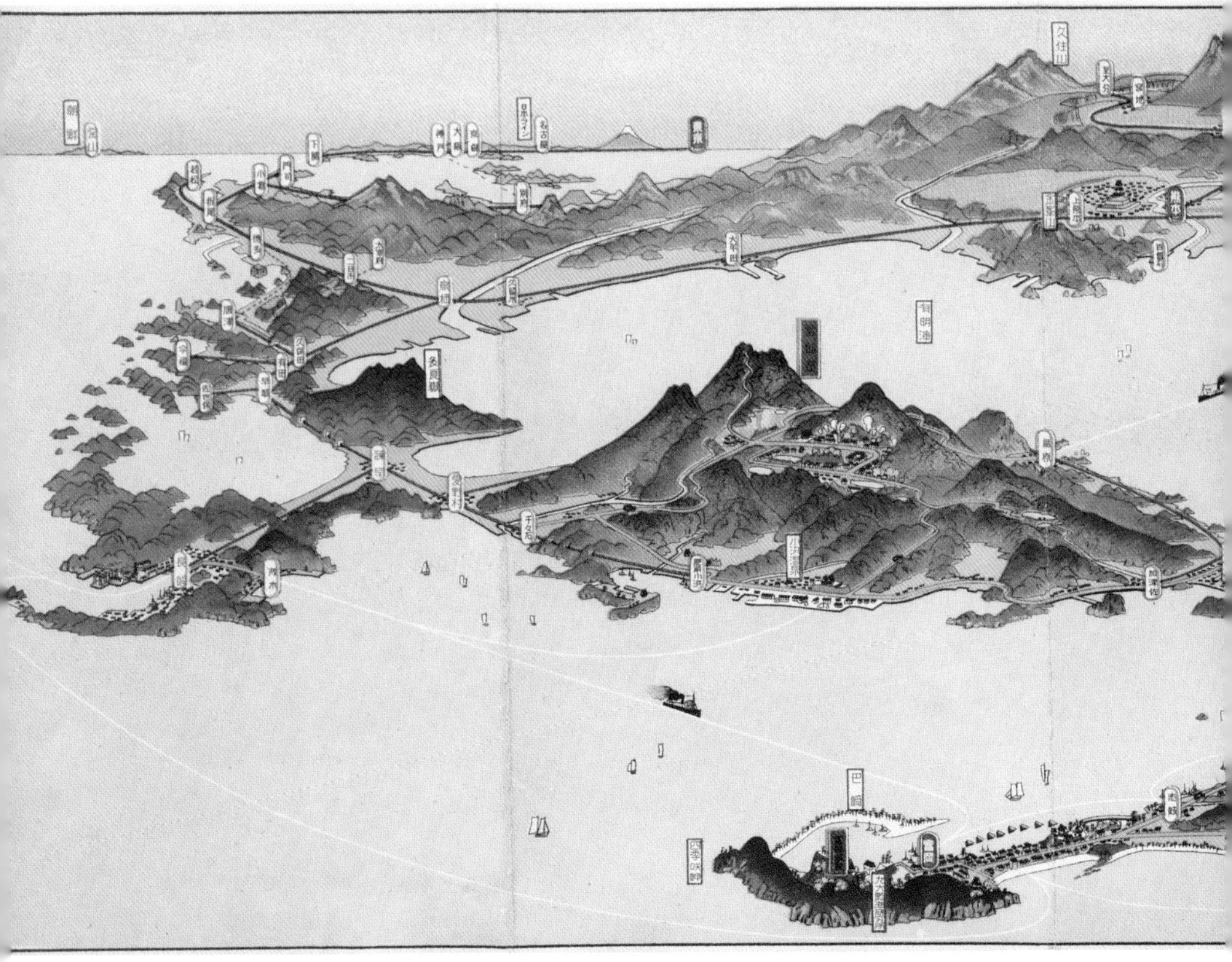

にせり出す作業場）となっている。この特異な集落は、国の重要文化的景観に選定（平成二三年）された。また「天草の﨑津集落」は、世界遺産「長崎と天草地方の潜伏キリシタン関連遺産」（平成三〇年登録）の構成資産の一つでもある。

六、大分

豊後と豊前であった大分県は、東は瀬戸内海周防灘・別府湾・豊後水道に臨み、国東半島が周防灘に突出する。別府湾に面した県都大分市は、大分平野に注ぐ大分川下流に形づくられ、江戸期まで府内と呼ばれていた。鎌倉期、豊後国守護に任じられた大友氏が土着、室町期に大友氏泰が館を築き、府内に城下を営んだのが今日の大分の起こりである。戦国期、キリシタン大名として知られる大友義鎮（宗麟）の時代、神宮寺浦に海外の貿易船が来港、南蛮文化の影響を受けた府内は最盛期を迎えた。

ところが、義鎮を継いだ義統の代で大友氏は改易、その勢力は衰えた。大友氏改易後の豊後は、府内藩・杵築藩・日出藩・臼杵藩・森藩・岡藩・佐伯藩と、小藩が分立した。府内では福原氏が築城を開始、後を継いだ竹中氏が慶長一二年（一六〇七）に府内城を完成させた。府内藩は二万石にすぎなかった。

「大分」（昭和一二年三月、澤田文精社図案、大分市役所発行）〈図9〉を開こう。表紙は大分港から望む別府湾の絵柄で、汽車や汽船、街に林立した煙突が黒煙を吐く。左上遠方に聳えるのは、その姿から鶴見岳・由布岳と思われる。鳥瞰図は別府湾から南に大分の市街地を望む構図で、左に大分川、中央右に大分港、右に高崎山をおき、街中を住吉川が流れる。背後に久住山・久住高原・飯田高原・由布岳・鶴見岳などが見える。

市街地背後を日豊本線・豊肥本線・久大線が往く。別府湾に汽船が浮かび、大分から別府や阪神をはじめ、四国の高浜・宇和島などに向けての航路を描く。大分駅から別府湾に延びる大通りに電車が走り、百貨店・郵便局・警察署・銀行が並ぶ。府内（大分）城址は県庁となり、堀を隔てて市役所・教育会館・議事堂などが建つ。大分駅背後の上野ヶ丘の丘陵は西山公園で、東端に旧制大分高等商業学校（現・大分大学）がある。

大分港近くの春日公園に春日神社が鎮座し、その裏に大友宗麟像が立ち、「南蛮貿易趾」と示す。付近はかつて海外貿易船で賑わった神宮寺浦（春日浦）で、その名は春日神社の神宮寺があったことに因む。神宮寺浦の沖は、当時すでに埋立地となっていた。春日公園に隣接して師範学校（現・大分大学）もある。市街地西方の山麓には歩兵第四十七連隊が配置され、背後の山は陸軍墓地である。郊外の高崎山手前の別府湾を見下ろす丘の上に桜に囲まれた仏崎公園がある。案内文を見よう。

上野ヶ丘の翠巒（すいらん）、春日浦の碧波、大分川の清流ゆるく繞（めぐ）りて我が大分市の風光は極めて明媚である。春は新川、弁天、青松白砂の辺り、ピクニック潮干狩に興深く、上野、陸軍墓地さては市外仏崎の桜花雲かとばかり。

大分には上野ヶ丘の西山公園・春日浦・大分川と、風光明媚な地が多かった。大分川は、明磧橋（あけがわらばし）付近の川岸の桜が美しく、清流は鮎の名所として知られた。新川は住吉川河口左岸、弁天は大分川河口左岸の海辺にあたり、当時潮干狩りができた。

夏は県庁お濠の蓮泥を抜きて清楚の華を開き、春日浦、弁天さては白木海水浴場の賑ひ春日の杜に涼風頻（しき）りに通ひて三伏の暑を忘るべし。秋は大分河畔の月、中島一帯の菊花壇、さては突堤の釣に興趣極まりなし。冬は由布鶴見の雪を仰ぎ、……

夏は府内城址の内堀に蓮の花が開き、海水浴場が賑わう。秋は観月と菊花壇、冬は雪景色と、折々の楽しみがある街だ、と語る。次いで府内城址である。

天守閣は既に無きも櫓、城壁、鐘楼等尚存在し亭々たる老松に昔が偲ばれる。当時の内濠は蓮池となり、泥中に咲き出づる清楚の華は初夏の一大異彩である。尚老松の間に望む赤甍の洋館は、大分県庁である。

府内城は江戸中期の火災で天守などが焼失、以後、天守は再建されることはなかった。明治五年、城址に大分県庁を設置、大正八年に内堀の一部が埋め立てられたものの、残された堀の睡蓮は初夏の風物詩であった。

内堀に囲まれた府内城跡の一画が大分城址公園となり、天守台・本丸櫓跡の石垣、宗門櫓・人質櫓が江戸期の構えを伝える。本丸跡の大部分が駐車場となり風情を欠くが、大手門・廊下橋をはじめ数棟の櫓が復元された。本丸内にあった県庁舎は、本館竣工（昭和三七年）に伴い、城址南の大手町に移転した。

今は忘れられた名所が仏崎公園である。仏崎は市街地西方の田ノ浦の山鼻に位置する小山である。

丘上に立てば豊後湾を一眸（いちぼう）の中に収め、眺望絶佳である。桜樹数千本爛漫の春は全山花の雲と化し、花見客によって歓楽郷を現出する。

仏崎公園は大分市内にあるものの、志高湖・内山渓谷とともに大正期には「別府三勝」に数えられ、名声をほしいままにした。ところが戦後、仏崎公園は荒廃、崖崩れや国道の改良工事で地形は改変され、公園は廃墟と化した。鳥瞰図には、桜が咲き誇る在りし日の仏崎公園が描かれている。

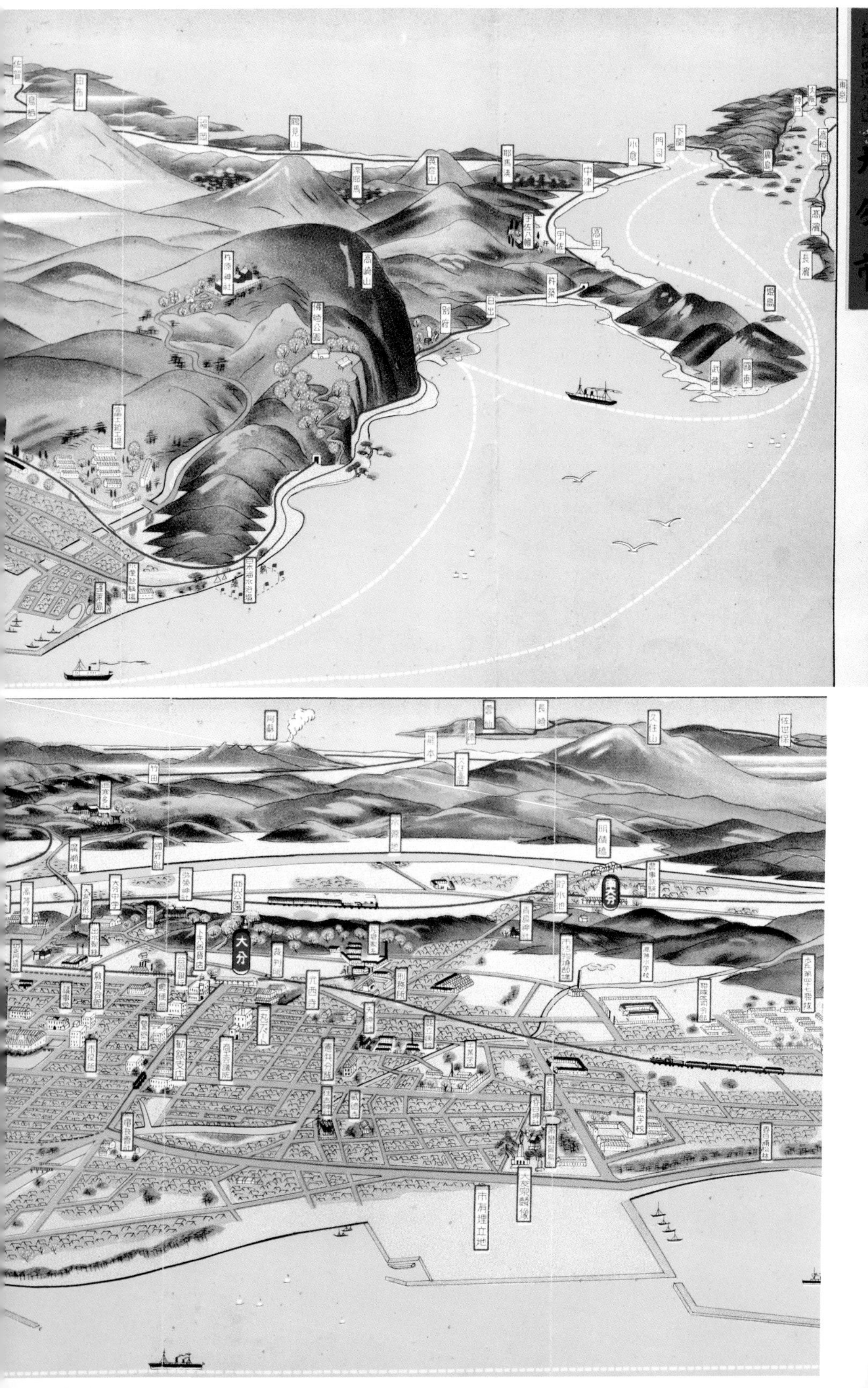
海陸四通八達
大分市
佐賀
由布山
鳥栖
福岡
鶴見山
耶馬溪
英彦山
小倉
門司
下関
東京
大阪
神戸
高松
廣島
高濱
長濱
中津
宇佐八幡
宇佐
高田
杵築
日出
別府
姫島
武蔵
國東
柞原神社
高崎山
佛崎公園
富士紡工場
阿蘇山
熊本
雲仙
長崎
久住山
佐世保
竹田
國府址
水源地
明磧橋
大分中学
遊園神社
大分
裁判所
刑務所
議事堂
教育会館
郵便局
警察署
市役所
勧銀支店
商工会議所
憲兵分隊
師範学校
貯水池
高等商業

〈図9〉「大分」（昭和12年3月、澤田文精社図案、大分市役所）

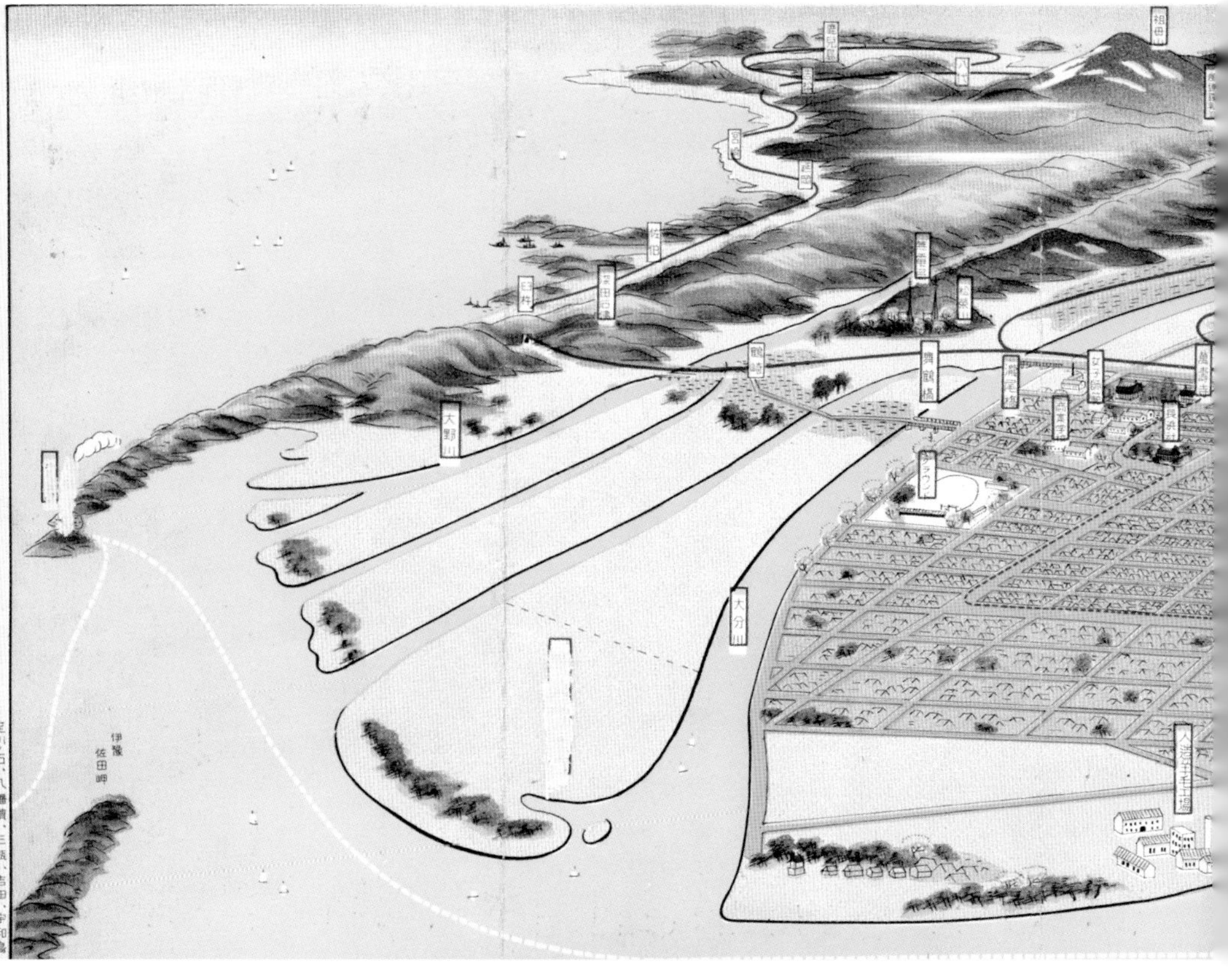

七、水郷日田

大分・福岡県境近くの筑後川上流に日田盆地がひらける。北に筑紫山地、南に筑肥山地が連なり、筑後川上流の三隈川の北岸に日田の町並みが閑雅なたたずまいをみせる。日田は、江戸幕府の天領となった地で、豆田地区に古い町並みが残る（平成一六年、重要伝統的建造物群保存地区）。水郷情緒を残すのが隈町で、夏には鵜飼や屋形舟での舟遊びが楽しめる。日田で特筆すべきは広瀬淡窓がひらいた私塾咸宜園で、高野長英・大村益次郎などの門人を輩出した。日田は山中にあっても、学問を志す人を惹きつけていた。

「山紫水明　日田盆地図絵」（昭和三年一二月、吉田初三郎画、日田町役場発行）〈図10〉を開こう。表紙は広瀬淡窓・朝霧・鮎の絵柄で、いずれも日田を象徴する。鳥瞰図は三隈川に架かる銭淵橋南方から北に市街地を望む構図で、左に筑後川下り終着地の保木公園、中央に日田市街地、右に天ヶ瀬温泉をおく。三隈川に篝火を焚いた鵜飼舟や見物の屋形船が浮かび、台霧の簗ほか三か所の簗場を描く。下流の峡谷に川下りを楽しむ舟も見える。

市街地周辺に月隈山・日隈山・星隈山の三つの小山がある。その一つ、掘割に囲まれた月隈山は永山城址で、山麓に代官所・日田県庁がおかれ、行政の中心をなしていた。昭和初期、付近に裁判所・税務署・営林署の公官署が集まっていたことも図からわかる。永山城址の前を花月川が流れ、三隈川に注ぐ。花月川に沿って発達するのが、商人が活躍した豆田の町並みである。豆田東方の山は慈眼山公園として整備され、桜が咲き誇る。

久留米から豆田に筑後軌道（大正五年全通）が延びるが、昭和初期に廃線（昭和四年）となった。鳥瞰図に久留米―筑後吉井間（昭和三年開通）の久大線も描くが、日田駅（昭和九年開業）まで到達していない。案内文を見よう。

> 曾つて幕政の時代には九州政治の中心点として、又文化と文教の中枢地として江戸長崎との交通も頻繁に、夙くに開化の風をうけて人情風俗共に優美、殊に恵まれたる大自然の風光に至っては宇内に多く其の比を見ず、山容水態清艶又明麗、遥るかに京の都に髣髴たるものがあるといふので昔より「九州の京都」と呼ばれ、……

江戸幕府天領の日田は、江戸中期に九州の天領を管轄する西国郡代がおかれ、九州の政治の中心となった。また文化・学問の中心地をなし、江戸や長崎との往き来も頻繁で、人情風俗ともに優美であった。自然の風光は比べるものがないほど素晴らしく、京都を想像させるので「九州の京都」と呼ばれた。

日田には豆田八阪神社・隈八坂神社・竹田若八幡宮三社の日

田祇園祭の曳山行事（ユネスコ無形文化遺産「山・鉾・屋台行事」、平成二八年登録）があり、京都に倣い山鉾が生まれたという。

最近日本廿五勝の選に入ってより、此の日本無双の山水美を探（たん）ねんと杖を曳く者後を絶たず、或は楼に倚（よ）って月明を賞し、鮎を追ふて小舟に篝し、又は軽舟に棹して三隈川を下るの壮挙を試みる等、四季折々の遊覧地として今や天下に盛名を唱はれてゐるのである。

水郷日田は「日本新八景」（昭和二年）と同時に選ばれた景勝地「二十五勝」の一つである。その頃から訪ねる人が後を絶たず、鵜飼や川下りなど、四季折々の遊覧地としての名を知られるようになった、とその知名度の高まりを述べる。

日田の遊覧順序を「耶馬渓と日田」（昭和一二年九月、門司鉄道局発行）〈図11〉から紹介しよう。

〈図11〉「球磨川下り市房山」（昭和11年10月、門司鉄道局）＊

咸宜園阯（淡窓図書館）―月隈公園―慈眼山公園―長生園（淡窓墓所）―五岳上人銅像―亀山（きざん）公園―台霧の築

ここに日田の主要な遊覧地が現われる。日田を代表する見所が咸宜園阯である。

広瀬淡窓が文化二年から安政年間まで、五十余年間三千余名の子弟を教育したところで、文部大臣指定の史蹟である今其の跡に広瀬家一門（淡窓・旭窓・青村・林外）の遺書を蔵する淡窓図書館がある。図書館の南に在る淡窓の旧宅は、和粛堂又は秋風庵と称してゐた。

咸宜園は「咸（ことごと）く宜（よろ）し」（『詩経』に拠る）から命名され、入門者の学歴・年齢・身分を問わなかった。淡窓没後、明治三〇年まで咸宜園は存続し、合わせて五千人が学んだという。茅葺の秋風庵（天明元年〈一七八一〉建築）が跡地に現存する。戦後、遠思楼を移築復元し、跡地が整備された。

月隈公園・亀山公園・慈眼山公園ともに風致に優れ、眺めが良かった。五岳上人は、咸宜園に学び詩と書画に優れた専念坊の高僧である。亀山公園の近くに台霧の簗があった。

毎年六月初旬から二百十日前後中秋に至る間は、河水の漲る毎に香魚の群が其の簗に跳躍する壮観を見ることが出来る。人は皆手に笊（ざる）を持って之を掬（すく）ふのであるが、歓声喜

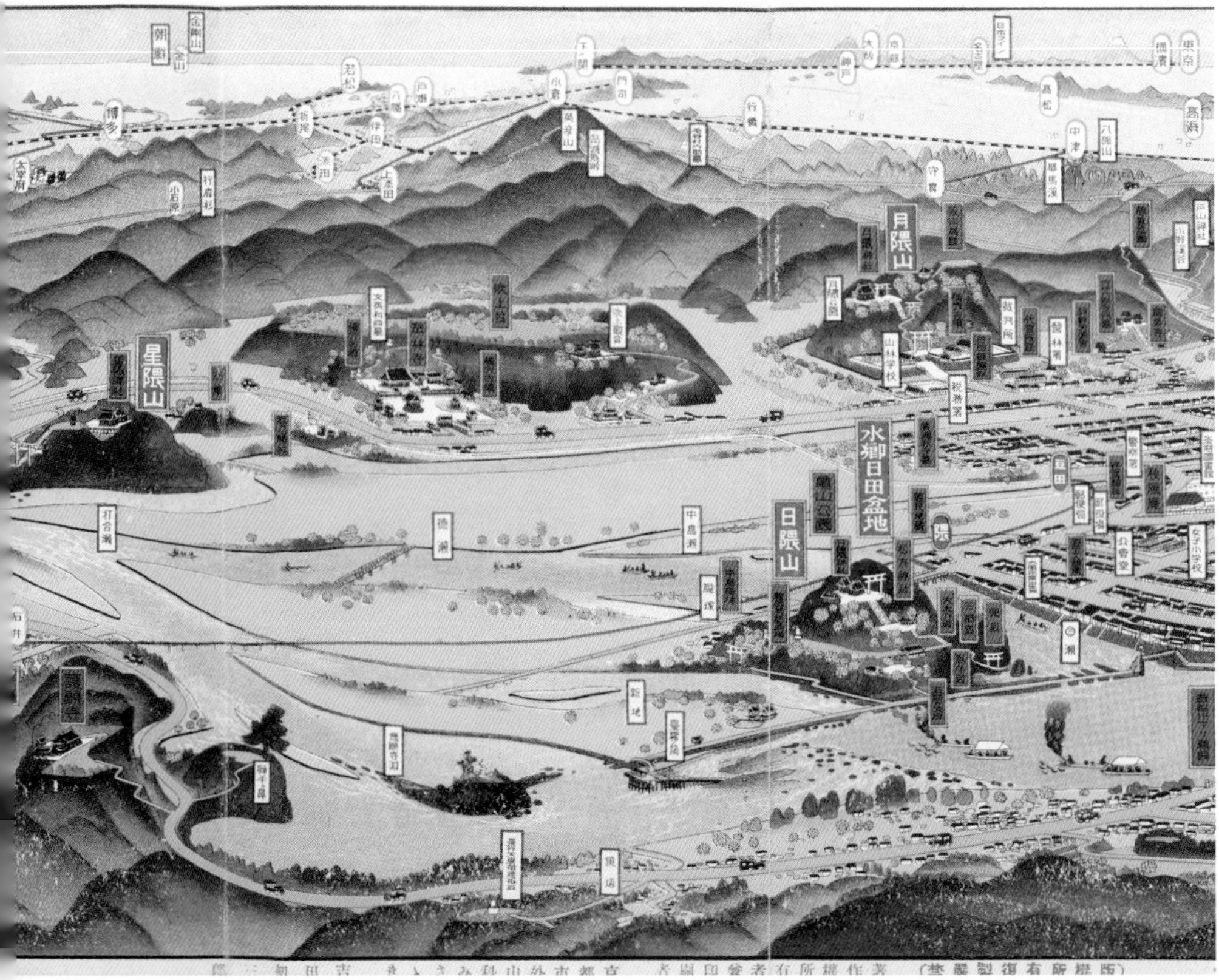

久住山
九重山
阿蘇山
湧出山
由布
中村
野上
玖珠町
三日月滝
森町
三隈川
博多
若松
小倉
門司
下関
東京
横濱
中津
太宰府
行橋
星隈山
月隈山
日隈山
水郷日田盆地

（版權所有複製禁）　著作權所有者發行印刷者　京都市外山科みささぎ　吉田初三郎

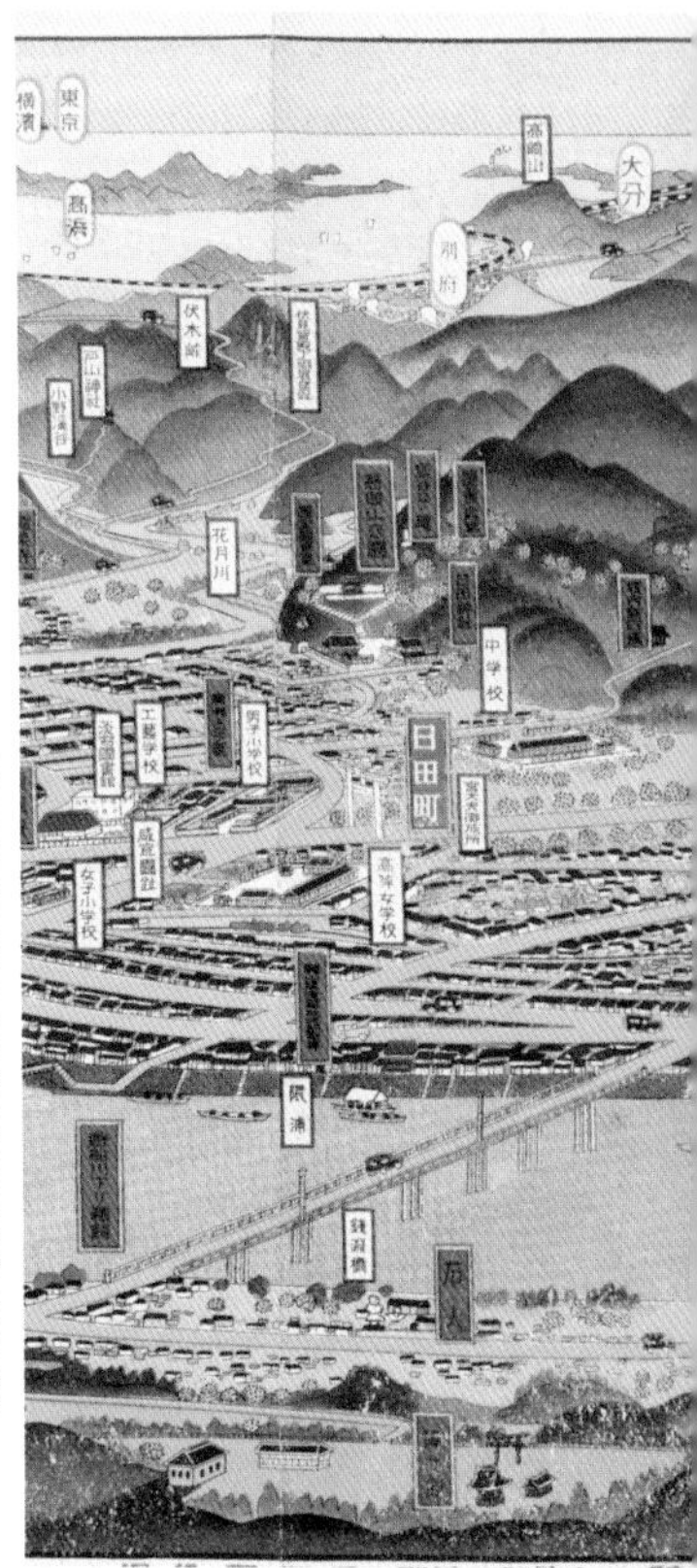

〈図10〉「山紫水明　日田盆地図絵」
（昭和３年12月、吉田初三郎画、
日田町役場）

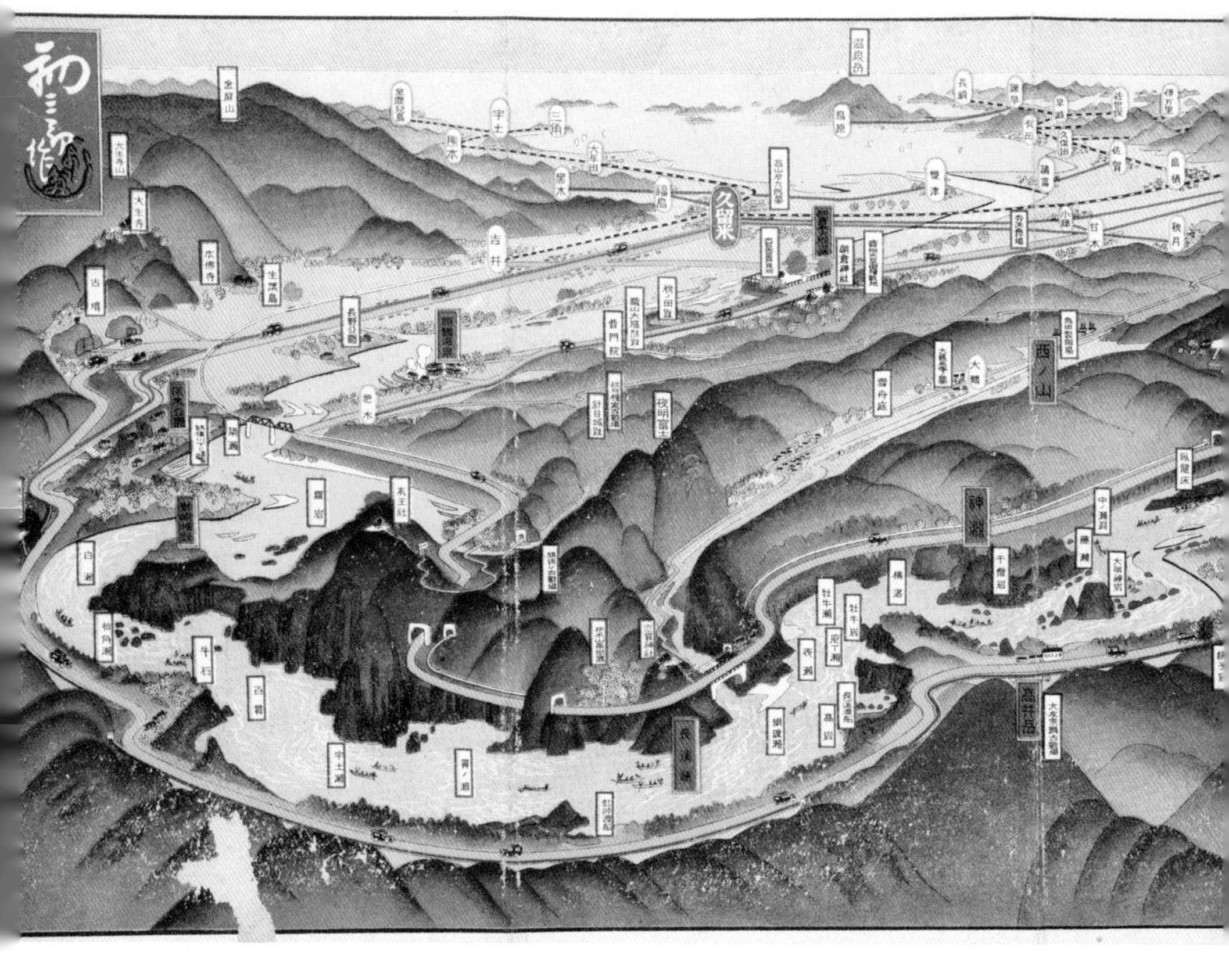

語川の瀬と相和して、その轟々たる様は蓋し天下の奇観であらう。

ザルを手にした人々が無心に鮎をすくおうと、心底楽しんでいる光景が目に浮かぶ。三隅川の鵜飼いについても触れる。

毎年六月一日即ち鮎の生長するのを待って開始し十月中旬に至る暗夜、三隈川筋一帯で行ふのである。鵜匠は普通一人で八羽の鵜を使役するのであるが、鵜が鮎を追ふて出没浮沈する状は、漁火の水面に映ずる景観と相俟って壮観限りなきものである。一船観覧は別に遊覧船を艤して、鵜舟に追随しつつ見物するのである。

「鵜舟一艘一夜二付十円、遊船大型（二十五人乗り）五円、小型（十五人乗り）四円」と出ており、鵜飼見物には鵜舟・遊船を雇う費用が必要であった。筑後川下りも日田の楽しみであった。

三隈川岸の旅館の裏から舟に乗って、大明神の岩・神の淵・長渓・小渓の瀬などを経て、保木公園まで約二時間で下るのである。殊に、大明神の瀬は筑後川下り第一の呼物であり、此の川下りの面白味は実に此の付近で味はれるのである。

川下りの舟は十三人乗り貸切であり、午後船出の船賃は船頭が保木に宿泊するので割増しとなった。昭和二九年、峡谷に夜明けダムが完成したため、筑後川下りは昔語りになった。

八、城下町竹田

大分県南西部、大野川上流の竹田盆地に竹田の城下が清楚なたたずまいをみせる。北に久住山、南に祖母山・傾山を望む山あいの地である。竹田は「荒城の月」作曲者瀧廉太郎が幼少期を過ごした街で、岡城址の古びた石垣が時の流れを刻む。

「史蹟名勝ノ豊後竹田」（昭和一二年三月、金子常光・村上勝画、竹田町役場発行）〈図12〉を見よう。これは封緘葉書として制作されたもので、表紙に岡城址を描き、「荒城の月」の歌詞を添える。鳥瞰図は大野川支流の稲葉川豊岡橋の裏山から南東に竹田城下を望む構図で、左に岡城址、右に竹田の城下をおく。

市街地を隔絶する断崖上に岡城址がある。豊後竹田駅東の碧雲寺を見下ろし、稲葉川を隔てて城址を俯瞰する図でもあり、山中の断崖に石垣を築いた城址がひろがる。城址に建物は一棟もなく、本丸跡に「荒城の月碑」が唯ひとつ立つのみである。岡城とその城下は、北の稲葉川、南の白滝川が天然の要害をなす。

市街地北西に豊肥本線の豊後竹田駅（大正一三年開業）があり、稲葉川の竹田橋を渡ると、城下の町並みがひろがる。竹田橋を南東に進むと、町並み東の丘にうず高く石垣を築いた広瀬神社が鎮座し、付近に町役場・税務署・公会堂が建つ。町並み南の丘の竹田荘は南画家田能村竹田の家である。街の西側の八幡山は大正公園として整備され、桜が咲き誇り、八幡山の麓に愛染堂などの寺院が並ぶ。案内文を見よう。

四周を奇岩怪石の渓流にて囲み、稲葉、白滝の清流を繞(めぐ)らし、山紫水明、九州の小京都と誇称せられてゐる。豊肥線の中枢で、阿蘇国立公園や久住高原の門戸をなしてゐる。

稲葉川と白滝川の清流に囲まれた風光明媚な竹田は、当時から「九州の小京都」と呼ばれていた。戦後、いわゆる「小京都ブーム」がおこるが、その言葉がすでに昭和初期から使われていたことを知る。城下町竹田の変遷である。

文禄三年二月藩主中川秀成公入城後、玉来(たまらい)町十川(そうかわ)町より商家五十三戸を移して、城下町となされたに始まり、豊後七藩の王座七万石の城下として殷賑を極めしも、明治十年の西南戦役に兵燹(へいせん)にかかり惜しむべし其の旧態を失ってしまった。

文禄三年（一五九四）、播磨の三木から移封した中川秀成が岡城を居城とし、以来、竹田は江戸期を通じて藩主の交替もなく中川氏の城下として続いた。岡城は、標高三二五mの天神山に築かれた山城で、一二世紀後半の築城、一四世紀前半に拡張されて「岡城」と呼ばれた、と伝える。

熔岩の台地にして、牛の臥せるに似たるを以て一名臥牛城と言ふ。（中略）中川候の居城となりて三百年、明治四年に至るまで、中空にそそりたつ名城岡の天主閣も廃藩と共に撤去された。

岡城は、阿蘇山の噴火で形成された阿蘇溶結凝灰岩の台地を利用している。川が削った断崖絶壁の要害をなす台地を城としたのである。中空にそそり立つ、とはその姿をよく言い表している。岡城天守は廃藩とともに撤去され、城址一帯は西南戦争の兵火で灰燼に帰した。

かの名曲荒城の月で有名な天才の音楽家瀧廉太郎が本町高等小学生時代にこの廃阯を逍遥し仲秋の名月を仰ぎて詩的情操を湧かせたるは明治二十五六年の頃である。今土井晩翠筆の荒城の月記念碑が建てられてゐる。

廉太郎が散策した頃の城址は樹木雑草が生い茂り、石垣に蔦蔓が繁茂し、狐・狸・猪が出没するほどであったという。天然の断崖を利用した天嶮無比の名城が寂れ果てた情景を「荒城の月」と重ね合わせるが、作詞者土井晩翠は宮城県仙台出身で、詩の構想を得たのは仙台の青葉城址、戊辰戦争の舞台となった会津若松の鶴ヶ城址などとされている。岡城址は、あくまでも哀愁を帯びたメロディーからの連想であろう。

岡城址を訪ね、案内所のある総役所跡から大手門跡へ向かう。

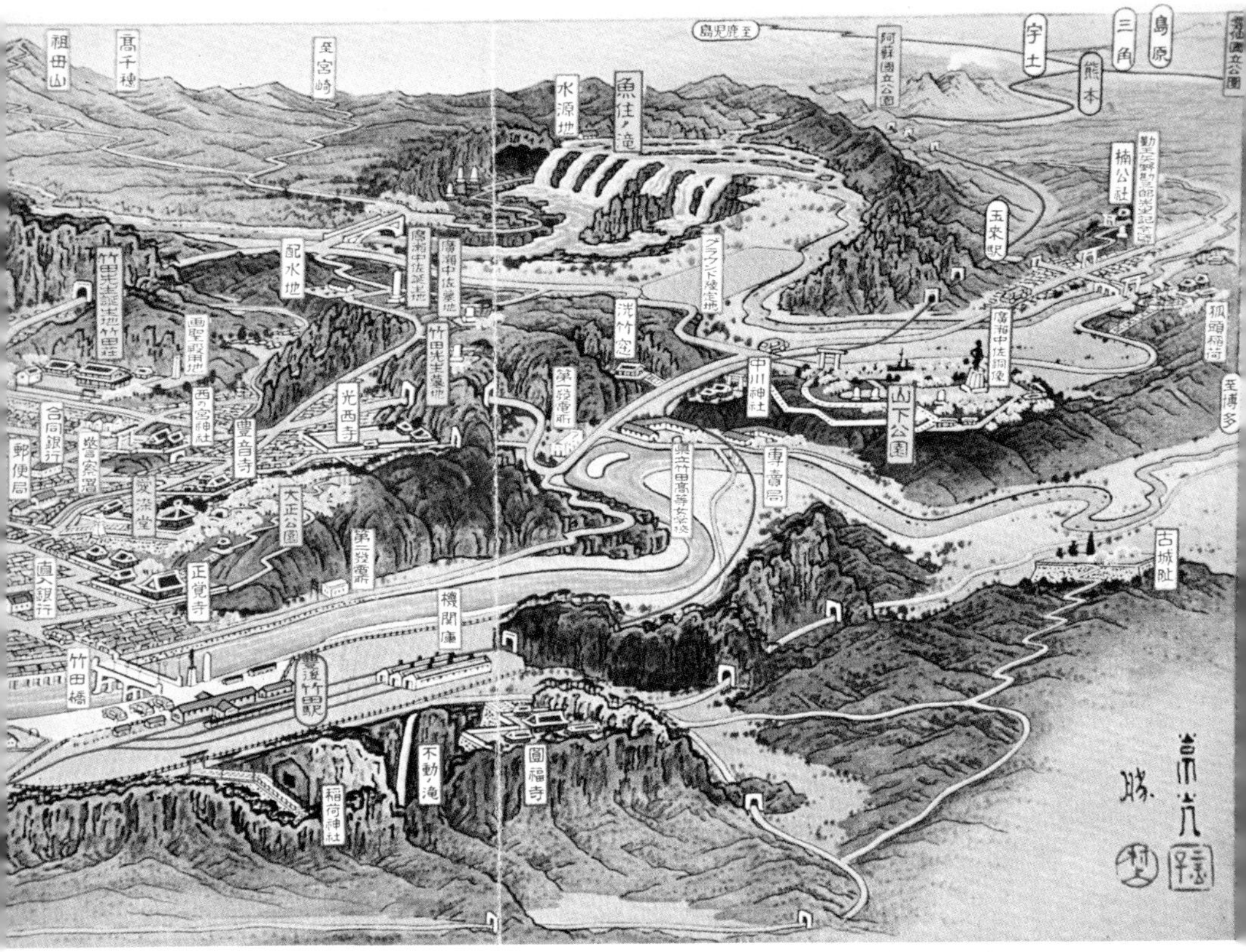

祖母山
高千穂
至宮崎
水源地
魚住ノ滝
至鹿児島
阿蘇国立公園
宇土
三角
熊本
島原
雲仙国立公園
楠公社
玉来駅
配水地
竹田先生記念竹田荘
廣瀬中佐誕生地
グランド
洗竹窓
竹田先生墓地
第一発電所
中川神社
山下公園
廣瀬中佐銅像
狐頭稲荷
至博多
西の宮神社
合同銀行
郵便局
警察署
光西寺
豊音寺
愛染堂
大正公園
第二発電所
県立竹田高等女学校
専売局
直入銀行
正覚寺
機関庫
古城址
竹田橋
豊後竹田駅
不動滝
稲荷神社
円福寺

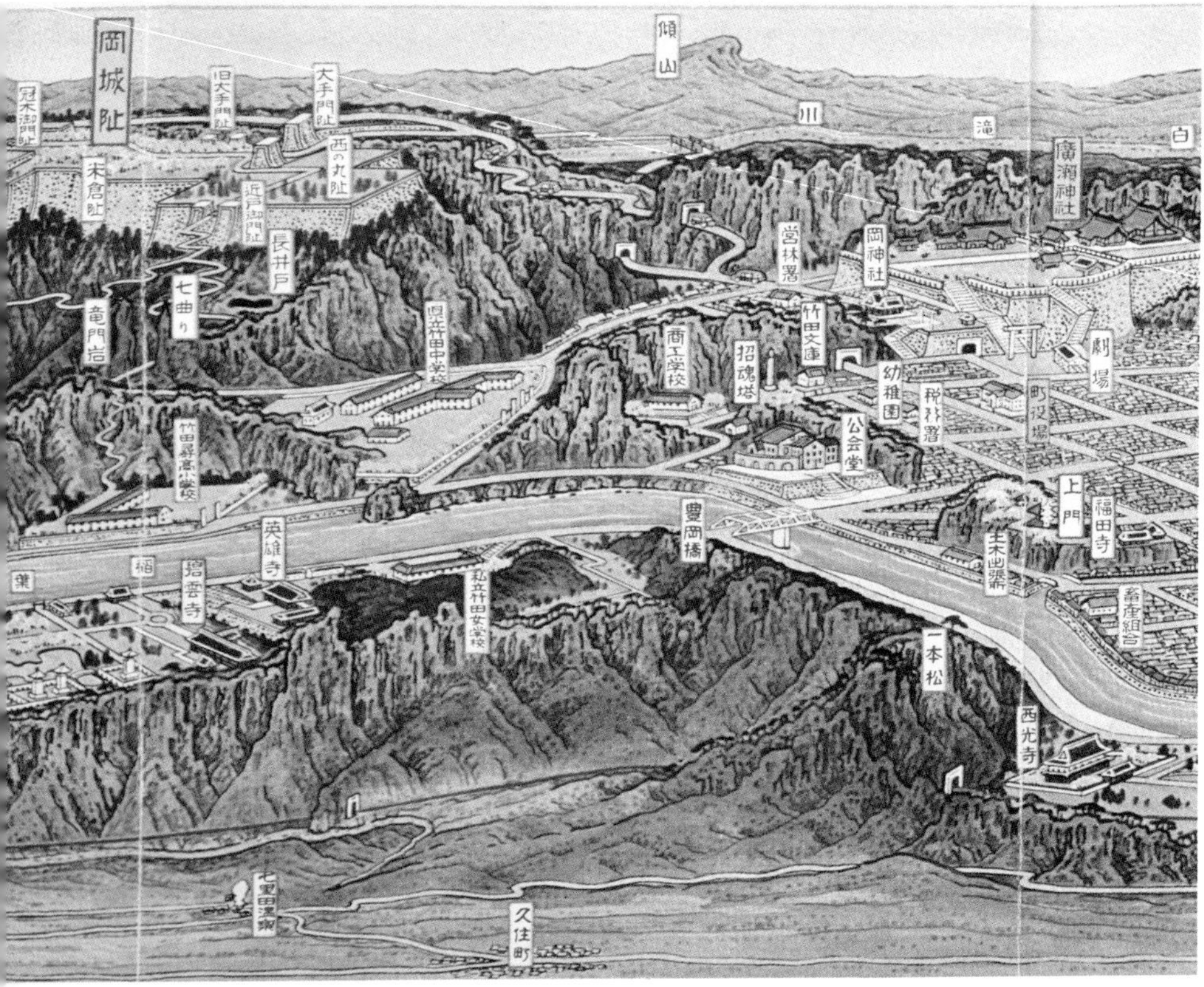

岡城址
冠木御門址
旧大手門址
大手門址
西の丸址
米倉址
近戸御門址
長井戸
七曲り
竜門岩
傾山
川
滝
白
廣瀬神社
営林署
岡神社
竹田文庫
商工学校
招魂塔
幼稚園
税務署
町役場
劇場
県立竹田中学校
竹田尋常高等小学校
公会堂
上門
福田寺
土木出張所
豊岡橋
英雄寺
稲
葉
私立竹田女学校
一本松
畜産組合
西光寺
久住町

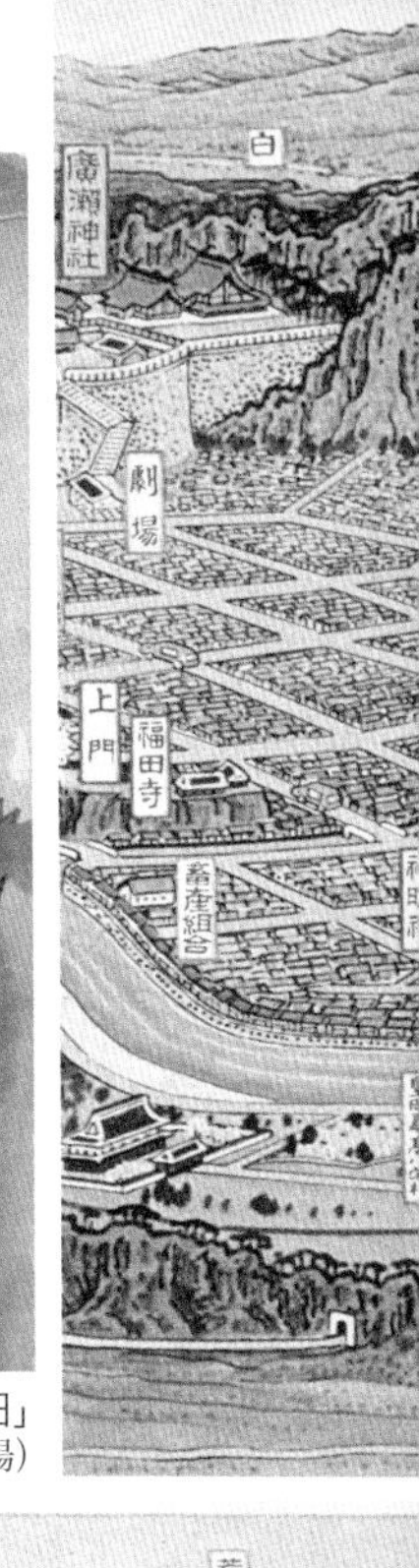

〈図12〉「史蹟名勝ノ豊後竹田」
(昭和12年3月、金子常光・村上勝画、竹田町役場)

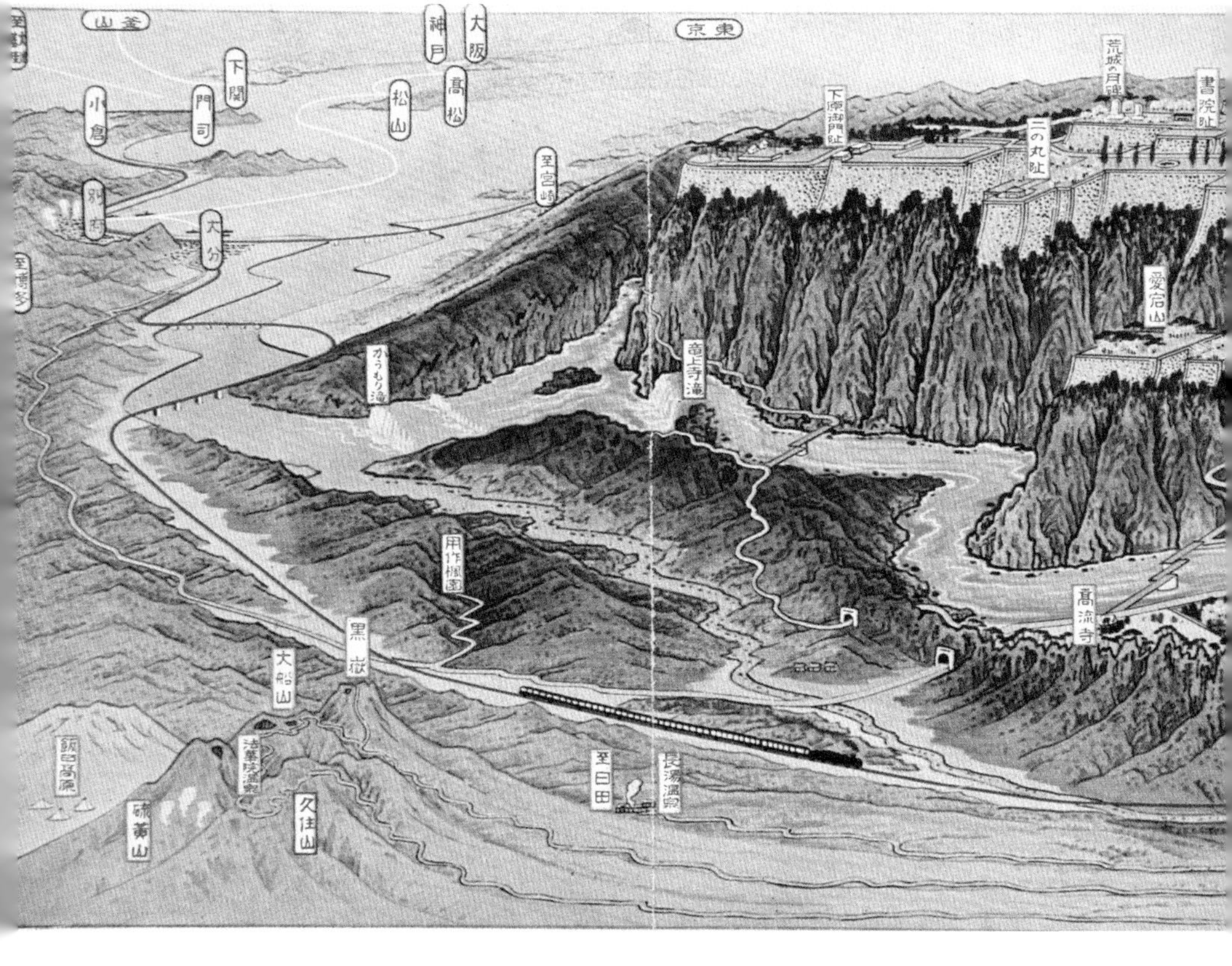

途中、仰ぎ見ると、阿蘇溶結凝灰岩の断崖が目の前に迫る。門柱の礎石や扉の石敷居が残る大手門跡をぬけると、西の丸御殿跡の平地がひらけ、付近に家老屋敷跡が散在する。東に向かい、太鼓櫓・鐘櫓の石垣が残る中仕切跡を過ぎると、三の丸跡・二の丸跡・本丸跡である。中仕切跡から清水谷に身を乗り出すと、絶壁に三の丸の石垣が築かれている。どのように足場をかけたのやら知れず、想像を絶する難工事であったに違いない。

三の丸や本丸からの眺望がすばらしい。澄みわたる空気の中、北西に久住山・大船山・黒岳のくじゅう連山、南に祖母山・傾山が見渡せる。昭和七年、荒廃していた城址に人々が桜や紅葉を植え、公園として整備した。ほどなく岡城が史跡に指定（昭和一一年）されると、登城する人も増えはじめたという。

旧武家屋敷の土塀が続く殿町背後の菅之山（すげのやま）の麓に、竹田の生んだ南画家田能村竹田の居宅が残されている。

画聖竹田の誕生地である。南に田楽山を仰ぎ北に天狗山の断崖や竹田三十六峰を眺めて恰（あたか）も一幅の絵巻物を見るやうである。（中略）今も尚旧態を残して雅客を待ってゐる。

旧竹田荘は斜面にあり、母屋の東に弟子たちが寝起きして稽古に励んだ補拙盧（ほせつろ）、土蔵造りの書庫・茶室が建つ。母屋二階の座敷は「雪月楼」と呼ばれ、山々に囲まれた箱庭のような竹田の家並みが一望できる。一階の座敷北側に二畳の茶室「花竹幽窓」があり、蔀の下から覗き見る街の風景も一興である。明治半ば、田能村家の転出に伴って屋敷は荒廃したが、昭和初期、地元有志が結成した「竹田会」により再興された。

竹田は日露戦争の旅順港閉塞作戦で戦死した広瀬武夫中佐の出身地でもある。軍部の政治的進出が強まる昭和一〇年、郷里に広瀬中佐を軍神として祀る広瀬神社が建立され、戦前・戦中、参詣客で大いに賑わいをみせた。

四季参拝客を以て充たされ、各種団体や個人参拝等毎年五十万人の多きにあり。茲（ここ）に特異なるは艦隊の休養のため別府入港の際は、各艦代表将士千数百名正式参拝として武装をなし、軍楽隊を先頭に、又奉納角力部員を具（ぐ）し毎年参拝あり。

別府温泉に大規模な連合艦隊が休養を目的に入港するようになったのは昭和四年頃からで、温泉はもとより遊廓も大繁盛であったという。広瀬神社建立以降は、代表者千数百名が武装して、軍楽隊を先頭に参拝に訪れたのである。また相撲を奉納する人を連れ立っての参拝であった。連合艦隊別府入港は昭和一五年まで続いた。わずか五、六年に過ぎないが、戦前の社寺参詣の一面を物語る稀有な記録といえよう。

第八章　宮崎・高千穂峡・鹿児島

一、日向宮崎

（一）日向の風景

太平洋日向灘に臨む宮崎県は、西に九州山地が連なり、北は祖母山・傾山が大分県を隔てる。日向灘沿岸に宮崎平野がひろがり、宮崎平野西方の鹿児島県境には霧島連山が聳える。江戸期、日向には飫肥・延岡・高鍋・砂土原の諸藩が分立し、薩摩藩の領地もあった。県都宮崎市は城下町ではなく、宮崎県庁開庁（第二次、明治一六年）を契機に一寒村が県都に発達したところである。

「宮崎県鳥瞰図」（昭和一〇年一〇月、金子常光画、宮崎県発行）〈図1〉から日向の風景を探ろう。これは封緘葉書として制作されたもので、表紙は御池から望む霧島連山の高千穂峰、裏表紙は高千穂峡真名井の滝の絵柄である。鳥瞰図は宮崎沖の日向灘から西に陸地を望む構図で、左に都井岬、中央に宮崎市街地、右に延岡をおく。

日豊本線が大分方面から延岡・宮崎・都城を経て鹿児島へ延びるが、昭和七年までは都城―吉松間（現・吉都線）の経路をとっていた。図には国有化直後の油津線（旧県営軽便鉄道飫肥線）の油津―飫肥間、今はなき妻線（昭和五九年廃線）広瀬―杉安間、志布志線（昭和六二年廃線）西都城―志布志間、日ノ影線（高千穂線などを経て平成二〇年廃線）延岡―日向岡元間も描く。ほかに大淀（現・南宮崎）から青島を経て内海に宮崎鉄道（昭和三七年廃止、跡地を日南線に利用）が通じる。

鳥瞰図で目を引くのは宮崎市の背後に聳える霧島連山で、霧島国立公園と示す。霧島連山は、最高峰の韓国岳、山頂に天の逆鉾が立つ高千穂峰、新燃岳などから成る。高千穂峰麓に火口湖の御池も見え、高原や小林などから霧島国立公園に道が通じる。

宮崎平野に注ぐ大淀川河口左岸に宮崎市街地が発達する。市街地西に宮崎神宮が鎮座し、その背後に皇宮屋、大淀川右岸に生目神社があるが、ほかに目立った見所はない。宮崎の南、日

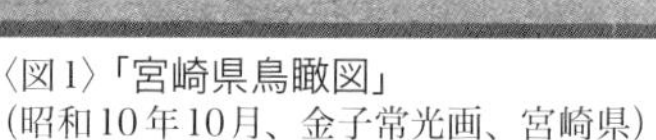
〈図1〉「宮崎県鳥瞰図」
（昭和10年10月、金子常光画、宮崎県）

向灘にビロウが茂る青島が浮かび、周辺に隆起した波のような岩盤を描く。この地形は、青島から南の日南海岸に続く。

鵜戸崎の断崖絶壁の洞窟に鵜戸神宮が鎮まる。鵜戸神宮の南方に油津の港町があり、広渡川・酒谷川を遡ると飫肥の城下となる。伊東家の城下飫肥には、昔ながらの石垣・門構えの旧武家屋敷が残る（昭和五二年、重要伝統的建造物群保存地区）。背後の森林は飫肥杉の産地で、船材に適した弁甲材（飫肥杉）が油津港から瀬戸内海などの造船地に送られた。海岸線を南下すると都井岬で、岬の台地に馬がのどかに遊ぶ。

宮崎市に引き返して北に向かうと、椎葉の山里から流れ出る耳川の河口に美々津があり、「神武天皇船出伝説地」と示す。

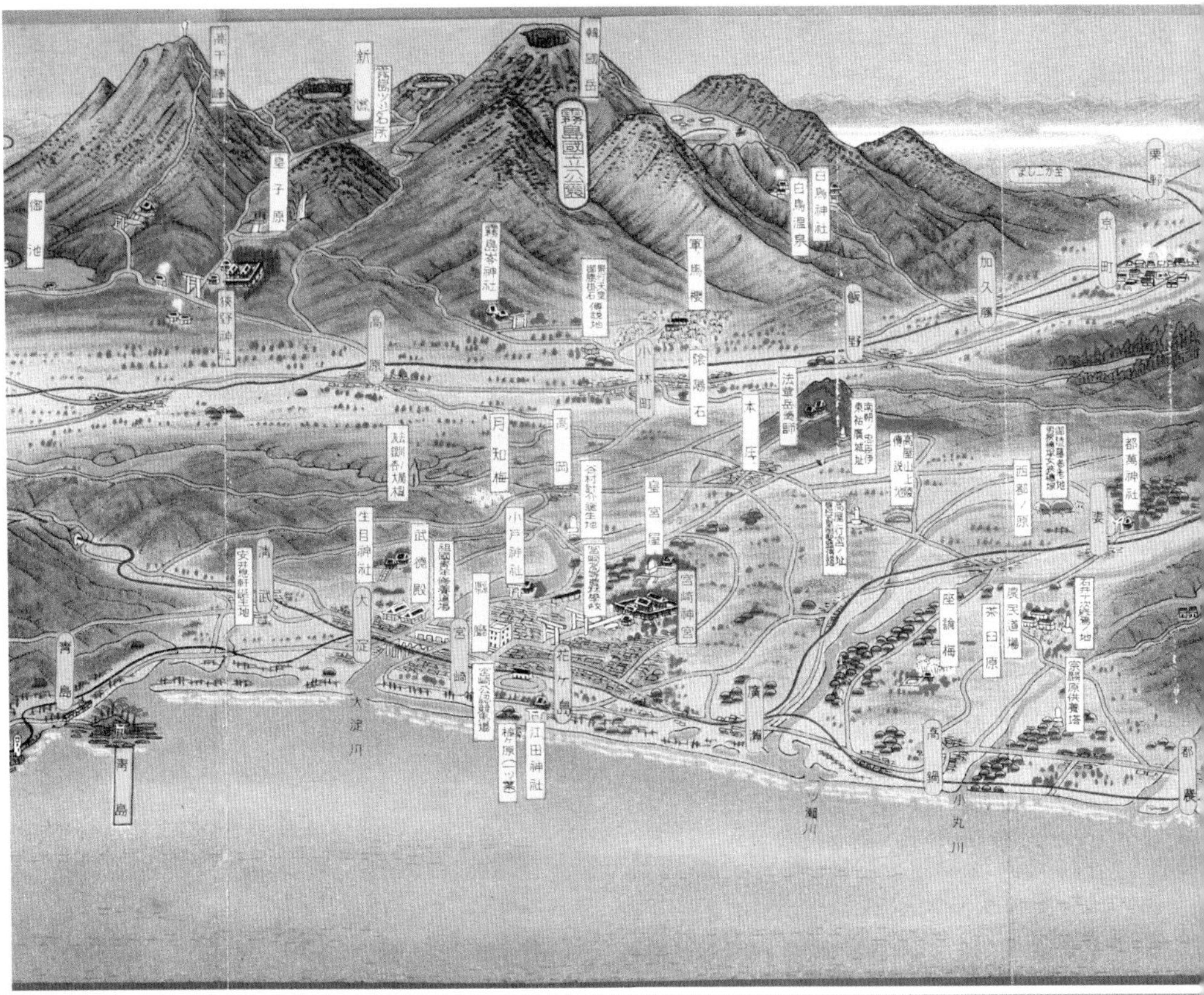

高千穂峰
新燃
韓國岳
霧島國立公園
御池
皇子原
狹野神社
霧島東神社
白鳥神社
白鳥温泉
高原
小林町
陰陽石
飯野
加久藤
京町
栗野
本庄
月知梅
高岡
谷村計介誕生地
皇宮屋
生目神社
武徳殿
小戸神社
清武
大淀
宮崎
花ケ島
宮崎神宮
江田神社
檍原(一ツ葉)
青島
大淀川
西都ノ原
都萬神社
妻
座論梅
茶臼原
宗麟原供養塔
廣瀬
一ツ瀬川
高鍋
小丸川
都農
鹿兒島
隼人
霧島神宮
關ノ尾瀧穴
西都城
都城聯隊
都城
都城飛行場
山之口
飫肥
小村侯誕生地
鵜戸神宮
内海
油津
梅ケ浜
廣渡川
都井岬
幸島(猿島)

港町美々津もまた昔の面影を残す（昭和六一年、重要伝統的建造物群保存地区）。さらに北に向かうと、大阪商船の寄港地であった細島と土々呂（ととろ）がある。五ヶ瀬川河口に延岡の城下が発達し、五ヶ瀬川を遡ると天岩戸などの神話に因む高千穂峡にいたる。

宮崎県の名所は、「名所史蹟案内宮崎県」（～昭和一〇年、発行元不明）〈図2〉にも示されているので、参考までに掲載する。発行年代を知る手がかりはないが、日ノ影線の延岡―日向岡元間（昭和一〇年開業）は、まだ敷設されていない。戦前の大阪商船（大阪鹿児島線）の寄港地（土々呂・細島・内海・油津・福島）が詳細に記された、ほのぼのとした絵柄の鳥瞰図である。

（二）宮崎と青島

昭和初期の旅行案内書は、宮崎の廻覧順路をこのように示す。

> 宮崎駅―宮崎神宮―皇宮家―景清廟―天神山―生目神社―青島―鵜戸神宮―大淀駅。（『日本案内記』九州篇、昭和一〇年）

これらが宮崎とその周辺の主な見所である。宮崎神宮は神武天皇を祀る大きなお社、皇宮屋は神武天皇東征前の宮跡とされる宮崎神宮摂社である。景清廟は平家に仕えて都落ちをした藤原景清の廟所、景清の両眼を祀ったと伝える生目神社は眼病平癒の信仰が篤い。天神山は見晴らしの良い丘である。

とりわけ、青島と鵜戸神宮が有名である。その姿を「宮崎と青島」（昭和一一年五月、門司鉄道局発行）〈図3〉から見ていこう。青島は、宮崎から半日の清遊地であった。

> 全島蒲葵（びろう）樹其他多数の熱帯植物を以て蔽はれ、一度（ひとた）び此島に入れば恰（あたか）も南洋に行った様な感を起さしむることは此島の特色である。

青島には全島を覆うようにビロウが繁茂し、その数約五千本、最高樹齢約三百年と推定されている。青島は聖域として入島が制限されていたため、自然が残されたのである。

> 其幹は象の足に似て高さは八、九米。低きは四、五米。婆娑々した大葉は頭上高く交錯して日光をも洩らさぬ。（中略）此日向の青島の蒲葵の蔭から今にも猛獣や口の赤い真黒い土人が、のこのこ出て来るのではないかと思はれる。

ビロウの幹を象の足に喩える思いつきが面白い。差別的な表現が見えるが、第一次大戦後、日本が南洋諸島への委任統治の手を延ばしていた時代が見え隠れする。その南洋の雰囲気を味わえるのが青島である。大正一〇年、「青島熱帯性植物産地」が天然記念物に指定された。島内の熱帯・亜熱帯植物は二七種におよび、ビロウの隙間にクワズイモが大きな葉をひろげ、ヒギリが赤い花をつける。青島神社拝殿右手の神門を潜って、元宮へ向かう御成道を逍遥すると、密林の雰囲気が味わえる。

島に沿ふ浜辺には波状岩が横に長く層々相連って恰(あたか)も渚に寄する小波の如く、之のみでも一見の価値あるが、更に白い貝砂に足を入れると、ザクリザクリと砂に声ある如く、全く仙境の思ひがする。

波を連想させる岩盤もまた、昭和九年に「青島の隆起海床と奇形波蝕痕」として天然記念物に指定された。この岩盤は、海床に堆積した砂岩と泥岩の互層が隆起し、傾斜変化したものを波が浸食して生じたものである。その形状から俗に「鬼の洗濯板」と呼ばれ、青島のほかに戸崎鼻から巾着島にいたる日南海岸でも目にする。青島は隆起海床に貝殻が堆積してできたために、浜辺を歩くと貝砂が妙音を奏でるのであろう。

青島から日南海岸を南下すると、日向灘に突き出た鵜戸崎に鵜戸神宮が鎮座する。当時、内海駅から乗合自動車で鵜戸峠にいたり、峠より徒歩で約一kmの道を下って参拝した。

霊窟は巌壁十数仭(ひろ)石畳々(じょうじょう)として巌洞をなし、実に天然の妙名状すべくもない。一度び此洞窟に入るものは神威粛然自ら畏敬の念を生ずるを覚ゆる。

霊窟とは、日向灘に面した断崖の海蝕洞である。洞窟の石が幾重にも重なりあう姿は言葉で言い表し難いほどで、その神々しさに畏敬の念が生じる、と述べる。奇岩怪礁の鵜戸岬は、古来、修験道の霊場であった。明治の神仏分離により、それまでの鵜戸権現は鵜戸神社となり、別当の仁王護国寺は廃された。朱塗りの神橋を渡って急な石段を下ると、洞窟内に朱色鮮やかな本殿が鎮まる。本殿は、正徳元年（一七一一）、飫肥藩主伊東祐実が改築したものである。

社の前面は渺茫(びょうぼう)たる滄海で、奇巌怪石聳峙(しょうじ)し、怒濤巌を搏(う)って雪花玉垣に砕くる。背面は速日(はやひ)の峰高く聳へ、樹木蓊鬱(おううつ)として幽鳥囀(さえず)り全く仙境の思がある。

お社の前は日向灘がひろがる青海原で、丸いボールのような球体をつけた奇岩が断崖絶壁をなし、海中にもその岩が散点する。見るからに不思議な造形物で、それは生物由来の石灰成分が砂粒を固めてできたものという。打ち寄せる波は岩に砕け散る。背後の社叢は亜熱帯性樹林に覆われ、「鵜戸へゴ自生北限地帯」が天然記念物に指定（昭和四三年）されている。

当時、宮崎から青島と鵜戸をめぐる定期遊覧バスが毎日運行していた。コースは、大淀駅前―宮崎神宮―市内―生目神社―青島―鵜戸神宮―大淀駅で、所要八時間で周遊した。戦後、青島（神社）と鵜戸神宮が宮崎県を代表する観光地になるが、安産に霊験あらたかと喧伝され新婚旅行客を誘引したこともさるこ

〈図2〉上・右「名所史蹟案内宮崎県」
(～昭和10年、発行元不明)

〈図3〉下・左「宮崎と青島」
(昭和11年5月、門司鉄道局)

出水
鹿児島
韓國嶽
白鳥山
吉松
京町温泉
飯野
海棠
御池
関ノ尾
庄内
高崎新田
高原
小林
都城市
山ノ口
高岡
月知梅
生目神社
青井岳
田野
清武
大淀
宮崎市
宮崎神宮
一ツ葉濱
大淀川
青島神社
青島
内海
鵜戸
鵜戸神宮
油津
福島
飫肥
都井
都井岬
外ノ浦
大島
廣渡川

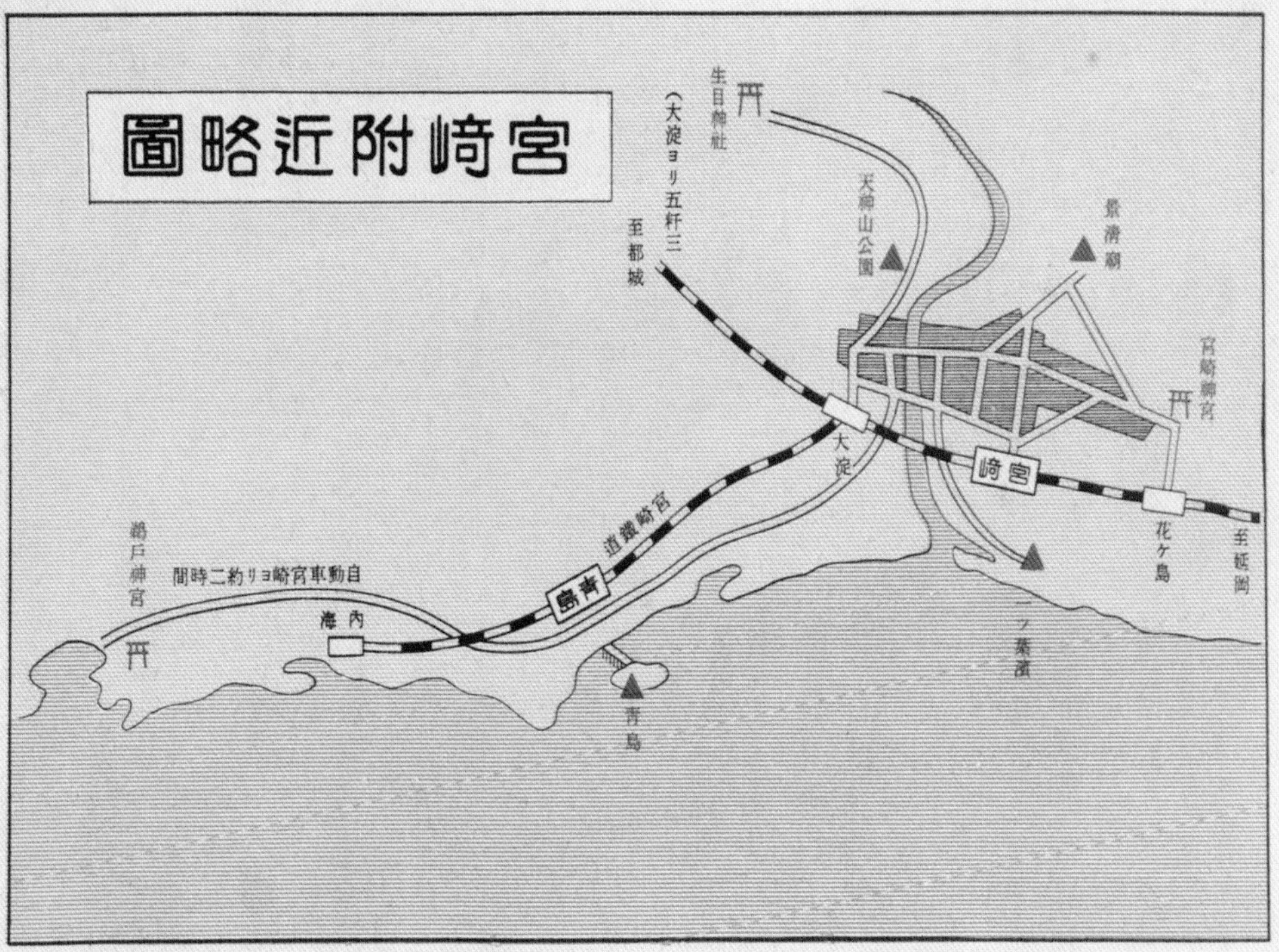

宮崎附近略圖

生目神社
（大淀ヨリ五粁三）
至都城
天神山公園
景清廟
宮崎神宮
大淀
宮崎
花ケ島
至延岡
一ツ葉濱
宮崎鐵道
青島
内海
鵜戸神宮
自動車宮崎ヨリ約二時間

となが ら、その卓越した自然環境が人々を惹きつけたのだろう。

二、高千穂峡

宮崎県北西、五ヶ瀬川上流部の渓谷が高千穂峡で、御橋(みはし)から上流の神橋(しんばし)にかけて遊歩道が整備されている。真名井の滝が落ち込む峡谷はほぼ垂直の断崖で、溶結凝灰岩の柱状節理が見事である。これは阿蘇の火山活動による火砕流堆積物が固まったもので、五ヶ瀬川の浸食で峡谷が形づくられた。昭和九年、「五箇瀬峡谷」(高千穂峡)は名勝及び天然記念物に指定された。一帯は、祖母傾国定公園(昭和四〇年指定)の一部でもある。

「神都高千穂峡」(昭和五年四月、金子常光画、ナス写真館発行)〈図4〉を開こう。表紙は門と玉垣に囲まれた神社の杜らしき絵柄であるが、場所は特定できない。裏表紙は柱状節理の岩肌が屏立する高千穂峡の絵柄で、峡谷に架かるのは御橋だろうか。

鳥瞰図は五ヶ瀬川と岩戸川の合流点の五ヶ瀬川右岸の丘から北を望む構図で、左に高千穂峡上流の窓ノ瀬、中央に高千穂の街、右に延岡と日向灘をおく。画面の下に五ヶ瀬川が流れて峡谷を刻み、遠くに祖母山がかすむ。高千穂へは延岡および熊本県高森からバスが通じる。

柱状節理の岩肌の峡谷が岩戸川合流地点から窓ノ瀬まで続く。御橋付近の日形・月形のある断崖から玉垂滝(たまだれのたき)が流れ落ち、わずかな平地に池がひろがる。その辺りの地名が御塩井(忍穂井(おしおい))で、付近に七ツ池もある。御塩井から高千穂峡谷に三条の滝が落ち、その下を「真名井ノ淵」と示すが、真名井の滝の名は見えない。

神橋から台地上に一筋の道が延び、高千穂神社が鎮座する。神社からしばらく進むと町役場が建ち、付近は高千穂公園である。役場周辺に西臼杵支庁・税務署・郵便局・裁判所・警察署・県立実業学校・小学校・銀行・信用組合があって、山中ながらも町場をなす。通りに自動車会社・送電会社・呉服店・医院、発行元のナス写真館も見える。集落内に旅館や土産物店もあって、この僻陬の地を訪れる遊覧客もいたものと思われる。

町並みの東を神代川(じんだいがわ)が流れ、橋を渡った高千穂峰と呼ぶ丘の上に槵觸(くしふる)神社が鎮まる。高千穂峰から南に続く丘陵は高天原・四皇子峰(しおうじがみね)の名がある。東方の岩戸川を遡ると岩戸村役場の近くに天岩戸神社が鎮座し、岩戸川を隔てて天岩戸もある。このように高千穂は、神さびた名が随所に見られる。その地勢である。

> 日向の最北に位し、峻嶺層嶽の裡にありて其間幾多の激流奔走し山高く、谷深ければ田園自ら開けず人口稀薄、交通不便にして文化常に遅れ勝(がち)なり、……

やや自嘲ぎみな文章ではあるが、険しく高い峰々に囲まれた高千穂は、谷深く耕地に恵まれぬ山里であった。

断崖並立青巒四囲を廻して千仭の絶壁太古の神秘を語り五ヶ瀬の渓流、奇巌に玉と砕け或は深淵紺碧を湛へ雄大明媚限りなく就中忍穂井、神橋付近、窓の瀬等に至りては「天下又何処にか其の比を求め得んや」と探勝諸士の等しく賞賛する所なり。

高千穂峡は断崖が並び立ち、青き山々が連なり、深い絶壁の谷が神秘的な雰囲気を漂わせる。渓流が奇岩に砕け散り、深い淵が紺碧の水を湛える。次いで御橋付近の御塩井の光景である。

断崖空に高く仰ぐ処に石膚剝半月なすあり亦日形をも存す之れを月形、日形と云ふ、数十の飛泉岩腹を抉って奔下し白竜石を噬んで紅虹を吐き水線糸よりも細く貯水池を湛へ余水導かれて水車と遊ぶ。

図にも描かれたように、御橋の東は二段の河岸段丘で、上段の断崖の一部が剥がれて日形・月形をなしていた。現在、日形は崩れて月形のみ残る。数十の飛泉とは玉垂滝を指し、「おのころ池」と名づけられた貯水池のほとりに茅葺の水車小屋が復元されている。貯水池に隣接して「七ツ池」がある。

坪余の池七ツあり雑樹岸を繞って碧水藍の如し。神斧岸を削り鬼鑿岩を穿って幾千万年奇壁棚立し頗る奇観にして下流数条の飛瀑白蛇を走らし数十丈の深淵に巨鱗を潜ますの感あり、松風鳥歌春永くして巒光水色夏尚ほ寒し。紅楓岸に低く垂れ四境幽翠観客をして去らしめず。

「七ツ池」は、水がたまった甌穴群である。図と照らし合わせると、周囲の「奇観」は五ヶ瀬川両岸の柱状節理、下流の「数条の飛瀑」は真名井の滝、「深淵」は真名井の淵を指す、と捉えてよいだろう。峡谷を遡ると神橋が架かる。

上流を遡るに従ひ山益々高く谿愈々深く丹崖緑壁左右を圧し怪巌乱立其間に迸り忽ちにして急湍となり或は深淵をなし各様の渦穴無数に散し奇景殆んど送迎に遑なく探勝の客をして賞観去る能はざらしむ。

神橋付近から上流を仰ぎ見ると、峡谷が迫る。今日、神橋に加えて高千穂大橋・神都高千穂大橋が天空に架かり、橋の姿から谷の深さを実感する。「渦穴」とは、水流が抉った甌穴で、神橋付近に多く見られる。現在、遊歩道は高千穂大橋までであるが、昔はさらに上流の窓ノ瀬まで探勝路が続いていた。

三、聖地巡拝の旅

昭和一〇年代半ばの戦時体制下、「敬神修練旅行」が奨励された。その時代を物語るパンフレットの一例として、「紀元二千六

凡例　駅　部落・港　名所・建物　自動車路線　國有鉄道線

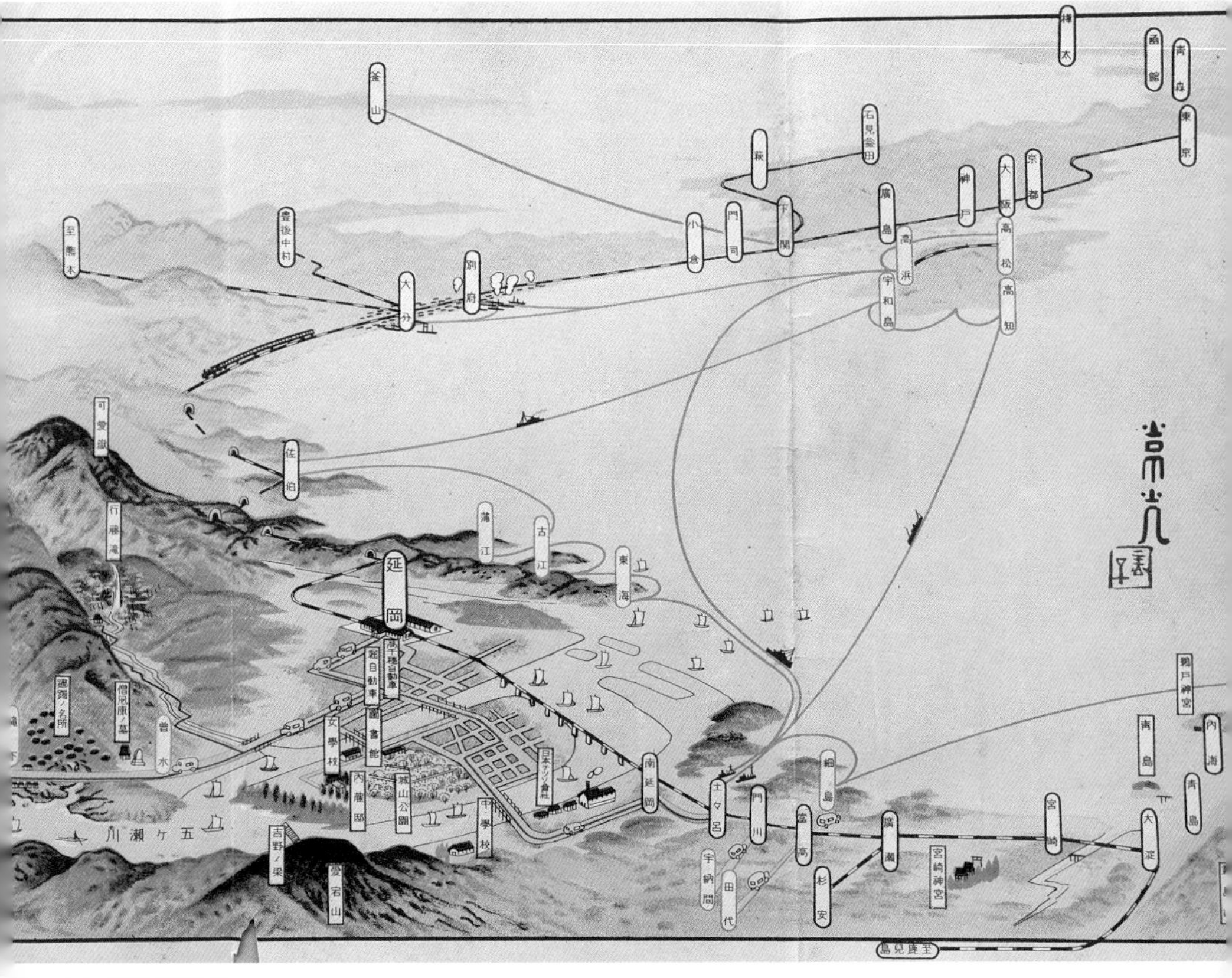

至諸塚

天岩戸
天浮橋
横穴古墳
亀山城址
高千穂峡
大平滝
鶴ノ平
蓬莱岩
天覧望
中山岬
観峡台
展望台
郵便局
銀行
小學校
警察署
公會堂
天眞名井
神代川

樺太
函館
青森
東京
京都
大阪
神戸
廣島
石見益田
萩
下関
門司
小倉
釜山
別府
大分
豊後中村
至熊本
高浜
宇和島
高松
高知
佐伯
可愛嶽
行縢滝
蒲江
古江
東海
延岡
南延岡
圖書館
女學校
内藤邸
城山公園
中學校
五ヶ瀬川
愛宕山
土々呂
門川
細島
富高
宇納間
田代
杉安
宮崎神宮
宮崎
青島
内海
大淀
鵜戸神宮
至鹿児島

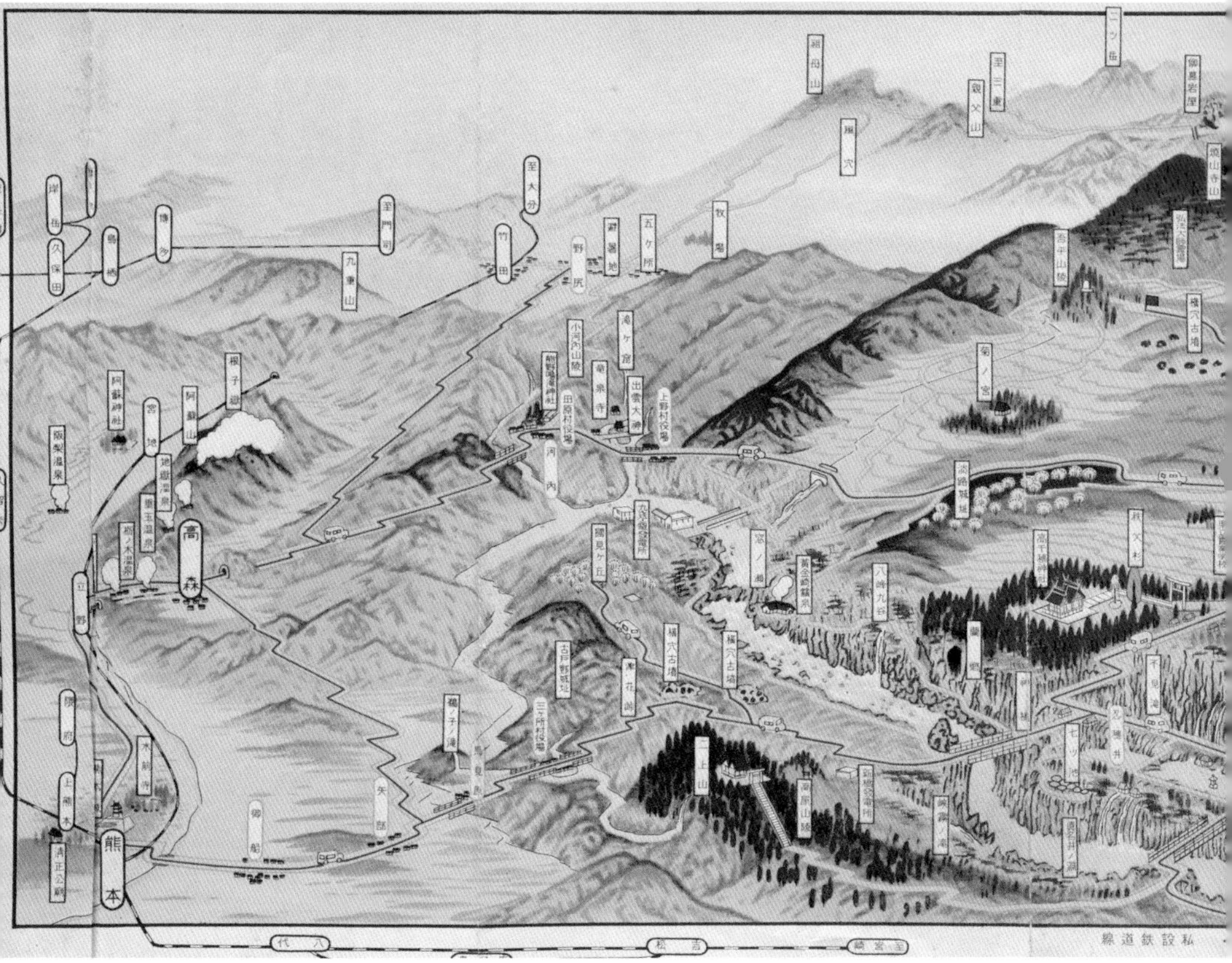

〈図4〉「神都高千穂峡」
(昭和5年4月、金子常光画、ナス写真館)

百季ニ輝ク聖地日向」（昭和一五年、日向観光協会発行）〈図5〉を紹介しよう。表題からして、いかにも時代色を反映している。

表紙はなく、一面が日向の絵図、裏面が見所の案内文である。絵図は日向灘から西に陸地を望む構図で、左上に霧島連山、右下に延岡をおく。霧島連山の高千穂峰には「天孫降臨の霊峰天ノ逆鉾」と書き添え、「皇祖発祥」として鎧兜の軍勢を描く。また耳川河口の美々津は「神武天皇御舟出の港」として、右下に戦船の絵が見える。宮崎神宮付近に「八紘之基柱（あめつちのもとはしら）」の絵もある。「聖地日向ところどころ」と題する案内文を見よう。

皇祖神武天皇は此の日向の国に御降誕遊ばされて、八紘一宇の建国鴻業の大礎を樹（た）てさせ給ひ、美々津の港から舟師（しゅうし）堂々、御東征遊ばされるまで、実に四十五年の長い間御皇居遊ばされたこととて、わが宮崎県内には尊い御ゆかりの聖蹟のかずかずが、到るところに珠玉のやうな光りを放って散在してゐる。

神武天皇は日本建国の伝承上の人物である。世界を一つの国にすることを意味する「八紘一宇」なる言葉は、第二次近衛内閣の「基本国策要綱」（昭和一五年）に用いられ、戦意高揚をかきたてる紀元二千六百年の流行語になったという。案内文は霧島国立公園・高千穂・宮崎神宮・八紘之基柱・御船出の港美々津など四〇項目にもおよび、宮崎県は美しい山河の間に、神代さながらの「聖地日向」の面影を残している、と結ぶ。いくつか例示しよう。まず霧島国立公園である。

天孫降臨の霊山をめぐる神社や伝説多く、高千穂山頂の天の逆鉾の鎮座を始め霧島神社、狭野（さの）、白鳥、霧島東 霧島岑、東霧島各神社、神武天皇御降誕伝説地等があり、山霊を一層神秘化するものがある。

霧島国立公園では、高千穂峰にある天の逆鉾をはじめ、聖地としての霧島の存在を強調する。高千穂峰と関係の深い霧島神宮や霧島山麓に散在する六社権現、神武天皇（狭野尊）御降誕伝説地に創建された狭野神社などを挙げる。前述した高千穂峡周辺もまた聖地であり、このように紹介する。

このあたり天孫の降臨に因む尊貴な伝説多く、又神武天皇御降誕の四皇子峰、槵觸、高千穂両神社等の鎮座があり、家々の頂に千木（ちぎ）を置く別趣の農村聚落風景など、人をして神秘の感に打たしめるものがある。

四皇子峰は神武天皇の兄弟神（四皇子）の誕生地、槵觸神社は高千穂峰と並ぶ瓊々杵尊（ににぎのみこと）の天孫降臨地伝承地である。ここでは高千穂の民家の屋根の千木に着目するが、神社建築の千木と関連づけての記述と思われる。しかし茅葺民家の棟に乗る千木に似た部材は棟飾りの一つで他地域にも分布し、神社建築の影響とは言い難い。宮崎神宮をこのように述べる。

皇祖神武天皇神鎮まり給ひ、簡雅清浄の社殿は紀元二千六百年奉祝記念事業の神域拡張に依って神威一入（ひとしお）の気高さを加へられた。社伝に依れば御東征の砌（みぎり）天業恢弘（てんぎょうかいこう）の御議の趾どころと伝へ、……

江戸期の宮崎は一寒村であったことを前述したが、宮崎神宮（大正二年、神宮名許可）もまた、江戸期までは神武天皇を祀る地方の一古社に過ぎなかった。ところが、神武天皇ゆかりの社ということで明治に入り社格が格段に上がっていった。とりわけ紀元二千六百年記念事業では、奈良県の橿原神宮に次ぐ規模の境内拡張がおこなわれ、今日の姿が整えられた。宮崎神宮背後の丘に建設中であった「八紘之基柱」も取り上げる。

聖地日向を表徴する万代不易の此の聖柱は国内はもとより世界の隅々、興亜聖戦の最前線の皇軍等、いやしくも日本人の棲むところ海外諸邦からの献石や献金に依って建設中で、紀元二千六百年を記念する最大の建造物である……

昭和一五年一一月に完成した巨大な石塔（台上三六・四m）は、四面に荒御魂（あらみたま）（武人）・奇御魂（くしみたま）（漁人）・幸御魂（さちみたま）（農人）・和御魂（にぎみたま）（工人）の像を配す。「献石」とは、玉垣・礎石を含めた石材献納を指し、日本国内はもとより軍隊第一線の各部隊および海外の在留邦人の団体などにより奉納された。台座にはめ込まれた「南京居留民会」などと刻んだ石にその跡がしのばれる。建設作業は、学徒など約六万六千五百人の労力奉仕によった。戦後、GHQの命により「八紘一宇」の碑文と荒御魂像が撤去されたが、やがてこれらも復元された。この塔は、平和台公園に「平和の塔」と名前を変えて残っている。神武天皇御船出の港と伝えるのが美々津である

耳川を挟んで権現崎の翠緑に相対する美しい港、神武天皇の御船出に因む「おきよおきよ」のかけ声や搗入だんごなど、天皇に関し奉る伝説や風習多く、立磐神社には天皇の御腰掛岩を拝する。

「おきよ、おきよ」は、出航に際し、夜明け前に家々の戸をたたく掛け声、といわれる。美々津では旧暦八朔に短冊飾りをつけた笹を手にした子どもたちが家々の戸を叩いて回る「起きよ祭り」がおこなわれている。「搗入だんご」とは、米の粉と大豆を搗き入れたもので、「お船出だんご」ともいう。耳川河口に臨む立磐神社に、神武天皇の御腰掛岩なるものも残されている。

末尾に「日向路一日の旅」として、次の四コースを示す。

天の岩戸高千穂コース　延岡—日ノ影—高千穂—天の岩

戸—高千穂峡—国見丘—高千穂—熊本

宮崎参宮コース　宮崎神宮—八紘之基柱—青島—鵜戸神宮—生目神社

神武天皇御東征路コース　宮崎神宮—八紘之基柱—宮崎駅・花ヶ島駅—都農神社—美々津

都城霧島コース　都城—関ノ尾—高原—狭野神社—皇子原—霧島登山

昭和一三年、国家総動員法が公布され、物価統制がおこなわれて戦時色が強まっていく。昭和一五年七月には奢侈品製造販売は禁止、「ぜいたくは敵だ！」の看板が現われ、不急不要な旅行を控える時代となった。軍事色が強まり、享楽的旅行が制限を受ける中、紀元二千六百年祝典を名目とする旅行がおこなわれていたのである。この聖地巡拝を建前とする庶民の観光旅行は、大正期から昭和初期にかけて盛り上がりをみせた観光旅行ブームの終焉であった。

〈図5〉「紀元二千六百季ニ輝ク聖地日向」（昭和15月、日向観光協会）

四、薩摩鹿児島

（一）薩摩・大隅の風景

九州南端の鹿児島県は北に国見山地・霧島連山をひかえ、南に桜島の浮かぶ鹿児島湾（錦江湾）を挟んで薩摩半島と大隅半

島が延びる。薩摩半島の西は東シナ海、大隅半島の東は太平洋である。九州本土最南端佐多岬の南に、種子島・屋久島などの大隅諸島、吐噶喇列島、奄美群島が点在する。

「鹿児島県」（昭和六年四月、吉田初三郎画、鹿児島県発行）〈図6〉から薩摩・大隅の風景を探ろう。表紙は「一騎当千」「万夫不当」の幟を立てた妙円寺詣（後述）の人形五体の絵柄である。当時、その郷土玩具が製作されていたものと思われる。鳥瞰図は東シナ海から東に陸地を望む構図で、左に出水、中央に鹿児島市街地、右に薩摩半島・大隅半島をおく。

画面左上に韓国岳・新燃岳・高千穂峰などの霧島連山が聳え、山頂火口湖の大浪池も見える。山腹に栄之尾・明礬・硫黄谷など数々の温泉が噴気を上げる。高千穂峰の麓に霧島神宮が鎮座し、隼人駅から霧島神宮駅に鉄道が延びる。隼人駅周辺には鹿児島神宮や国分寺跡も所在する。

画面右から中央に鹿児島湾が細長く湾入する。手前が薩摩半島、桜島を挟んで対岸が大隅半島である。鹿児島湾に市街地が臨み、鹿児島本線・日豊本線が延びる。鹿児島港から対岸の垂水や大隅半島佐多岬を回って太平洋を北上する航路を示すが、ほかにも種子島・屋久島・奄美大島・沖縄などへ船が発着していた。桜島の東西の溶岩は、大正三年の噴火で海に流れ出たものである。

薩摩半島西側の東シナ海に面して吹上浜がひろがり、伊集院駅付近に薩摩焼窯元の苗代川や、妙円寺詣の徳重神社がある。薩摩半島先端の長崎鼻近くに開聞岳（薩摩富士）が秀麗な姿を見せ、長崎鼻北の摺ケ浜を中心に指宿温泉がある。内陸部には池田湖が水を湛え、隣接する鰻池傍らの鰻温泉が噴気をあげる。発行の昭和六年当時、鉄道は指宿までは到達しておらず、五位野駅（昭和五年開業）止まりであった。案内文を見よう。

九州の南端に突出した二大半島で形成され、北は矢嶽の険によって熊本県と界し、高千穂・韓国の霊峯によって宮崎県に接し、東は渺々たる太平洋に臨み、西は天草灘の彼方に呉越の天を望む。大隅・薩摩の二大半島に擁せられた胎児のやうな入江が巨水漫々の鹿児島湾で、其の中央には英姿颯爽たる桜島が湾水を圧して横たはり、白帆悠々と帰来するところ、山紫水明、海南第一勝の名を縦にする。

鹿児島県の地理を、海や山を含めて簡潔に言い表す。肥薩線が熊本県から大畑ループを経て鹿児島県に入るが、そこが矢嶽の険である。鹿児島市街地の風光をこのように語る。

一碧鏡の如き錦江湾頭、ま近く秀麗其のものの如き桜島と相対するところ、後ろには城山の新緑を負ふて、一円に白堊粉壁や近代建築物の連なった市街が若々しい気分を唆り、懐しい南国情緒を湛へて、海南第一勝ともいふべき絵画的風光を展開せるところ、……

背後の城山と錦江湾に浮かぶ桜島が鹿児島の風光を引き立て、白壁や近代的な建物が建ち並ぶ街に若々しさが漲っていた。加えて質実剛健な薩摩隼人の気風が受け継がれ、史跡が多いのが鹿児島の特徴である、と説く。

鹿児島市内を歩くと、山形屋百貨店（大正五年）、鹿児島中央公民館（昭和二年）、旧鹿児島県立図書館（昭和二年）、鹿児島県教育会館（昭和六年）などの近代建築が残るが、町並みの若々しさとは、これらを指すのであろう。鹿児島の象徴が桜島である。

山水の生命となり、朝夕雲霧の間に変転極りなき色彩の妙を示して、市の風景は是れあるがために、海山の絶勝をなす。

桜島はまさに自然景観の生命線で、鹿児島の風景も桜島あってこそ絶勝をなす、と強調する。島民は桜島大根や蜜柑などの野菜・果実を栽培して鹿児島の街に出荷して暮らしを立てていた。鹿児島県北部に聳えるのが霧島連山である。

霧島山は何時見てもいい。春は躑躅、冬は雪、秋の紅葉、何れ劣らぬ雄渾の美を湛えてゐるが、わけても夏季、炎帝の猛威をよそに、清気山にあふるる霧の海を跋渉するの快は何にたとへるものもない。

霧島連山を霧島山ともいった。高千穂―大浪池―韓国岳をめぐる山道は踏み広げられ、分岐点に指導標が立ち、安心して登山ができた。山頂からの眺望は雄大壮麗、南九州の群山を脚下に望み、大隅・薩摩の二大半島はおろか、青海原の水平線の彼方に種子島・屋久島まで見渡せた。霧島温泉も魅力である。

霧島の山麓一帯にわたっては、霧島諸温泉といはれる二十有余の温泉が滾々と溢れ出で、此の山を一段と価値づけてゐる。蓋し動的に金剛杖をふるって高峰を攀るもよく、静的にいでゆの人となって天地の悠久を味ふも亦一興である。

霧島連山に点在する大小無数の温泉中、設備・湯量、とりわけ風光に優れるのが栄之尾・明礬・硫黄谷の三温泉で、この三つを霧島温泉と総称した。薩摩半島南端の開聞岳・池田湖・指宿温泉も鹿児島の誇るべき遊覧地であった。

薩摩半島の尖端に、コッポリと拡がった池田湖と、其の南の陸のつまりに颯爽と立ちはだかった開聞岳。そして湖の北の海岸に陣取る指宿温泉――此の三つのものは本県がもつ最も特色ある風光遊覧地帯であり、箱根や中禅寺に勝るとも劣らぬ名勝地区である。

箱根や日光中禅寺を引き合いに出すのは、山・湖・温泉が揃っているためだろうか。池田湖は芦ノ湖や中禅寺湖よりも大きく、開聞岳がその麗姿を水に映す。指宿温泉をこのように紹介する。

指宿が持つ温泉は、何処へ行っても碧波蕩様の海を望んで長汀十里の砂浜を控へ、不断に濤声を枕近く聴くといふ。（中略）海水浴場としても恰好な所、冬季の湯治には此の上もない理想郷で、鮮魚の豊富なことも嬉しいことの一つである。

指宿は海辺の温泉地である。夕暮れ時に浜辺に立てば、大隅の連山が水墨画のように横たわり、近くの知林ヶ島の翠松が次第に暮色に包まれる。月が出ると波は金銀の矢絣模様を描き、夜の更けるのも忘れてしまう、とその素晴らしさを称える。

（二）城下町鹿児島

島津氏の城下が鹿児島である。島津氏は鎌倉期、守護職に任ぜられて以来、守護大名・戦国大名と発展をとげた。慶長六年（一六〇一）、初代藩主島津家久により鹿児島城が築かれた。ところが薩摩藩は武士を鹿児島の城下に集住させず、領内に分散させた。その集落は麓（外城）と呼ばれ、約一二〇か所に及んだ。昔の面影をとどめる麓集落のいくつかは、重要伝統的建造物群保存地区に選定されている。知覧（昭和五六年）・出水（平成七年）・入来（平成一五年）・加世田（令和元年）である。

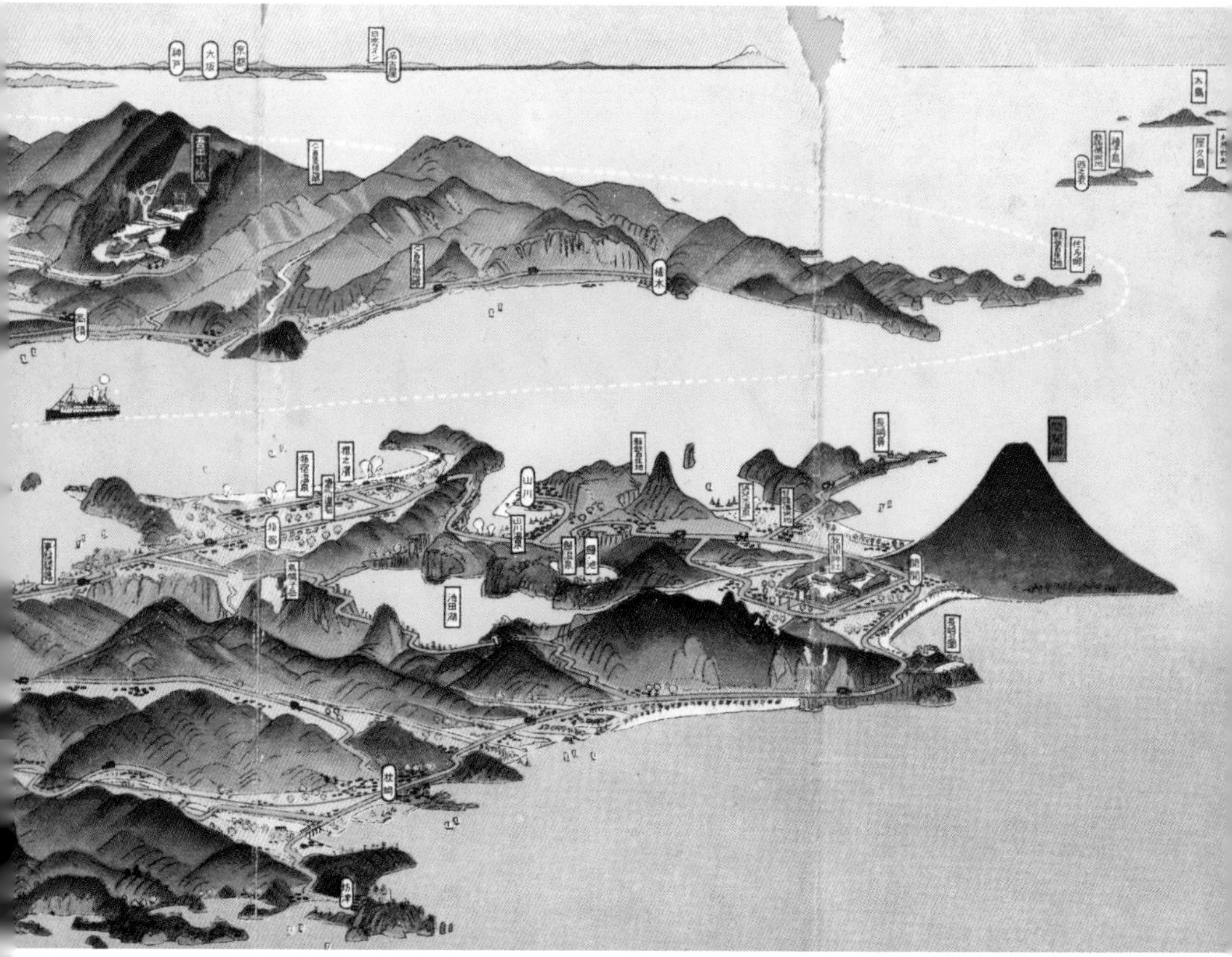

〈図6〉「鹿児島県」
(昭和6年4月、吉田初三郎画、鹿児島県)

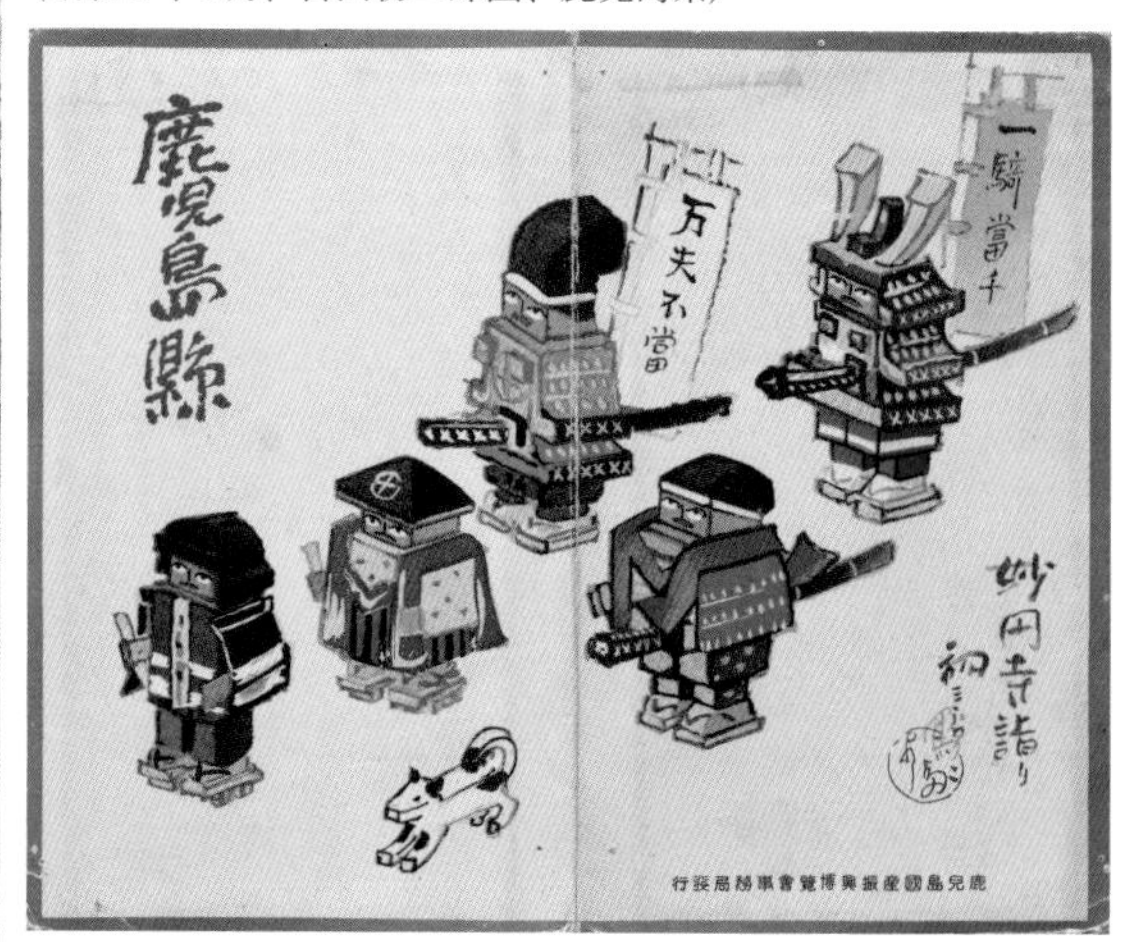

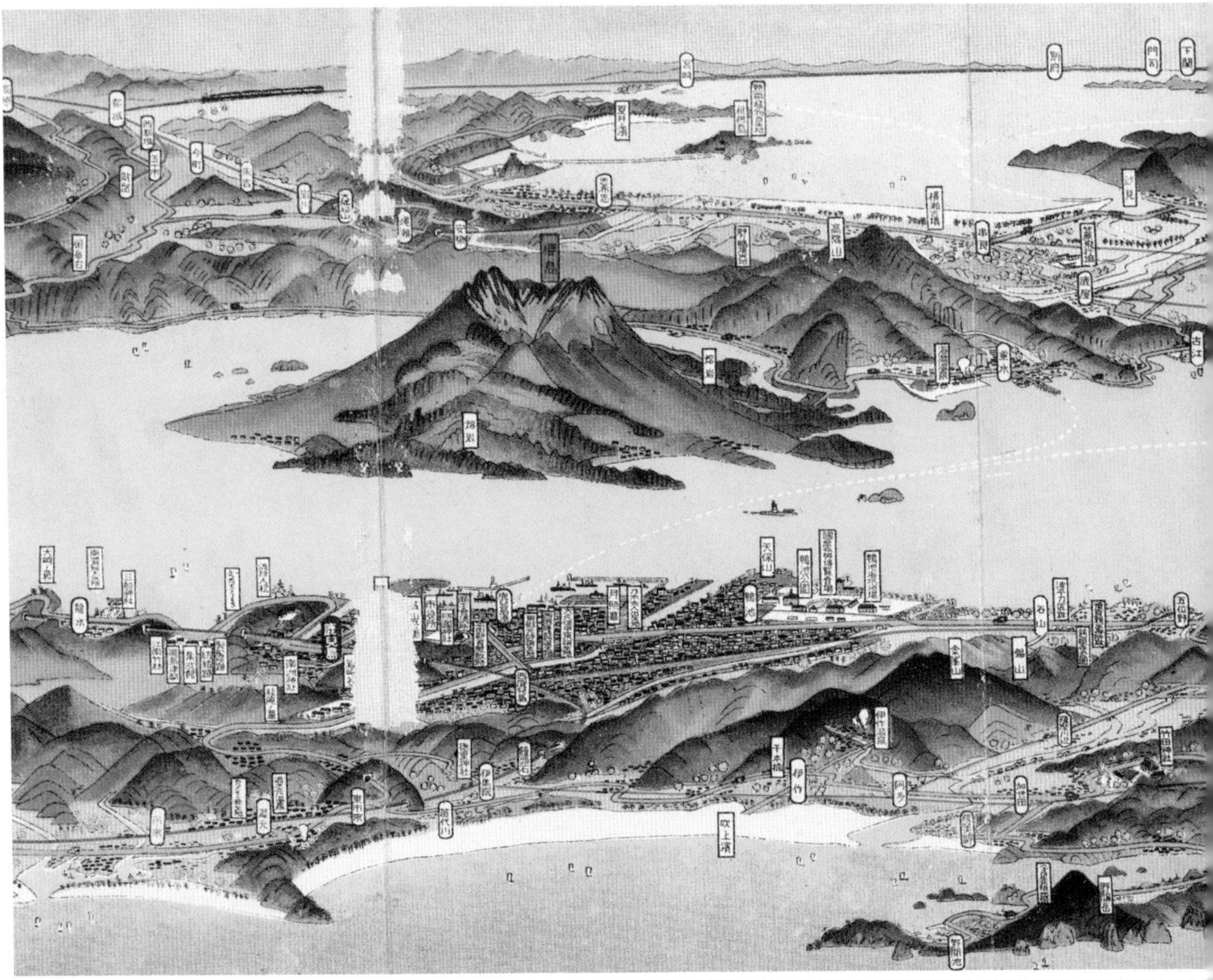

下関
門司
別府
宮崎
夏井濱
桜島
今町
安永
溝辺
熔岩
高隈山
横瀬浜
串良
志布志
古江
垂水
天保山
鴨池
谷山
五位野
龍水
吹上濱
伊作
伊集院
東市来
湯之元
市来
大津
朝倉
博多
長崎
八代
人吉
日奈久
水俣
栗野
山野
大口
出水
西出水
米ノ津
霧島山
紫尾山

江戸後期、財政が困窮した薩摩藩は砂糖専売制を強化し、琉球貿易に力を注ぎ、財政の立て直しをおこなった。また一一代藩主島津斉彬は藩営工場の集成館を設立して近代工業を興すとともに洋式軍備を整えた。幕末の雄藩に躍り出た薩摩藩は西郷隆盛をはじめ人材を輩出し、長州藩とともに討幕運動の中心をなした。また明治期、薩摩出身者は政治家・官僚・軍人・警察官などとして活躍し、近代日本の礎を築いた。

「鹿児島市」（昭和一〇年四月、吉田初三郎画、鹿児島観光協会発行）〈図7〉は、市街地の姿をより詳しく伝える。表紙は桜島を背にした花車で、花や花瓶に島津家の家紋（丸十字）をあしらう。鳥瞰図は西鹿児島駅背後の山から東に桜島方面を望む構図で、左に伊敷の練兵場、右に谷山をおき、中央に市街地を描く。錦江湾に桜島が浮かび、遠景に高千穂峰・韓国岳などの霧島連山も見える。

市街地北に鹿児島駅、市街地西の甲突川右岸に西鹿児島駅があり、甲突川北の海岸は長い防波堤を備えた鹿児島港として整備されている。甲突川南の天保山公園と鴨池公園の前は海水浴場である。市街地北西の丘は城山公園で、麓に照国神社が鎮座する。城山の南東麓に市役所・公会堂・商工奨励館・図書館・旧制第七高等学校（現・鹿児島大学）・県立病院・県庁舎が並ぶ。市役所から東の鹿児島湾に向けて郵便局・商工会議所・警察署・水上警察署があり、交差点に山形屋百貨店が建つ。

城山公園北の岩崎谷に南洲公洞窟・南洲公終焉地があり、丘陵の上の南洲神社境内に西郷南洲の墓や記念館が見える。西鹿児島駅から稲荷川を渡って北に進むと尚古集成館が建ち、紡績所跡・造船所跡と示す。尚古集成館北の海辺は磯島津邸である。

冒頭の「鹿児島案内」を見よう。

> 背面は城山の緑、前面は錦江湾の静波を隔てて桜島の秀麗と相対し、東北遥かに国立公園霧島の雲峰を望む。空の色紺碧に澄み渡り、南国特有の色鮮かな積翠の野山に包まれた鹿児島は宛ら緑の街である。空も水も野も山も清くうるはしい緑に映ゆる鹿児島は更に懐古的な中に新しい気分が漂ひ、まこと史の国と呼び景の国と謳はれるにふさはしい。

鹿児島はいたるところに史跡と景勝地があるが、とりわけ明治維新や近代国家建設に活躍した島津斉彬・島津久光・西郷南洲（隆盛）・大久保甲東（利通）はじめ幾多偉人の遺跡は自然の景勝と相まって訪れる人の興趣を引くに充分である、と語る。

（三）鹿児島をめぐる

「鹿児島」（昭和一二年九月、門司鉄道局発行）〈図8〉は、鹿児島の遊覧順序をこのように示す。

鹿児島駅―第二桟橋―桜島―磯浜、尚古集成館、磯島津邸―南洲墓地、南洲神社―南洲終焉の地―南洲翁洞窟―私学校跡、薩摩義士弔魂碑、鶴丸城阯―照国神社―商工奨励館―盛り場天文館通り―鹿児島駅。

これらが鹿児島の主な見所である。右は、電車・乗合自動車を利用して六〜六時間半の所要時間である。ほかに女性車掌が市内名所旧跡を案内する十三人乗り定期遊覧バス（所要四時間半）も運行していた。案内文を見よう。まず桜島である。

朝な夕なに仰ぐ荘厳美麗な姿は月に雨に、或時は叱るが如く、或時はいつくしむが如く、英雄の幼き魂もこれに培はれ、鹿児島の風景もこれに依って生きてゐる。大正三年市民を驚愕のどん底に突落した大爆発当時の有様は、中腹から裾に盛り上る物凄い熔岩で想像出来る。

桜島こそ鹿児島の至宝であり、鹿児島の偉人の魂は、折々に変化を見せる桜島の表情によって培われた、とも語る。桜島への思い入れの強さが伝わる一文である。大正三年の噴火により、桜島は本土と陸続きになった。鹿児島市内で何をおいても見るべきところは、尚古集成館である。

薩藩時代の遺品や、明治維新史の参考品が多数陳列され、所謂、島津文化の粋を集めてゐる。（中略）ここはもと島津斉彬公が軍備のとき砲火のため一旦灰燼に帰したのを、島津忠義公再興して爾来大正四年まで鉄工所として機械類の製作を継続したのである。

島津斉彬がはじめた集成館事業は、大砲製造・洋式帆船の建造・近代的紡績業など多彩で、軍備面のみならず産業育成に力を注いだ。斉彬の死後、薩英戦争により当初の建物は焼失したが、その後、島津忠義が集成館機械工場や鹿児島紡績所を再興する。幕末に建築された石造洋風建築の集成館機械工場が、大正一二年以降、尚古集成館として公開されていた。

旧集成館（旧集成館機械工場・反射炉跡・旧鹿児島紡績所技師館）は、寺山炭窯跡、関吉の疎水溝とともに世界遺産「明治日本の産業革命遺産」の構成資産に登録（平成二七年）された。鉄を溶かして大砲をつくる反射炉は大量の燃料を必要とし、シイ・カシが群生する寺山に炭窯を築いて火力の強い白炭を焼いた。また疎水を引いて水車を回して溶鉱炉に風を送るなど、昔からの技術を基礎に近代化を推し進めたのである。尚古集成館に隣接するのが磯島津邸である。

渓流泉石の配置もよろしく、緑の松の間から鹿児島湾の静波、桜島等すかし見るところ、いはゆる天下の名園であ

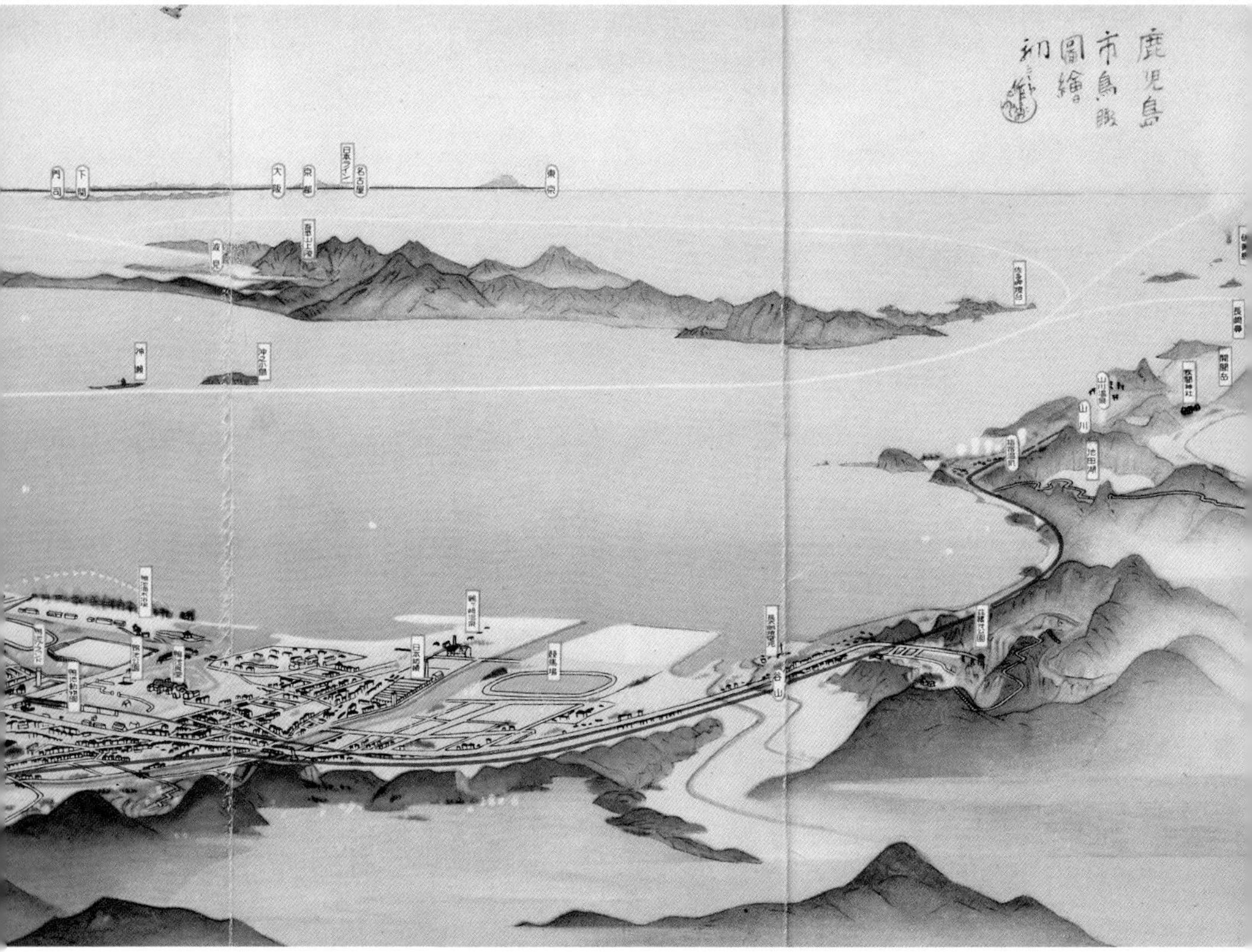

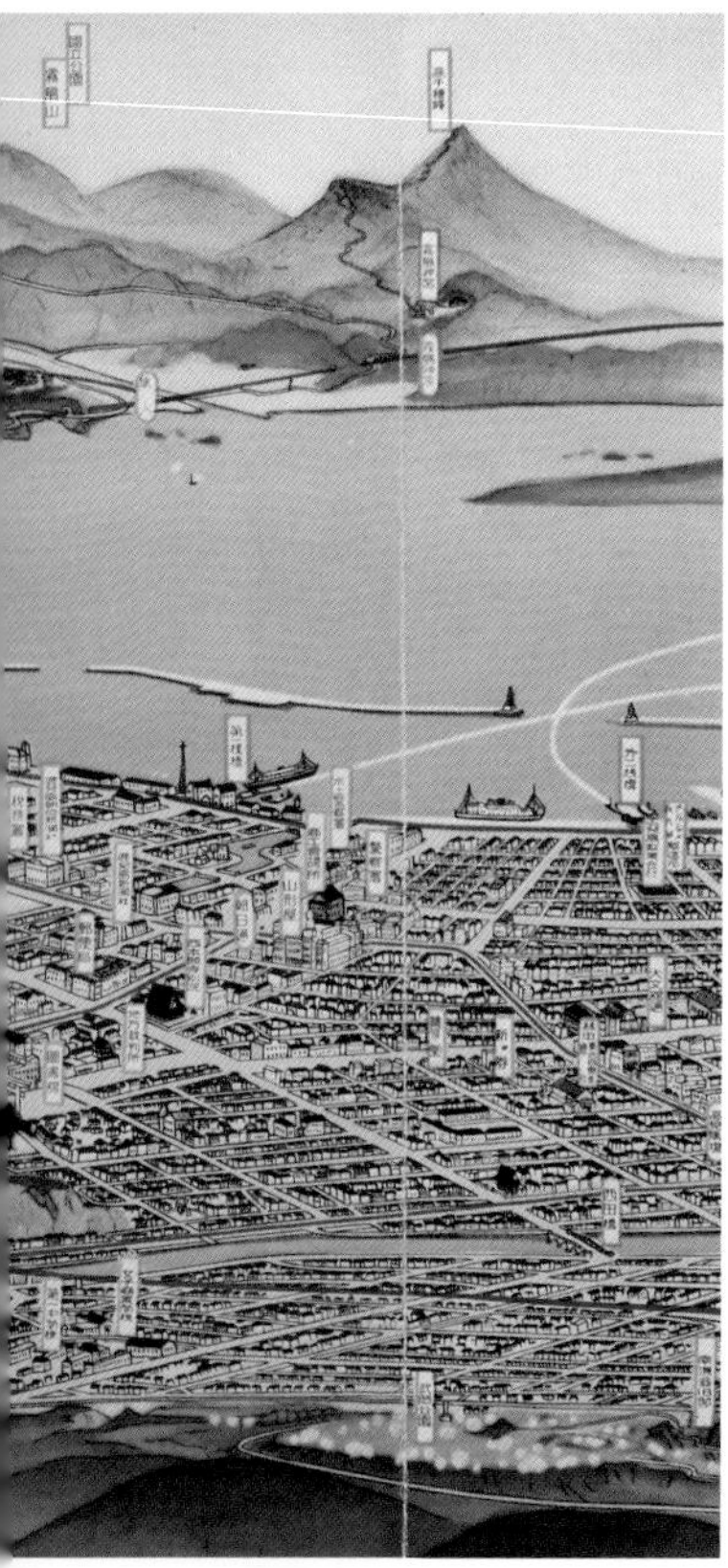

〈図7〉「鹿児島市」(昭和10年4月、吉田初三郎画、鹿児島観光協会)

〈図8〉「鹿児島」(昭和12年9月、門司鉄道局)＊

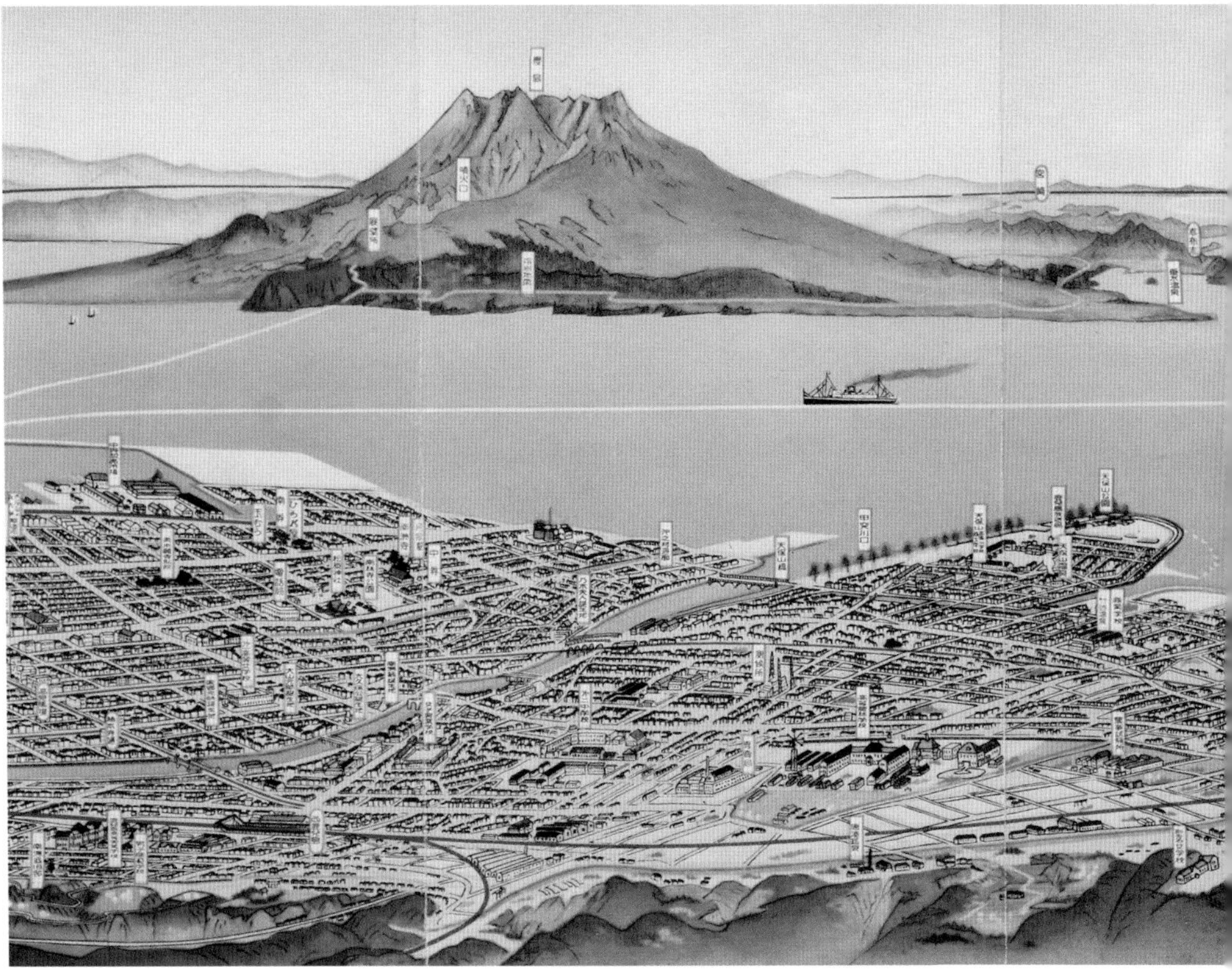

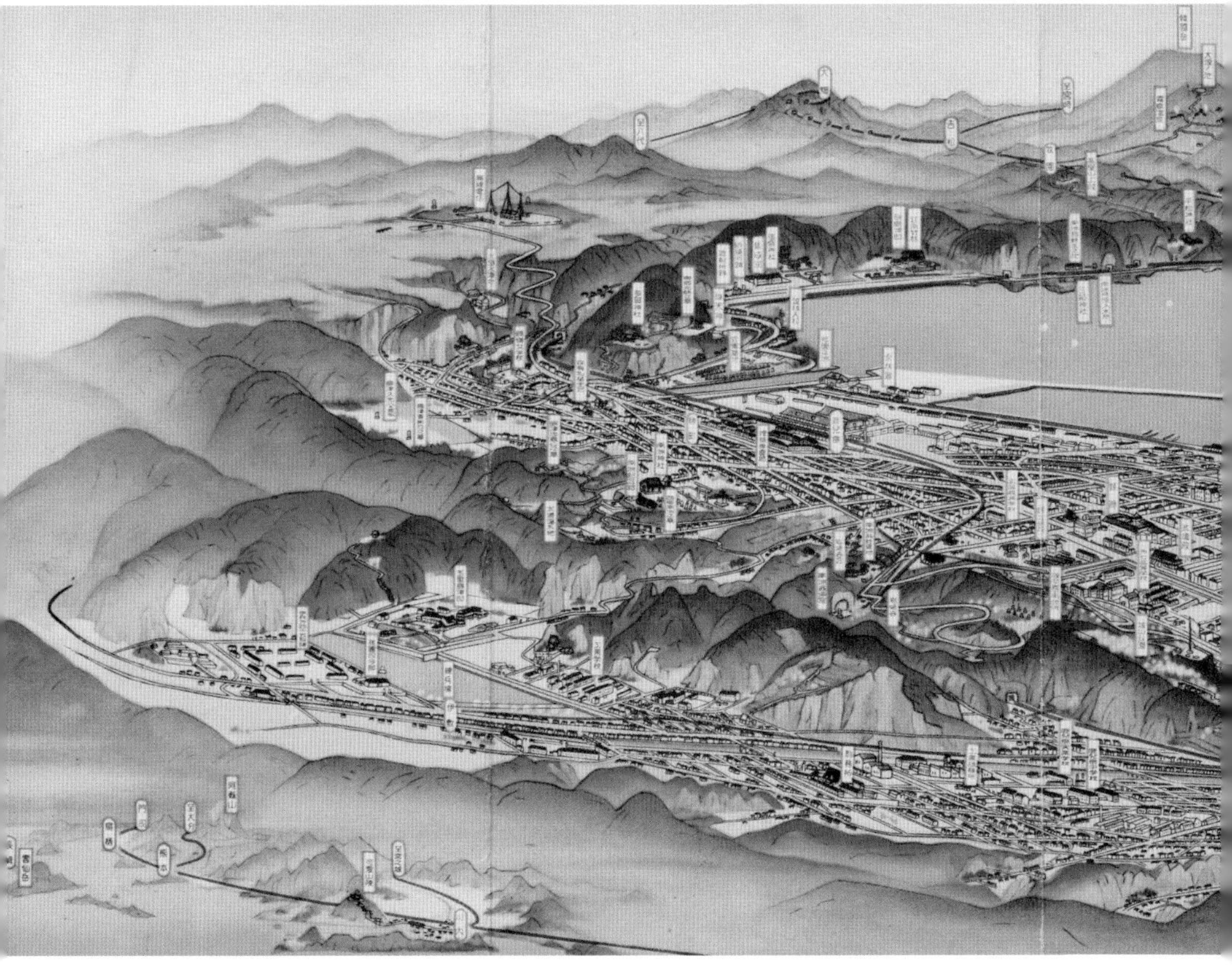

る。（中略）茶店の庄几（ママ）から夕陽に焼くる桜島など仰ぎ、名物の両串餅（じゃんぼもち）を食ふなど、鹿児島気分を味ふにふさわしいものである。

一七世紀半ば過ぎ、二代藩主島津光久が風景のよい浜辺に設けた磯の別邸は、仙巌園と名づけられた。背後の竹林は琉球から移植した孟宗竹であることにも触れる。庭園内に琉球王から贈られたという望嶽楼が建ち、薩摩と琉球のつながりの深さをうかがう別邸である。床几（しょうぎ）に腰を下ろして食う両串餅（両棒餅）は二本差しに見立てた二本の串を刺した餅で、「じゃんぼ」と読み、今も仙巌園の両棒餅屋で味わえる。

鹿児島には、私学校跡・城山公園・南洲翁洞窟・南洲終焉の地・南洲墓地・南洲神社と、西郷隆盛ゆかりの史跡が多い。まず私学校跡である。

> 征韓論に破れて故山に帰った西郷南洲が、農耕の傍ら薩南子弟訓育の為設けた私学校の阯である、外廓の石垣には、今尚十年役当時官軍の撃った弾痕が歴然として当時の激戦を物語ってゐる。

私学校跡は、当時、県立病院（現・国立病院機構鹿児島医療センター）となっていた。西南戦争で無数の弾丸が撃ち込まれた石垣は昔のままで、上に「明治十年戦役弾痕」と刻んだ石碑がある。格別の思いを込めて据えたのだろう。次いで城山公園である。

> 明治十年の役最後の激戦地で、全山老楠が枝を交へ今も付近からよく弾丸や、遺品が発掘される。（中略）木蔭を上る広い登山路を頂上展望台に出づれば、鹿児島市街は脚下に展（ひら）け近く桜島に対し遠く大隅半島、開聞岳等の麗姿を眺むることが出来て眺望第一である。

弾丸が掘り出されるなど物騒な記述ではあるが、西南戦争激戦地も春は桜、秋は紅葉を楽しむ市民の行楽地に変わっていた。城山公園とその麓が鹿児島城（鶴丸城）址である。

> 島津氏の居館鶴丸城の阯で、現在第七高等学校である。周囲の濠池、高い城壁、石橋の欄干等今尚藩政時代の面影を宿してゐる。

鹿児島城は城山山上および山麓の本丸・二の丸・出丸から成る城郭であったが、天守は築かれなかった。廃藩置県後、しばらく大手口の櫓門・多聞櫓・隅櫓・御殿が残っていたが、明治六年にそれらも焼失した。明治三四年には跡地に第七高等学校が設置された。現在、御楼門が復元（令和二年）され、本丸跡に鹿児島県歴史・美術センター黎明館、二の丸跡に図書館・美術館・博物館が建つ。

照国神社は島津斉彬を祀った神社、薩摩義士弔魂碑は木曾川治水工事（宝暦年間）において多大な藩費支出の責任を負って自刃した家老平田靱負（ゆきえ）と藩士五〇名の慰霊碑である。

鹿児島の年中行事として妙円寺詣・曾我どんの傘焼・赤穂義士伝輪読会の「鹿児島三大行事」をはじめ、六月燈火・祇園祭・綱引きを紹介する。まず妙円寺詣である。

島津義弘公を祀った徳重神社（元妙円寺＝伊集院駅から五〇〇米）に旧暦九月十四日甲冑に身をかため伝家の太刀を帯びた兵児達が、隊伍堂々十九粁の途を遠しとせず、折からの月明を浴びて軍歌を高唱しながら参拝する行事である。

島津義弘は、関ケ原の戦いで家康の本陣を突いて退却した武将である。妙円寺詣は、関ケ原の戦いの先人をしのび、心身を鍛えようと鹿児島の武士がはじめた行事であるという。明治以降も足腰を鍛えるために二才（にせ）（若者）の郷中教育として受け継がれ、大正時代には「妙円寺詣の歌」まで生まれた。昭和一〇年代、軍歌を高唱したことに世相が反映されている。この行事は、今も盛大なイベントとして続く。次いで曾我どんの傘焼である。

曾我兄弟の孝心を讃へ、その霊を弔ふ青少年の行事で、当時兄弟が陣屋に忍び込むとき、松火に用ひたといふ古傘を市内各戸から貰ひ集め、旧暦五月廿八日夜、甲突川の中央や学舎の庭に持ち出して、天もこげよと燃しながら、兄弟の歌を唄って、その火の廻りをめぐり兄弟の霊を慰めるのである。

曾我兄弟は、源頼朝がおこなった富士の巻狩りにおいて、父親の仇討ちで名高い。鹿児島ではこれが孝心を養う郷中教育の年中行事になり、今も甲突川の河原でおこなわれる。赤穂義士伝輪読会はこのようなものである。

旧暦十二月十四日夜青少年達が、それぞれの学舎に集り、小山の如く積んだ古い義士伝を音吐朗々と読廻し、赤穂義士の誠忠を偲ぶ身心鍛錬の会で、終るのは東の空も白んで所謂（いわゆる）義士が吉良邸を引上げた頃である。

これまた忠誠心を尊ぶ郷中教育の一つであったが、輪読会は廃れた。ほかにも仲秋の名月を浴びて青少年達がおこなう綱引きなど、鹿児島には青少年の結束を促す行事が多い。薩摩人の気風は、このような諸行事を通じて培われたことを教えられる。

五、霧島

（一）霧島連山

鹿児島・宮崎両県にまたがる霧島連山は、韓国岳（一、七〇〇m）を主峰に、大小二〇を超える火山が連なる複合火山で、単に霧島山とも呼ばれる。この火山活動により火口湖・温泉・高原が形成され、噴気現象を含めて特異な景観が見られる。また

霧島連山は多雨地帯で、暖帯から温帯にかけての森林が分布、山頂部に紫紅色のミヤマキリシマの群落、えびの高原に薄桃色の可憐な花をつけるノカイドウ自生地などが見られる。一帯は霧島国立公園に指定（昭和九年）され、現在では霧島錦江湾国立公園となっている。

「国立公園霧島」（昭和一一～一五年、霧島観光協会発行）〈図9〉を見よう。発行年はないが、指宿線が指宿を経て山川駅（昭和一一年開業）まで延伸する。また高千穂古宮址の斎場（昭和一五年創設）の記載がない。表紙は御鉢の背後に高千穂峰を望む絵柄で、裏表紙に登山路や温泉地を含めた略図を掲載する。鳥瞰図は隼人駅付近から北東に中岳方面を望む構図で、左に韓国岳、右に高千穂峰をおき、鹿児島湾に噴煙を上げる桜島が浮かぶ。

韓国岳手前に火口湖の大浪池が見え、韓国岳から獅子戸岳・新燃岳・中岳・御鉢を経て登山道が高千穂峰に延びる。高千穂峰の麓に霧島神宮が鎮座し、新燃岳・中岳にミヤマキリシマが咲き乱れる。温泉は、大浪池麓の栄之尾・明礬・硫黄谷・林田・丸尾温泉ほか随所に湧く。

霧島神宮や霧島温泉に肥薩線牧園駅（明治四一年開業、現・霧島温泉駅）と日豊本線霧島神宮駅（昭和五年開業）から自動車道が延びる。案内文は、登山・ミヤマキリシマ・ノカイドウなど

〈図9〉「国立公園霧島」
(昭和11-15年、霧島観光協会)

に触れる。

霧島山登山は、当時、高千穂峰登山を指すのが一般的であった。霧島神宮下の登山口まで自動車便があり、そこから徒歩となる。五つの登山コースを紹介するが、ここでは一つ例示する。

霧島神宮下登山口—（八粁・二時間半）—高千穂峯—（三粁・一時間）—中岳—（二粁・三十分）—新燃岳—（七粁・二時間）—霧島温泉場

これは高千穂峰に登り、中岳・新燃岳を経て霧島温泉に下るコースで、徒歩一九km・所要六時間を要した。これに韓国岳・

大浪池を加えた徒歩二三km・所要七時間のコースなどもあった。

中岳・新燃岳はミヤマキリシマ群落が有名である。

> ミヤマキリシマつつじは新燃岳、中岳を中心として多い山の草原を覆ひ、奇岩怪石に懸り、紅に紫に全山を焔と化す初夏の候は実に筆紙に尽されない美観を呈す……

ミヤマキリシマの開花は五月中旬、見頃は五月下旬から六月中旬までである。登山口から中岳・新燃岳の群落まで直行すると六km二時間、そこから霧島温泉まで七km二時間、計一三km・所要四時間の手軽な行楽コースもあった。次いで、えびの高原のノカイドウである。

> 場所韓国岳南山麓　天然記念物として有名な野生の海棠は蝦野高原渓流に沿ふて自生し木の高さ丈余に及ぶものあり高原の霊気に生きてゐる為めに鮮麗優婉な花を付け美観を呈す……

ノカイドウは霧島山にのみ自生する固有種で、ノカイドウ自生地が天然記念物に指定（大正一二年）されていた。開花は五月上旬、見頃は五月中旬である。「霧島温泉郷より十一粁徒歩三時間」とあるように、戦前のえびの高原はいたって不便なところであった。高原が脚光を浴びるのは、戦後、宮崎交通の岩切章太郎により開発されてからである。

（二）霧島温泉

昭和初期の旅行案内書は、霧島山麓諸温泉をこのように紹介する。

> 霧島火山帯の盟主たる霧島山の中腹海抜七六〇米、俗塵遠く離れた高燥の境に、栄之尾、硫黄谷、明礬、丸尾、砒礵燃、関平、鉾投、太良、湯之子、殿湯など十指に余る温泉が各所に湧き、冷澄な空気や雄大な風光と相俟って、島原半島の雲仙嶽温泉と共に我が国山嶽温泉中の双璧と称せられてゐる。（鉄道省『温泉案内』昭和六年）

諸温泉中、栄之尾、硫黄谷、明礬は旅館や浴室の設備などが整っており、その位置も相接しひとつの温泉郷をなしているので、普通、霧島温泉というとこれらを指す、とも記す。また丸尾にも新しい旅館ができて代表的な温泉になるだろう、と期待を込める。現在、硫黄谷は山崩れのため移転、明礬温泉も山崩れに遭い廃止、両温泉とも泉源のみが利用されている。

「霧島国立公園　林田温泉・栄之尾温泉御案内」（昭和九年～、吉田初三郎画、林田乗合自動車発行）〈図10〉を見よう。表紙は霧島山中に噴気をあげる林田温泉、背後に大浪池・韓国岳・御鉢・高千穂峰を描き、丸尾滝が流れ落ちる。鳥瞰図は牧園駅付近から東北東に栄之尾温泉を望む構図で、左に林田温泉、右に錦江湾をおく。背後は大浪池と韓国岳で、獅子戸岳・新燃岳・中岳が高千穂峰へ連なる。発行年はないが、栄之尾温泉が林田自動車直営（昭和九年）となって以降だろう。図の主題は林田・栄之尾両温泉で、数多の建物が建ち並ぶ。

霧島公園は、霧島火山帯の中心部を占むるだけ、温泉には実に恵まれてゐる。諸種の卓越した特色の中でも最も普遍性を有するものは、矢張り保養、治療、両面の実益に立つ、此温泉群でなければならぬ。しかも霧島温泉群の最大特徴は、それぞれ含有成分と、その構成分量を異にすることだ。

霧島公園とは霧島国立公園のことで、霧島火山帯の中心にあるため温泉が豊富、しかも温泉は保養と治療の両面を備え、含有成分・構成分量が多種多様、とその特色を述べる。

第二の特徴は、泉量の豊富と高温度であり、彼処(かしこ)の渓谷、此処(ここ)の低地に滔々(とうとう)河をなし、濛々たる白煙はとざして咫尺(しせき)を弁ぜず。

湯はよどみなく流れ出して川をなし、濛々と立ち込める白煙は視界がきかない、と温泉の情景を記す。

第三は気候で夏は涼味万斛曾(ばんこくかつ)て華氏八十度を越へず。冬は暖で零下四度を下らない、従って最適な避暑避寒の地である。第四は付近いたる処に理想的泉水、渓水が湧き、毫(すこし)も用水に事欠がぬこと。

夏の涼しさは計り知れず、摂氏二六・七度を超えたことはない。また冬は暖かくて避暑避寒の適地であった。さらに、いたるところに泉や谷水があって水に困らなかった。

主題の林田温泉は、昭和四年に林田自動車の創業者の林田熊一が開発した林田自動車直営の新興温泉である。

桜島を前に眺望広潤、座臥の間、よく四辺の風光を把握し、景観の雄大随一の称がある。新進の気が溢れ、設備としては三百五十人を収容する大旅館の他に約千人を収容し得る貸別荘と自炊宿舎もある。浴槽清爽で湯滝もある。卓球、撞球場まで用意されて遺憾がない。

霧島山中に一大旅館が出現したことを図が物語る。敷地内にガレージが特設され、広場には百台の自動車が駐車できた。大ホールの建設も終えて、各種団体客の会食にいたって便利、鹿児島市との直通乗合自動車も経営しているので好都合、と利点を謳う。林田温泉では貸別荘利用者や自炊客も受け入れていた。

栄之尾温泉は標高八一〇mの中津川渓谷、大浪池火山の南斜面に位置する。延享元年（一七四四）発見と伝える温泉は、昭和九年三月から林田熊一が所有し、林田自動車の直営となった。

展望の豁達(かったつ)、錦江湾の盆景を望み、居ながらにして薩山隅

〈図10〉上・右上「霧島国立公園　林田温泉・栄之尾温泉御案内」(昭和9年、吉田初三郎画、林田乗合自動車)

〈図11〉下・右下「指宿摺ヶ浜温泉偕楽園御案内」(昭和12年10月、前田虹映画、偕楽園)

韓國岳
大浪池
National Park Mt. Kirishima
國立公園霧島山
獅子戸岳
新燃
(Spa. Hayashida)
林田温泉
長崎
熊本
八代
大畑
吉松
栗野
山野

南薩名所
指宿摺ヶ浜温泉
旅館偕楽園

開聞岳
長崎鼻
枚聞神社
鰻池
池田湖
山川
指宿摺ヶ濱温泉
旅館偕樂園

水を脚下に収め、背後には大森林を負ひ、又一貫の清流がせせらいでゐる。文久元年藩公島津氏は此処に別荘を建て避暑地とした。今尚其一部の建物を遺して旅舎に充ててゐる。湯量豊富で湯滝やプールの快も恣に出来殊に浴槽は広々として其設計の妙と相俟って気持がよい。

栄之尾温泉は、文久元年（一八六一）に島津氏が別荘を建てて避暑地とした由緒があり、当時、その頃の建物の一部が残っていた。霧島を代表する温泉として親しまれてきた林田温泉と栄之尾温泉は、その後「霧島いわさきホテル」の経営となったが、その歴史に幕を閉じた（平成二九年）。

六、指宿温泉

薩摩半島南東に砂蒸しで有名な指宿温泉がある。昭和初期の旅行案内書は、指宿温泉をこのように紹介する。

薩南半島の東端熱帯植物の生ひ茂るところ、鹿児島湾の碧波を隔てて遥かに大隅の翠黛を望む指宿の海岸約四粁余の間、温泉各所に湧出して大温泉郷をなしてゐる。（中略）柴立、二月田、弥次ヶ湯、村の湯、朝日　摺ヶ浜、潟口、湊の諸湯が遠きも三粁、近きは一、二百米の間に散在し、摺ヶ浜の海岸は砂中処々熱気を蒸発するので、身を砂中に埋めて砂蒸をすることも出来る、……（鉄道省『温泉案内』昭和六年）

大温泉郷をなすといっても温泉宿が一か所に集中するのではなく、柴立・二月田・弥次ノ湯・潟口・摺ヶ浜に少数の旅館が分散していた。指宿は中学校寄宿舎に温泉浴場、牛馬浴用の湯ノ池などもあり、他では見られない光景を目にする、とも記す。ことに温泉郷最南端の摺ヶ浜温泉が砂蒸しで知られる。

海浜には丸太の支柱を立てた原始的の砂風呂があり、浴客は自分で砂を掘ってそこに体を横へる。すぐ前には知林ノ島が目が覚めるほどに鮮かな緑の姿を海に浮べて居り、又漁業の盛んな所であるから昼は白帆の来往、夜は点々とした漁火が風情を添へる。（同書）

砂蒸しは、今はスコップで砂をかけてもらうが、昔は、自ら砂を掘って身体を横たえた。白帆の舟や漁火などを目にして旅情を覚える浜辺であった。温暖な指宿では二月にはスミレが咲き、早咲きの桜が微笑みかけた。摺ヶ浜に旅館偕楽園があった。「指宿摺ヶ浜温泉偕楽園御案内」（昭和一二年一〇月、前田虹映画、偕楽園発行）〈図11〉を見よう。これは封緘葉書として制作されたもので、表紙は掘立柱の日除けの下で人々が摺ヶ浜の砂蒸しに横たわる絵柄である。鳥瞰図は大山崎の岬から北に摺ヶ浜を望む構図で、左に山川港、右に鹿児島湾をおき、中央に主題である旅館偕楽園を大きく描く。海辺に建つ旅館は二階建てで、前庭から砂蒸しのある浜辺は間近である。敷地の南に「殿様湯」と示すが、島津氏ゆかりの共同浴場であろう。「殿様湯」は島津氏が下屋敷をおいた二月田温泉のものが有名であるが、摺ヶ浜にもあった。背後に池田湖や開聞岳も見える。鳥瞰図作者の前田虹映は吉田初三郎の門弟である。砂蒸しの案内文を見よう。

> 砂浴場は偕楽園前の渚に美しい白砂を掘り丁度適温の砂で体を埋める丈けで目的は達せられます。幾百人の浴客が干潮時となれば集り寝ながらに遠く錦江湾を通して望む大隅の連山松籟を聞きつつ白砂に埋りさしも広き砂浴場も万人療養の霊場と化するのでございます。

今では主に観光利用の砂蒸しも、当時は療養目的が多かったようで、胃腸病・関節炎・リウマチに効いたという。

> 砂に埋りながら大空の雲の変化に興を感じ足もとに波のたわむれを見つつ遠く白帆の行通ひを眺めてゐると恍惚として夢の世界に入って行く感じは療養の適確と並んで決して世界一は誇張ではございません。

当時の砂蒸しは波打ち際でおこなわれていたことが、表紙絵・鳥瞰図・古写真から確かめられる。砂に埋もれているだけでなく、大空を眺めて雲の変化を楽しむ。また打ち寄せる波の音を耳にしつつ、海に浮かぶ白帆の舟に目をやり、時を過ごす。その原始的情景と一大奇観は絶大な魅力がある、とも記す。

白砂青松の海岸は眺望絶佳で、海水浴もできた。大正七年、指宿に旧制鹿児島高等農林学校（現・鹿児島大学）の指宿植物試験場が開設され、温泉熱を利用した栽培技術の研究開発に取り組んでいた。また地元の園芸組合では、温泉熱を利用したメロン・スイカ・ナスなどの果実・蔬菜の早期栽培をおこなうなど、温泉は多面的に利用された。この多様な利用形態こそ、指宿温泉の特色といえよう。

指宿は周辺に長崎鼻・池田湖・開聞岳などの多くの名所をひかえていた。偕楽園前からバスガールの乗った半島周遊遊覧自動車（二時間コース）が日に四回発着していた。

摺ヶ浜の風光をほしいままにした偕楽園は廃業、鳥瞰図に描かれたのどかな光景は過去のものとなった。摺ヶ浜には潮の干満を問わずに砂蒸しを手軽に楽しめる公営砂むし会館（昭和五三年開館）ができ、周囲に大型ホテルが建ち、「原始的情景」は程遠くなった。しかしながら、指宿といえば砂蒸し、そのイメージは今も変わることなく受け継がれている。

おわりに

現実から離れて特別な場所に行ってみたい。ふだん味わえない体験をしてみたい。「観光」というと、おそらく、そのようなイメージを抱く人が少なくないだろう。絶景を楽しむ、異空間の中で心躍る体験をする、美味しいものを味わう、などなど。でも、それだけが観光の楽しみなのだろうか。

旅を重ねると、もっと違う旅の形もあるように思えてくる。「観光」とは、その字のように「光を観る」こと、とされている。言い換えれば、訪れた土地の放つ光に照らされることであろう。その輝きが、わが身を浄化させてくれる。それは、旅での無上の喜びである。

本文で一言触れた、岡山県の牛窓海水浴場。背後の丘に八幡宮が鎮座し、浜辺から丘に長い石段が続いている。参道途中の展望台に立つと、前島に遮られた瀬戸内海に、古い港町の町並みがしっとりとたたずむ。前島の向こうに、小豆島が淡い藍色の稜線を引く。その風景は、穏やかで心がなごむ。ウバメガシなど照葉樹が黒々と繁る参道を往くと、「参拝のあなたへ 元気 やるき 勇気 本気 根気。五気（いつき）の杜」と記した板が目に入った。五つの気を斎（いつき）にかけて、心身を清める甦りの杜としているのは、洒落ている。

杜の主はどのようなお方だろうか。社務所を訪ねると、厳つくも優しい瞳の宮司さんが現われた。曰く、「私も多忙を極める時期のご祈祷を乗り切るために、南の島の海に潜ってサンゴから『五つの気』をいただくのです。氏子さんには内緒ですが……」と。素晴らしいサンゴに出会うと、思わず祝詞を上げてしまう、と真顔でおっしゃった。それも自ら創作した詞をサンゴに向って奏上するというから恐れいる。話は続く。

「生きる力が湧いてくるところ、それが『聖地』です。これを見つけることが大切、人間一人ひとりにとって。

それは、血が騒ぐところ。自分の切り札になっている土地を一つ持っていることが人間にとって必要です。自分が住んでいる土地以外に、波長が合う土地、心が解放されるような土地をもつべきです。元気・やる気・本気・勇気・根気が湧き上がってくる場所を」。

社叢を「五気の杜」と名づけたことが腑に落ちた。生きる力が湧いてくる「聖地」をみつけることが大切、それは、観光の本質をつく一言ではないだろうか。ふと立ち寄った先で土地の方と語らい、光り輝く言葉に出会う。それは極上の旅の楽しみである。そして、鎮守の杜を「聖地」に見立て、その素晴らしさ触れてもらおうとする姿に心温まる思いがした。心を空にして歩くと、出会ったもの一つひとつが新鮮に感じられる。

今回は、従来の観光地に加えて西日本の主要都市を取り上げ、昭和初期の観光パンフレットや鳥瞰図から地域の暮らしが生み出した景観を読み解き、観光文化を考えた。また描かれた風景などが今どのようになっているのかも気に留め、この目で確かめようと心がけた。身近な土地を歩いて暮らしの風景に触れ、小さな発見に心躍らす。ささやかながらも、本書がそのような旅の手がかりの一助になったら、この上もない喜びである。

本書は、前著三冊と同様に服部徳次郎氏（一九一三〜二〇〇七年）旧蔵コレクション（愛知県東浦町郷土資料館所蔵）、藤井務氏（一九一六〜二〇〇三年）旧蔵コレクションを主資料として執筆したものである。服部徳次郎氏旧蔵コレクションの閲覧・撮影・掲載許可をいただいた東浦町郷土資料館、および藤井務氏旧蔵コレクションをご寄贈賜った安藤典子さんに御礼申し上げる。また、本書は在職中の愛知淑徳大学研究助成による一連の調査研究に新たな取材を加えて執筆したものである。ご配慮くださった大学当局、ならびに前著に引き続き出版を快く引き受け編集にご尽力いただいた八坂書房・八坂立人氏に心より感謝申し上げる。

谷沢　明

◆に◆

◆の◆

◆は◆

◆ひ◆

◆ふ◆

◆へ◆

◆ほ◆

◆ま◆

◆み◆

◆む◆

◆め◆

◆も◆

◆や◆

◆ゆ◆

◆よ◆

索引

著者略歴

谷沢　明（たにざわ・あきら）

1950年　静岡県に生まれる

法政大学工学部建築学科卒業

法政大学大学院工学研究科修士課程修了　博士（工学）

日本観光文化研究所　放送教育開発センター助教授を経て

1995年　愛知淑徳大学教授

2021年　愛知淑徳大学名誉教授

［専門］

観光文化論　地域文化論　民俗建築論

［主な著書］

『日本の観光—昭和初期観光パンフレットに見る』（2020年9月）、『日本の観光２—昭和初期観光パンフレットに見る〈近畿・東海・北陸篇〉』（2021年4月）、『日本の観光３—昭和初期観光パンフレットに見る〈関東・甲信越篇〉』（2022年5月、以上　八坂書房刊）、『瀬戸内の町並み—港町形成の研究』（未來社、1991年2月）、『住いと町並み』（ぎょうせい、1982年1月）

［受賞］

日本民俗建築学会賞　竹内芳太郎賞（2020年）

日本の観光４　—昭和初期観光パンフレットに見る《中国・四国・九州篇》

2023年　5月25日　初版第1刷発行

著　者　谷　沢　　明

発行者　八　坂　立　人

印刷・製本　中央精版印刷（株）

発行所　（株）八　坂　書　房

〒101-0064 東京都千代田区神田猿楽町1-4-11

TEL.03-3293-7975　FAX.03-3293-7977

URL. http://www.yasakashobo.co.jp

ISBN978-4-89694-341-2

日本の観光
—昭和初期観光パンフレットに見る

谷沢 明著

菊判・並製　三一二頁　本体三六〇〇円

昭和初期の庶民の旅とは？

旅行後には捨てられていく運命にあった観光案内を、地域ごとに分類して多数収載。「大正の広重」吉田初三郎や金子常光ら名人の手になる見事な鳥瞰図をカラーで紹介。名所旧跡を訪ねるもよし、幻の路線・今はなき廃線や観光地を探るもよし、時空を超えた旅を愉しむ一冊。

〈おもな掲載観光地〉

北海道（大雪山・阿寒湖・摩周湖・登別温泉など）
東北（松島・十和田・厳美渓・花巻温泉・会津など）
日光・塩原・那須・尾瀬
箱根・富士・伊豆
東京近郊（私鉄各線・奥多摩・御嶽山・遊覧バスなど）
信越のスキー地（高田・妙高・志賀高原など）
瀬戸内海（讃岐・金刀比羅宮・道後・松山・厳島など）
九州（雲仙・阿蘇・別府・耶馬渓など）

日本の観光②
—昭和初期観光パンフレットに見る
《近畿・東海・北陸篇》

谷沢 明著

菊判・並製　二八〇頁　本体三〇〇〇円

日本を代表する観光名所

前著『日本の観光』に未収録の京都・奈良などの観光案内を紹介。掲載されている鳥瞰図は、今で言うドローンの映像のようで、小高い山から街を見渡したような立体絵地図であるが、位置関係を明確にするために、実際には遠望できないであろう地点までを描き出している。

〈おもな掲載観光地〉

京都（平安神宮・清水寺・嵯峨野・嵐山・宇治など）
奈良（春日大社・法隆寺・信貴山・長谷寺・吉野など）
琵琶湖・若狭湾（琵琶湖遊覧・大津・彦根・小浜など）
南紀・伊勢志摩（白浜・熊野・高野山・伊勢神宮など）
名古屋周辺（名古屋・郊外電車と沿線・木曽川など）
三河・伊勢湾（三河湾・知多半島・富田浜など）
美濃・飛騨路（長良川・高山・郡上八幡・美濃など）
北陸（金沢・立山・黒部・加賀温泉・山中温泉など）

日本の観光③
—昭和初期観光パンフレットに見る
《関東・甲信越篇》

谷沢 明著

菊判・並製　二五六頁　本体二八〇〇円

関東・甲信越の観光名所

鎌倉・江の島の寺社巡り、お不動様への成田・香取・鹿島・榛名・三峯・身延・善光寺・戸隠参詣。景勝地観光として、三浦半島・奥武蔵や秩父・南房総・筑波山・赤城山・榛名山・妙義山・昇仙峡・穂高・上高地を散策。温泉巡りは、草津・伊香保・水上・浅間・渋温泉などなど。

〈おもな掲載観光地〉

横浜・鎌倉（横浜・三浦半島・鎌倉・江の島など）
房総（小湊・成田山・銚子・犬吠埼・香取神宮など）
常陸（筑波山・鹿島神宮・水戸・偕楽園など）
上州（前橋・赤城山・高崎・伊香保・妙義山・草津など）
武蔵・秩父・甲斐（多摩湖・奥武蔵・秩父・甲府盆地・御嶽昇仙峡・富士身延鉄道・身延山など）
信濃（善光寺・松本・上高地・諏訪・伊那・天竜峡など）
越後（新潟・信濃川・高田・妙高山・佐渡島など）